北京物资学院青年博士精品学术专著出版资助项目

生物多样性损害赔偿与补救的国际法研究

STUDY ON BIODIVERSITY DAMAGE COMPENSATION AND REMEDY OF INTERNATIONAL LAW

邵莉莉 著

中国社会科学出版社

图书在版编目（CIP）数据

生物多样性损害赔偿与补救的国际法研究/邵莉莉著.—北京：中国社会科学出版社，2023.1

ISBN 978-7-5227-1202-4

Ⅰ.①生… Ⅱ.①邵… Ⅲ.①生物多样性—国际法—研究 Ⅳ.①D99

中国国家版本馆CIP数据核字（2023）第022129号

出 版 人	赵剑英	
责任编辑	郝玉明	
责任校对	谢　静	
责任印制	王　超	

出　　版	中国社会科学出版社	
社　　址	北京鼓楼西大街甲158号	
邮　　编	100720	
网　　址	http://www.csspw.cn	
发 行 部	010-84083685	
门 市 部	010-84029450	
经　　销	新华书店及其他书店	
印　　刷	北京君升印刷有限公司	
装　　订	廊坊市广阳区广增装订厂	
版　　次	2023年1月第1版	
印　　次	2023年1月第1次印刷	
开　　本	710×1000　1/16	
印　　张	17.5	
字　　数	270千字	
定　　价	96.00元	

凡购买中国社会科学出版社图书，如有质量问题请与本社营销中心联系调换
电话：010-84083683
版权所有　侵权必究

序　　言

　　当今，生物多样性正遭受着严重侵害，外来入侵物种对食物链、栖息地和生态系统功能造成了严重影响。如果不能有效防治外来物种的入侵，必将造成极其严重的后果，例如对全球公域的损害，特别是对公海生物多样性以及对迁徙物种的损害、对生物多样性造成的严重损失、导致严重的农业污染和生物栖息地的破坏乃至整个生态系统的崩溃。有鉴于此，就"生物多样性损害赔偿与补救"进行深入研究，其重大意义是不容置疑的。邵莉莉的博士学位论文《生物多样性损害赔偿与补救的国际法研究》以《生物多样性公约》第14条第2款为立论依据，经过认真努力系统的论证，较好地搭建了一个基本框架，但理论深度还有待继续挖掘。然，论文最终得以完成，亦颇令人感到欣慰。今天，在认真修改细致修订后将论文付梓，不失为有益之举，还望同仁和读者不吝赐教！作为导师，谨此简言为序，以共勉之！

林灿铃

2018年11月13日

目　　录

引　言 ·· (1)

第一章　生物多样性损害概述 ··· (12)
　　第一节　与生物多样性相关概念的界定 ······························ (12)
　　第二节　生物多样性损害的基本含义 ·································· (20)
　　第三节　生物多样性损害与环境损害 ·································· (28)
　　第四节　《公约》第14条关于生物多样性损害的规定 ············· (33)

第二章　生物多样性损害赔偿的构成及免除 ·························· (38)
　　第一节　生物多样性损害赔偿的构成要件 ··························· (38)
　　第二节　生物多样性损害赔偿责任主体 ······························ (66)
　　第三节　生物多样性损害赔偿归责与免除 ··························· (75)

第三章　生物多样性损害赔偿模式的确定 ····························· (86)
　　第一节　生物多样性损害全球性现实表征 ··························· (86)
　　第二节　生物多样性损害与人类共同关切事项 ····················· (91)
　　第三节　生物多样性损害赔偿与全球性越境损害 ················· (104)

第四章　生物多样性损害赔偿的实现 ·································· (134)
　　第一节　生物多样性损害赔偿的求偿主体 ·························· (134)
　　第二节　生物多样性损害赔偿的范围 ································· (148)

第三节　生物多样性损害赔偿的法律途径 …………………（156）

第五章　生物多样性损害国际监督机制 ………………………（163）
　　第一节　生物多样性损害国际监督机构的作用 ……………（164）
　　第二节　生物多样性损害国际机构监管的模式 ……………（170）
　　第三节　生物多样性损害国际机构监管的程序 ……………（180）
　　第四节　与外来物种入侵有关的国际监管框架 ……………（190）

第六章　生物多样性损害补救机制 ……………………………（202）
　　第一节　生物多样性损害补救机制概述 ……………………（202）
　　第二节　生物多样性损害修复的路径选择 …………………（208）
　　第三节　生物多样性损害补偿 ………………………………（221）
　　第四节　生物多样性损害补偿基金 …………………………（249）

结　论 …………………………………………………………（259）

参考文献 ………………………………………………………（263）

后　记 …………………………………………………………（273）

引　言

一　选题依据

（一）国内外相关研究的学术史梳理及研究动态

目前国内外并没有对生物多样性损害赔偿和补救形成系统的研究。从因—果论证模式考察，学界和社会舆论大多关注对生物多样性损害单一的"近因"因素的研究，并在这方面形成了颇丰的研究成果。研究可以分为两类：一类从实证层面进行比较法研究，此类研究侧重考察生物多样性损害相关的"近因"因素在国际法和主要国家的生物安全立法现状，而非针对生物多样性损害赔偿本身进行研究；另一类从理论层面对生物多样性损害"近因"因素进行研究。这两类研究基本都以改性活生物体释放和外来物种入侵引发的生物多样性损害为主。

（1）从实证层面进行比较法研究

一些研究者在改性活生物体释放引发的生物安全立法方面主要对立法的内容及体系进行分析。[①]

国外对外来物种入侵的研究最终要落实到完善法律规范，侧重考查外来物种入侵国际法和主要国家的外来物种立法现状。比如通过对美国各个州的调查对外来物种入侵形成了初步的定位，即应该创建一个包括预防、惩罚、费用恢复和责任激励的美国全面入侵物种法规及对外来物

---

① 参见王明远《转基因生物安全法研究》，北京大学出版社2010年版，第50页；边永民《欧盟转基因生物安全法评析》，《河北法学》2007年第7期，第157页。

种的预防、引进和减轻其影响问题的指导原则与指导制度。① 从美国环境政策法律的角度，提出建立联邦入侵物种法令。② 从国际法作用的角度，通过研究国际法控制入侵物种的历史，并着眼于国际法的发展，提出如何通过一般条约控制入侵物种。③

在国别层面，关于欧盟和美国外来物种立法的研究比较多，聚焦对现有立法内容的比对分析，例如欧盟的最新研究侧重于将关于《预防和管理外来入侵物种的引入和扩散的第1143/2014号指令》与《伯尔尼公约》进行比对分析；美国则侧重于将关于外来物种入侵的《13751号行政命令》与《13112号行政命令》进行比对研究。除此之外，国外学者还针对立法模式和管理体制进行比对分析。④ 针对外来物种入侵将美国、英国、新西兰、澳大利亚的立法进行比较研究。⑤

中国关于外来物种入侵的立法集中在外来物种入侵的综合性和专项立法方面，现有的研究成果有些将外国法作为完善我国外来物种入侵的重要借鉴，以弥补我国现有立法的不足，有的还提出了进一步立法的建议和构想。⑥

对于法律制定者来说，需要明确全球和区域各级解决改性活生物体越境转移、外来物种入侵国际管制框架的差距和不同之处，对术语进行

---

① 参见 Riley Sophie, "Rio + 20: What Difference Has Two Decades Made to State Practice in the Regulation of Invasive Alien Spaces?", *Wm & Mary Envtl. L & Pdy*, Vol. 38, Issue. 2, 2014, pp. 371 – 424。

② 参见 Jane Cynthia Graham, "Snakes on a Plain, or in a Wetland: Fighting Back Invasive Nonnative Animals-Proposing a Federal Comprehensive Invasive Nonnative Animal Species Statute", *Tulane environmental Law Journnl*, Vol. 25, Issue. 1, 2011, p. 19。

③ 参见 Albert G. McCarraher, AGI, "The Phantom Menace: Invasive Species", *New York University Environmental Law Journal*, Vol. 14, Issue. 3, 2006, p. 736。

④ 参见 Clare Shine, Nattley Williams and Lothar Gundling, "A Guide to Desiging Legal and Institutional Framworks on Alien Invasive Species", *Environmental Policy and Law paper*, No. 40, IUCN Environmental law centre, 2000, p. 41。

⑤ 参见 William K. Norvell, "American's invaders: the nile monitor and the ineffectiveness of the reactive response to invasive species", *Animal Law*, Vol. 22, Issue. 2, 2016, pp. 397 – 422。

⑥ 参见汪劲、王社坤、严厚福《抵御外来物种入侵：法律规制模式的比较与选择——我国外来物种入侵防治立法研究》，北京大学出版社2009年版，第20页；温俊宝、刘春兴《生物入侵的法律对策研究》，中国林业出版社2013年版，第70页。

分类将有助于对相关的信息加以组织，从而促进改性活生物体越境转移、外来物种入侵法律法规的制定。本书认为，生物多样性具有"共同关注事项"的属性，这个概念既赋予了国家之国际共同体对具有全球意义的资源的合法利益，也赋予了国际社会在维持它们的可持续发展方面的共同责任。

（2）从理论层面对生物多样性损害"近因"进行研究

对改性活生物体越境转移的研究主要集中在损害责任方面，大部分学者围绕国家责任、跨界损害责任和民事责任进行研究。[①] 还有部分学者从"补救"的方式对其所造成的损害进行填补。[②]

外来物种入侵的理论注重从预防原则进行防范。《卫生和植物检疫措施协定》（Agreement on the Application of Sanitary and Phytosanitary Measuresc，简称 SPS 协定）的第 5 条第 7 款指出，成员国在科学证据不足的情况下可采取临时措施，尽管这些措施必须依据可获得的信息。在欧共体方面，环保部门所遵守的预防原则已成为习惯法的一项原则，因此，措施如果属于预防性质，则它们满足 SPS 协定的要求。[③] 我国学者也将"预防"作为国际社会应对外来物种入侵的主要措施和方法。[④] 还有学者将预防看成生物入侵的一个分析工具。[⑤] 虽然外来物种入侵的预防原则尚未成为习惯国际法原则，但是必须明确的是预防原则是为了处理外来物种入侵未知的情形而出现的，而不应定位于风险评估过程的"科学确定性"框架内。按照 SPS 协定第 5 条第 7 款的规定所采取的维持临时措施，是将国家知识能力建设的不足视为外来物种引进的原因。进口国应该证

[①] 参见 Akiho Shibata, "International Liability Regime for Biodiversity Damage: The Nagoya-Kuala Lumpur Supplementary Protocol", *South African Yearbook of International Law*, Vol. 38, London, 2014, p. 357。

[②] 参见 Elsa Tsioumani, "Towards an Instrument on Liability and Redress", *Environmental Policy and Law*, Vol. 38, Issue. 3, 2008, p. 127。

[③] 参见 Elisa Morgera, Elisa Tsioumani, "Nature Conservation: Natural Land and Biological Diversity", *Yearbook of International Environmental Law*, Vol. 25, Issue. 1, 2014, pp. 263-269。

[④] 参见汪劲、王社坤、严厚福《抵御外来物种入侵：法律规制模式的比较与选择——我国外来物种入侵防治立法研究》，北京大学出版社 2009 年版，第 60 页。

[⑤] 参见徐汝梅《生物入侵：数据集成、数量分析与预警》，科学出版社 2003 年版，第 2 页。

明其引进物种所耗费的成本效益费用,而不是强制要求出口商有预测能力的义务。所以,预防原则所起的作用是尽可能减少贸易对外来物种入侵的影响。

《生物多样性公约》的历次缔约方大会主要关注的是在国家和区域之间加强能力建设,以解决外来物种引进和传播产生的各种问题;呼吁为外来物种所造成的损害提供额外资金,以支持发展中国家,特别是最不发达国家和小岛屿国家;提倡加强预防、快速反应和执行各项管理措施以解决侵入物种的威胁。《生物多样性公约》并没有专门研究针对外来物种所造成的损害赔偿问题,也鲜有学者专门从生物多样性损害赔偿的角度针对外来物种入侵进行研究,从收集的资料来看仅有一篇还是以书评的形式,从生物多样性损害赔偿的角度对《卡塔赫纳生物安全议定书关于赔偿责任和补救的名古屋—吉隆坡议定书》,简称《名古屋—吉隆坡议定书》的成果形式进行评论。① 但《名古屋—吉隆坡议定书》所构建的责任和补救机制是否单纯针对生物多样性的损害仍是值得怀疑的。毕竟,《生物多样性公约》在第 14 条第 2 款背景下的赔偿责任和补救是针对"生物多样性损害"而言的,虽然与《卡塔赫纳生物安全议定书》第 27 条存在着交叉的范围,但毕竟它不在《生物多样性公约》第 14 条第 2 款背景下的赔偿责任和补救有关的范围内。此外,我国还有少部分学者从民事责任的角度对外来物种入侵进行研究。②

基于以上研究成果,不论是从国际层面还是从国内层面,对推动生物多样性损害的国际法研究不无裨益。但也暴露出研究存在的不足:已有成果的研究大多围绕生物多样性丧失的"近因"因素,运用社会科学研究中的"假设—验证"方法,对具有代表性的因"改性活生物体越境转移、外来物种入侵"导致对生物多样性损害的研究表明,生物多样性丧失的"近因"并不能作为解释造成生物多样性损害困境的主要原因,

---

① 参见 Akiho Shibata, "International Liability Regime for Biodiversity Damage: The Nagoya-Kuala Lumpur Supplementary Protocol", *South African yearbook of Incernational Law*, Vol. 38, London, 2014, p. 357。

② 参见童光法《外来物种入侵民事责任的多视角研究》,知识产权出版社 2016 年版,第 72 页。

对这些直接原因的强调掩盖了其复杂的博弈过程，模糊了生物的多样性损害根本原因与"近因"的区别，反而对生物多样性损害赔偿合理解决造成阻碍。生物多样性损害的根本原因在于人与自然关系的本质，日益富裕和扩张的人口对商品和服务的需求不断攀升的矛盾。对生物多样性造成实质性的损害结果时，通过什么途径对其进行赔偿和补救？因气候变化、工业活动、生境等的变化导致生物多样性损害的情形中，无法确定造成损害负有责任的行为者，此时赔偿责任是不是唯一的有效的解决路径？本书认为对这些问题的解决应当建立在以国家为主导的"公共责任"模式中，当某些活动可能不宜考虑纳入赔偿责任的制度时，必须建立相应的生物多样性损害赔偿的补偿机制。

(二) 本书相对已有研究的独到的学术价值和应用价值

本书独到的学术价值在于从生物多样性概念入手，对生物多样性价值（使用价值和非使用价值）进行厘定，运用国家及国际决策中的生态系统和生物多样性经济学概念（Total Economic Value，简称 TEV）、总经济价值（TEV）概念，将生物多样性损害赔偿的类型归入生物多样性 TEV 中，并提出针对生物多样性的损害不仅包括生物多样性各组成部分及其提供货物和服务的潜力，长期或永久地在质量上的退化或在数量上的损害，还包括未使用消费产品或服务而对留存价值的损害。

本书以保护生物多样性是全人类共同关切的问题为切入点，对"共同财产""共享自然资源""共同继承财产"与"人类共同关切"进行了对比分析，得出"共同财产""共享自然资源""共同继承财产"与"人类共同关切事项"并不矛盾。因为《生物多样性公约》是将"保护生物多样性"作为"人类共同关切事项"，而非生物多样性本身。这就意味着后者注重的是所有国家都有保护生物多样性的权利并从中受益，体现的是人类的整体利益，前者注重的是利益分享机制，属于共同分担责任的另一方面。这些利益分享机制不仅需要区域性公约进行规制，更需要全球性公约对其进行保护。

这些共享机制中对生物多样性的保护并不意味着在生命周期内生物所跨越的有管辖权的国家的责任的减少，具有管辖权的国家负有保护这些生物资源的义务，其他国家负有促进具有管辖权国家保护生物资源的责任，我们将这种责任称为支持义务。支持义务表现为财政上的支持，例如通过建立生物多样性基金的多边形式来实现等。涉及"生物多样性保护"的活动都应该置于国际一致同意机制之中，通过区域性或全球性条约的设立和实施，由生物多样性和生态系统服务政府间组织等类似机构负责监督执行，以弥补现有的区域管理组织在安排物种和地域覆盖方面的局限，从而考虑到具体种群之外更广泛的生物多样性问题。这些机构能够定期以非固定的方式制定必要的规则，以适应基于科学不确定性中政治、经济情势的变迁。基于生物多样性"变异"的考虑，将生物多样性保护看作"人类共同关切"可能比较妥当，这样既兼顾了收益分享，也顾及了惠益分享。基于对"人类共同关切"事项法律内涵的解析得知，因为发达国家受益于发展中国家原生境生物多样性的保护，所以需要在财务和技术上支持这些保护。那么把生物多样性的保护视为发达国家和发展中国家的共同责任，这也是"人类共同关切事项"的应有之义。

通过对"人类共同关切事项"的分析，以《生物多样性公约》第14条第2款为法律依据，排除这种责任纯属（缔约方）内部事项之外，本书将生物多样性损害界定为具有"跨界"性质。从国际公法的角度研究责任，其所引起的责任面临着由国家不法行为造成生物多样性损害国家责任、跨界损害责任向全球性责任的转移趋势。在应用价值层面，本书从赔偿责任主体、赔偿范围、多样性赔偿法律救济机制等方面构建以全球性责任为中心的生物多样性损害赔偿机制。由于生物多样性损害，尤其是"变异"所产生的损害，可能不会那么明显地表现出来，这会导致一种潜在的无限责任，使被追责的一方可能无法支付，因此赔偿责任可能不会与造成损害的行为成正比。针对这些潜在的无限的损害可能不宜考虑全部纳入赔偿责任的制度，因此还必须建立生物多样性补救性制度。

本书独到的应用价值在于：将上述学术研究应用于社会实践方面。一些专家列举了过去环境污染和损害的案例，但就一般的环境损害而言，纯粹适用于经济利益，并没有考虑到有关生物多样性损害的赔偿责任问题。例如迁徙的长鼻蝙蝠的案例，长鼻蝙蝠活动于墨西哥和美国西部，并为龙舌兰授粉，由于对其他种类的携带狂犬病病毒的蝙蝠控制措施不当以及人为干扰龙舌兰的生长等因素，导致长鼻蝙蝠开始跨越几个国家的迁徙活动，那么在迁徙过程中对长鼻蝙蝠所造成的损害以及由于长鼻蝙蝠无法授粉而造成龙舌兰酒质量的下降所产生的损害责任应该如何处理？或者面对类似的情形，应该如何规制？本书的学术研究正是为了解决发生在实践中所面临的生物多样性损害的棘手问题。

二 研究内容

（一）研究对象

本书主要研究生物多样性损害赔偿与补救。从"人类共同关切事项"与"共同财产""共享自然资源""共同继承遗产"之别以及《生物多样性公约》第 14 条第 2 款的完整表述来看，生物多样性损害排除了一国国内生物多样性损害的情形。在生物多样性损害责任制度下，民事责任以及跨国生物多样性损害民事诉讼的管辖权与法律适用问题显然并不能成为生物多样性损害赔偿的主要法律救济手段。

国家作为"全球公共物品"的一种"公权性支配"，自然资源永久主权是对资源利用的"积极干预权"，从国际公法的视角，研究的侧重点应当是跨界生物多样性损害赔偿中国家在公共责任方面的定位。然而，并非所有的生物多样性损害都可以通过责任补救，为了使责任能够有效得到使用，必须识别损害者、具体和量化损害，并且需在损害和确定的损害者之间建立因果关系。因此，责任并不是处理这种"变异性损害""分散性损害"的唯一手段，例如不可能将遗传多样性所产生的损害与行为或不采取行为的损害者联系起来。

基于上述说明，本书的研究对象不是一般意义上"如何针对生物多样性损害进行赔偿"，而是以《生物多样性公约》第 14 条第 2 款为法律依据，将生物多样性损害赔偿责任界定为具有"跨界"特征的全球性责任，通过"以小见大""解剖麻雀"来揭示生物多样性损害国家、跨国公司、个人等多重主体之间的复杂互动关系，并在此基础上讨论生物多样性损害面临的深层次矛盾及化解路径。

（二）重点难点

本书的重点是将保护生物多样性"人类共同关切事项"视为生物多样性损害赔偿的正当性分析的法律手段。确定这些正当性分析的法律手段包括公共赔偿机制、保险、基金，每一个法律手段的选择应以最低的成本为衡量标准。

虽然针对"人类共同关切事项"范围及其确切的含义难以把握，但它却为国家负有保护生物多样性的义务奠定了基础，同时也为生物多样性损害赔偿提供了国际法方面的依据。即要求无论是缔约方还是非缔约方，当生物多样性遭受损害时都负有责任，不论损害发生的地理范围是在国家管辖内还是在国家管辖外。除了缔约方和非缔约方，在生物多样性领域拥有资质的国际组织及非国际组织都负有监督的义务，这也明确揭示了生物资源不仅仅包括在局部范围内具有跨界特征的鱼类、迁徙动物等共享资源，从整体利益来衡量，它应具有全人类共同关切事项的基本属性。跨界生物多样性损害的跨界损害赔偿范式建立的难点在于它是一种超越国家的新的全球损害赔偿范式。对生物多样性进行跨界损害赔偿，最好通过全球方式来实现，国家和非国家行为者扮演同样重要的角色，共同努力，更好地实现一种包容性救济模式，只有这种救济模式最接近"连通性保护"概念。因为其损害的不单单是栖息地和物种种群之间的联系，还损害了景观和海景等重要生态系统。没有相邻国家之间的连通性，共同的生态系统的集体保护结果将微乎其微，因为各国只注重在其境内的部分生态系统。为此，针对跨界生物多样性损害可以采取各种各样的措施，例如协调相邻国家的两个或多个保护区的措施，这将有助于生物多样性的整体保护。

对生物多样性损害的评估可以证明生物多样性损害事实与损害结果是否发生了因果关系，即损害事实的发生是否足以导致生物多样性的损害。除此之外，对生物多样性损害的评估为生物多样性恢复的内容及对损害所采取的补救措施提供了基础。然而由于生物多样性损害赔偿与补救的概念相对比较新颖，并且仍然处于不断发展过程中，鲜有国家从"变异"的角度对生物多样性损害进行立法，更多的实例表明大多数国家将生物多样性损害赔偿与补救放置于环境损害中进行研究，即侧重于对自然资源损害的研究。需要补充的是，对生物多样性组成部分及其所提供的服务价值所产生的损害都应纳入环境损害的范畴。所以，本书的难点在于如何通过开展对生物多样性损害赔偿责任与补救的案例研究和定值方法确定损害的范围和内容，以明确损害赔偿主体所承担的责任。

（三）主要目标

本书以《生物多样性公约》第 14 条第 2 款所确定的生物多样性损害具有跨界性质为基础展开论述。

一方面，必须明确这种跨界性所产生的责任由区域性向全球转移的趋势。生物多样性损害赔偿应该是基于集体的全体行动，遵循着自身的逻辑方向。当前，生物多样性损害赔偿发生了向全球性转移的趋势，此时的主体不单是国家或个人，而且是变成了由国家、国际组织、跨国公司、个人等组成的政治集合体，但需要强调的是，此时国家仍占主导地位，为解决全球共同关切事项提供公共责任。

另一方面，需要明确生物多样性损害的补救机制的法律定位以及赔偿责任与补救在生物多样性损害救济问题上的此消彼长的关系。在具体分配公共责任时，会根据"污染者付费原则"将产生损害的责任分配到相对应的企业，甚至个人，但严格适用诸如"污染者付费原则"，或者类似的"谁污染，谁治理"的原则可能不利于为生物多样性服务。污染者付费不会直接适用生物多样性损害，因为生物多样性损害会导致损害者的潜在责任无限，赔偿责任可能不会与造成损害的行为成正比，损害的行为不仅有可能造成意外的损害，也可能这种损害是无法弥补的。就一些双边或多边跨界环境损害来说，利用"责任"概念或许是比较好的方式，虽然依赖主客观构成要件或归责原则的责任制度并不完全适用于生物多样性损害，因为生物多样性损害可能随着时境变迁，需要潜伏一段时间才能显露，但这种情形下显然不可能再将危害结果归责于加害人，即使有可能归责，加害人有可能已经不存在或者丧失支付能力。

三 本书研究的基本思路、具体研究方法、总体框架

（一）基本思路

对生物多样性损害赔偿和补救应成为生物多样性损害救济机制构建的前提，并以此构建"责任—损害—补救"的法律逻辑。生物多样性损害的"变异"性所引发的损害阈值的不确定性，决定了生物多样性损害的救济机制不能只限于单一模式，必须通过多样化拓展以包容损害救济

中的不确定因素。具体而言，生物多样性损害救济机制的多样化拓展应该包括两个主要方面：损害赔偿责任由区域性向全球性拓展以及功能上由责任向补救拓展。为此，将生物多样性损害救济机制划分为责任方式和非责任方式两个基本类型。生物多样性损害赔偿责任应以公私协力为理论基础，以公共责任为载体。非责任方式应以公共利益为中心，以生物多样性损害修复和补偿为主要选择路径。

（二）研究方法

1. 法解释学的方法

本书将运用狭义的法律解释方法，针对生物多样性损害的责任构成要件进行分析。

2. 比较研究的方法

本书将运用比较研究的方法，针对美国、欧盟、新西兰等国家关于生物多样性损害的相关实践进行比较，发现其异同及各自的优点和缺点。

3. 法经济学的研究方法

本书将运用经济学的分析工具如效率、价值等分析法律制度。笔者将生物多样性界定为"公共物品"，生物多样性损害导致的是对"公共物品"的损害，为此，利用法经济学的"成本—收益"这一工具分析生物多样性损害的法律制度构建。

4. 法社会学方法

本书运用法社会学的方法，如分析、统计、预测的方法，研究法律和法律制度。在写作过程中，将会以图表、表格的形式反映出对该方法的运用。

(三) 总体框架

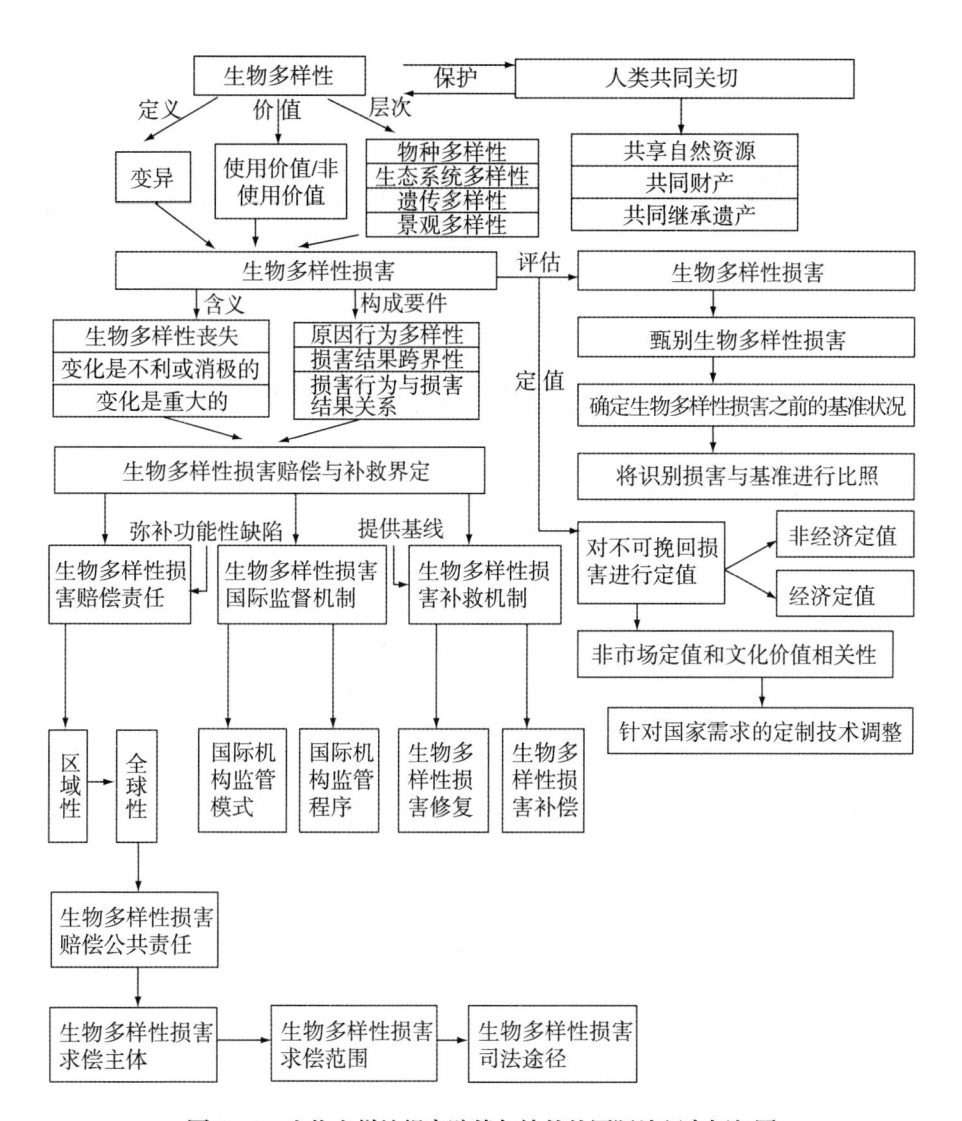

图 0-1 生物多样性损害赔偿与补救的国际法研究框架图

第一章 生物多样性损害概述

第一节 与生物多样性相关概念的界定

一 生物多样性的定义

生物多样性（Biological Diversity）的概念是在1980年由埃利奥特（Elliott A. Norse）和麦克马纳斯（R. E. McManus）开始使用的。[①] 但其缩写"Biodiversity"是20世纪80年代由罗森（W. G. Rosen）在1985年第一次使用，并于1986年第一次出现在公开出版物上，由此"生物多样性"才在科学和环境领域得到广泛传播和使用。[②] "通常认为生物多样性指的是在生命世界中所发现的各种有机体，即活的有机体数量、种类和变异性。"[③]《生物多样性公约》第2条（以下简称《公约》）将生物多样性定义为："生物多样性是指各种生物之间的变异性或多样性。包括陆地、海洋及其他水生生态系统等及其构成的生态综合体，生物多样性涵盖物种内、物种之间以及生态系统的多样性。"《公约》对生物多样性的定义侧重于物种内、物种之间和生态系统的变异。但这个定义很难确定生物多样性整体变异属性变化的程度和重要性。世界自然保护联盟则认

[①] EA. Norse and RE. Mcmanns, "Ecology and living resources biological diversity", *Environmental quality Eleventh annual report of the council on environmental quality*, Washington DC, 1980, pp. 31-80.

[②] 参见尹仑《气候人类学》，知识产权出版社2015年版，第42页。

[③] ［印度］K. V. 克里施纳默西：《生物多样性教程》，张正旺译，化学工业出版社2007年版，第1页。

为除了物种多样性和生态系统多样性,还应包括遗传多样性(基因组或基因库出现的频率和差异),整个地球的生物多样性可以用来衡量物种、生态系统、遗传三个层面的变化。

国内外学者从不同角度对生物多样性的含义进行了论述。史学瀛认为,"生物多样性是描述地球上生命的变化及其形成的自然格局的术语。在生态系统中栖息着许多的生物,从而形成了群落、生物之间并且由周围的空气、水和土壤进行着相互作用"[①]。张帆认为,"生物多样性是指自然界中的植物、动物和微生物的种类的数量的丰富程度和每一物种活动的丰富程度"[②]。韦贵红认为,"传统上生物多样性仅指物种多样性。这也意味着同一个物种也存在着遗传差异性,这种差异性为物种的分化提供了条件。在宏观层面上,多样性涉及群落、生境、生态系统的千差万别"[③]。

爱德华·威尔逊认为,"生物多样性是特定环境中所有生物体的基因变异的总和。特定环境既可以是整个海洋生态系统也可以是一片森林或林地"[④]。

安妮·马克苏拉克认为,"生物多样性指的是在地球上或者在某特定地区内生存的所有物种"[⑤]。按照这个概念的理解,如果在一个区域内有着丰富的物种和繁荣的种群,就可以说该地具有生物多样性。

从以上论述可以看出,关于生物多样性的定义主要分为两类:一是侧重于以"物种"的内涵和形成为背景阐释生物多样性的含义;二是侧重于以生态学为背景,从个体到生态系统的角度解析生物多样性,将生物多样性看成从物种到整个生态系统保护的转变。所谓生态系统是指"植物、动物和微生物群落及其所在非生命环境作为一个功能单元交互

[①] 史学瀛:《生物多样性法律问题研究》,人民出版社2007版,第2页。
[②] 张帆、夏凡:《环境与自然资源经济学》,格致出版社2016年版,第176页。
[③] 韦贵红:《生物多样性的法律保护》,中央编译出版社2011年版,第68页。
[④] [美]爱德华·威尔逊:《缤纷的生命》,金恒镳译,中信出版社2016年版,第1页。
[⑤] [美]安妮·马克苏拉克:《生物多样性——保护濒危物种》,李岳、田琳等译,科学出版社2011年版,第1页。

作用所形成的动态复合体"①。

持物种观点的学者以物种为基础并试图保护所有物种并尽量拯救所有物种。每个物种都通过展现其实际或未知的用途来证明自己的潜力,应该考察以物种为单位的整体的生物多样性,即一个地区的每个物种都可以被当作整体的生物多样性的一个单位。由此环境学家诺顿主张以生物多样性的物种为单位的"安全最低标准"(Minimum safety standards,简称 SMS),即所有物种都应得到保育,除非超过维护其成本所不能承受的范围。② 每一个物种都应被视为人类不可替代的资源,除非成本太高,否则所有物种都得到保护。总而言之,SMS 与以物种为单位的整体保护生物多样性观点相一致,避免了对于单个物种优先保护的单一方法。

生物多样性的丧失具有不可逆性。生物多样性要保护的是整个生态系统以及应对不确定性和变化的生态系统服务的管理,因此,在对生物多样性的含义界定时应包含着"生物多样性危机"。同时,生物多样性的定义还应该包括针对变异的来源或产生方式。总而言之,生物多样性的定义重点应该放在重视生态系统的过程,对生物多样性的保护不只意味着物种丰富的程度,更应尽可能考虑群落和生态系统类型的互补性和不可替代性,以确保生物多样性以及生态系统可持续发展。

二 生物多样性的两个重要概念

从"物种"和"生态系统"两个不同的侧重点理解生物多样性,引出了生物多样性领域两个重要的概念"生境"和"适应性"。

生境(habitat)是生态学的概念,指的是动植物的个体或种群的天然栖息地,是动物个体、种群或群落在其生长、发育和分布的地段上,各种生境因子的总和(空间尺度相对较小)。③ 某种程度来说,生境可以看

---

① 《公约》第 2 条。
② 参见 Catherine Potvin, Margaret Kraenzel, and Gilles Seutin. eds., "Conservation Biology and Environmental Values: Can There be a Universal Earth Ethic?," in *Protecting Biological Diversity: Roles and Responsibilities*, McGill-Queen's University Press, 2001, p. 165.
③ 参见何春光等主编《生物多样性保育学》,东北师范大学出版社 2015 年版,第 56 页。

作物种的栖息地。从对生境的解释来看，既可以把生境看作物种在生物群落中生活，也可以看作为物种提供生活所需的空间单位。那么对某一特定物种的了解必然离不开该物种所处的生境，具体说还需要了解这一特定物种所处的与栖息地相关的各式各样的生态关系和进化史以及气候变化的相关因素等。

适应性是指有机体获得与周围环境之间赖以生存的特性的过程。物种对生态环境的适应过程决定了生物多样性的进化以及可以解释生物多样性损害是如何产生的。我们平时生活中所描述的生物 A 适应环境 B 的匹配关系只能说明 A 具备了在 B 中生存的能力，而不能说明 A 是如何具备这些能力的。从生态学的角度进行定义，生物 A 适应环境 B 意味着 B 塑造了 A 的进化，而不是为了适应 B 的环境而设计的，这是经历过去的环境后塑造的后果，也就是自然选择（natrural selection）的结果。[1] 也就是说生物 A 之所以能生存是因为其祖先经过了自然选择，而不是表面上的适应现存的环境。需要补充的是，"适应"意味着基因发生了变异。

从对生物多样性的"生境""适应性"概念分析得知，不管是从物种保护的角度，还是从生态系统保护的角度定义生物多样性，两者相同的地方在于都认识到了栖息地和适应性的重要性，只不过保护所针对的范围有区别。生态系统方法针对栖息地的整体式的生态系统，物种方法主要针对物种单方面的保护。不论是哪种保护方式，仔细琢磨不难发现都离不开对生物多样性"变异"概念的理解，并且对"生境"与"适应性"的理解决定了变异。可以说没有变异就没有进化，虽然针对变异的来源或产生方式是遗传学家、哲学家和物理学家争论的焦点，但不可否认的是，无论是哪种方式[2]，对生物多样性定义的理解离不开"变异"，这也是生物多样的主要特性。

---

[1] 参见李博《生态学——从个体到生态系统》，高等教育出版社 2016 年版，第 6 页。
[2] 例如法国博物学家拉马克强调动物的适应性，他认为生物有主动适应环境的能力并在此前提下进行变异和适应而获得遗传。达尔文则从不同生存环境角度认为变异不是动物主动适应的结果，而是通过自然选择随机地获得遗传。哲学家伯格森则认为生命的原始冲动是变异的根本原因。遗传学家魏斯曼则认为有形生殖是变异的唯一来源。

生物多样性损害赔偿范围的界定取决于对生物多样性价值的理解。如上文所述，"物种"和"生态系统"是理解生物多样性两个不同的侧重点，对生物多样性价值的理解不能局限于对物种价值的认知，更应该从生态系统服务角度探求其长期价值。生态系统服务价值很少等同于我们从中获取的服务而实际支付的价格，因为这些"服务"通常来说是免费的，此外很多生态系统服务往往没有市场价格。

三 生物多样性层次

关于生物多样性的层次有两种学说。第一种学说认为包括基因多样性、物种多样性、生态系统多样性。第二种学说在第一种学说的基础上增加了景观多样性，即包括景观多样性、物种多样性、基因多样性、生态系统多样性。生物多样性保护的内容可以涵盖基因（遗传）、物种、生态系统以及景观等不同层次；分布区域可以是热带、亚热带、温带，以及寒带等任何具有保护价值的生命区域。

物种多样性是物种累积性变异的结果，是45亿年以来物种繁衍的结果，物种多样性是不同物种的表现形式，同种生物不同遗传信息的差异体则现了遗传多样性。基因多样性反映的是微观生命世界，这是其与物种多样性、生态系统多样性和景观多样性的本质区别，其在生物多样性保护工作中的地位特殊且重要。世界上物种大多数能保持自己物种的繁衍，又能使每一个个体都表现出差别，这主要归功于体内遗传密码的作用和基因表达的差别。[①]

四 生物多样性价值

对于生物多样性价值，学界达成了以下共识：认为生物多样性价值可以分为外在价值和内在价值。外在价值也就是其利用价值，主要分为经济价值、生态价值、科学价值、美学价值；生物多样性的内在价值无法评估，更多时候依附于外在价值。[②] 也有学者将外在价值分为使用价值

[①] 参见伍业钢《生物多样性》，高等教育出版社2015年版，第26页。
[②] 参见秦天宝《生物多样性国际法原理》，中国政法大学出版社2014年版，第5页。

和非使用价值，内在价值指的是地球不只为人类而存在，也为满足这个星球上所有物种的需求而存在。① 生物多样性隐藏着未知多样的前景，意想不到的用途被许多人认为是我们对生命变化的组成部分及其对人类的重要性缺乏了解的一个现实表征。这些论点表明我们可能了解以"人类为中心"的生态系统为人们提供的使用价值和非使用价值，但我们却很难预料与"非人类中心主义"无关的生物多样性内在的价值。生物多样性具有"期权价值"：不仅表现为对一个物种或生物多样性的其他因素在其持续存在期间保留将来使用和利益的可能性时具有期权价值，也表现为对未知物种（或其他变异成分）的未知值。期权价值是生物多样性的核心，因为它连接着未知的"变化"和"价值"。

除此之外，还有学者提出将生物多样性价值分为直接使用价值、间接价值和伦理价值。前两个有客观基础，后一个则是主观价值。直接使用价值表现为生物多样性为人类提供了纤维、药物、食物等。间接使用价值通常表现为生物多样性对生态系统的调节功能，是公共自然对人们的馈赠，从某种程度上来说也可以称之为生态系统服务。生物多样性潜在价值（间接使用价值）——是能为后代提供选择机会的价值。该学者继而将伦理价值也纳入内在价值之列。② 针对生物多样性的保护所引发的争论的核心主要围绕动物与人的价值孰轻孰重。环境伦理学家给予了回应：对生物多样性价值的理解决定了人类如何衡量生物多样性的价值以及人类是否足够有能力保护生物多样性，不论人类有没有评价或开采，它们的价值丝毫不受影响。

生物多样性价值是生物多样性的固有组成部分，它不依赖于所涉物种的属性。从以上关于生物多样性价值的论述可以看出，对生物多样性价值的关注不应局限于物种的价值。将生物多样性只集中在物种、基因、生态系统的"库"上的错误观点，忽视了创造和维持自然价值的过程，前者的视角被描述为"静态"。显然生物多样性价值所反映的创造和维持

---

① 参见［美］安妮·马克苏拉克《生物多样性——保护濒危物种》，李岳、田琳等译，科学出版社2011年版，第111页。

② 参见牛翠娟等《基础生态学》，高等教育出版社2015年版，第293页。

自然的过程应该是动态的、以系统为导向的，注重生态整体性理念并保持健康的生态系统功能，于是才有了从最初的关注物种价值逐渐转向对生态系统总体价值的关注。生态系统之所以有价值，是因为它们可以维持地球上的生命，并为人类提供各种物质与非物质所必需的多种服务。从某种程度上来说，生物多样性价值应该看作生态系统及其提供的供给服务、调节服务、文化服务和支持服务。其之所以对人类社会具有价值，是因为人们从对它们的实际效用或潜在利用中获得一定的效用，它要么是直接使用价值，要么是间接使用价值。人们还对当前它们尚未使用的生态系统服务（非使用价值）进行价值评估。[①] 对生物多样性问题的理解必须基于严密的论证过程，因为如果生物多样性的衡量缺乏"客观科学标准"，将会出现不同的关于生物多样性的理论和价值争论。

　　生物多样性的价值不仅仅体现在生物本身的存在价值，还体现在生物多样性变化和生态系统功能方式之间存在的多种联系。本书在此引用"总经济价值"（TEV）这一概念全面考察生物多样性和生态系统向人们、社会和经济提供的全部价值。这一框架将 TEV 分解为使用价值和非使用价值。使用价值包括直接使用和间接使用价值以及未来选择权：直接使用价值源于对生态系统产品和服务的直接使用，包括消耗性使用和非消耗性使用；间接使用价值指的是人们从重视的其他产品和服务中获得的收益；选择使用价值指将来可选择使用生态系统产品和服务的价值。[②] 非使用价值也称为存在价值、保存价值或被动使用价值，是指人们因其知晓自然及其组成部分（例如，一个珍稀物种）的存在价值，或愿意将这些宝贵资源给后代（遗产价值）或当代其他人（利他价值），从而选择不使用自然资源，并从中得到的内心愉悦。遗产价值和利他价值合称为"博爱"价值。[③] 图 1-1 展示了总经济价值的使用价值和非使用价值的关

[①] 参见千年生态系统评估项目概念框架工作组的报告《生态系统与人类福祉：评估框架》，张永民译，中国环境科学出版社 2006 年版，第 132 页。

[②] 参见帕特里克·滕·布林克（Patrick ten Brink）编《国家及国际决策中的生态系统和生物多样性经济学》，胡理乐、翟生强、李俊生译，中国环境出版集团有限公司 2015 年版，第 127 页。

[③] 参见帕特里克·滕·布林克（Patrick ten Brink）编《国家及国际决策中的生态系统和生物多样性经济学》，胡理乐、翟生强、李俊生译，中国环境出版集团有限公司 2015 年版，第 25 页。

键组成要素,如何体现生态系统及服务的价值。对其各个组成要素的理解决定了生物多样性价值的估值及损害赔偿的内容。

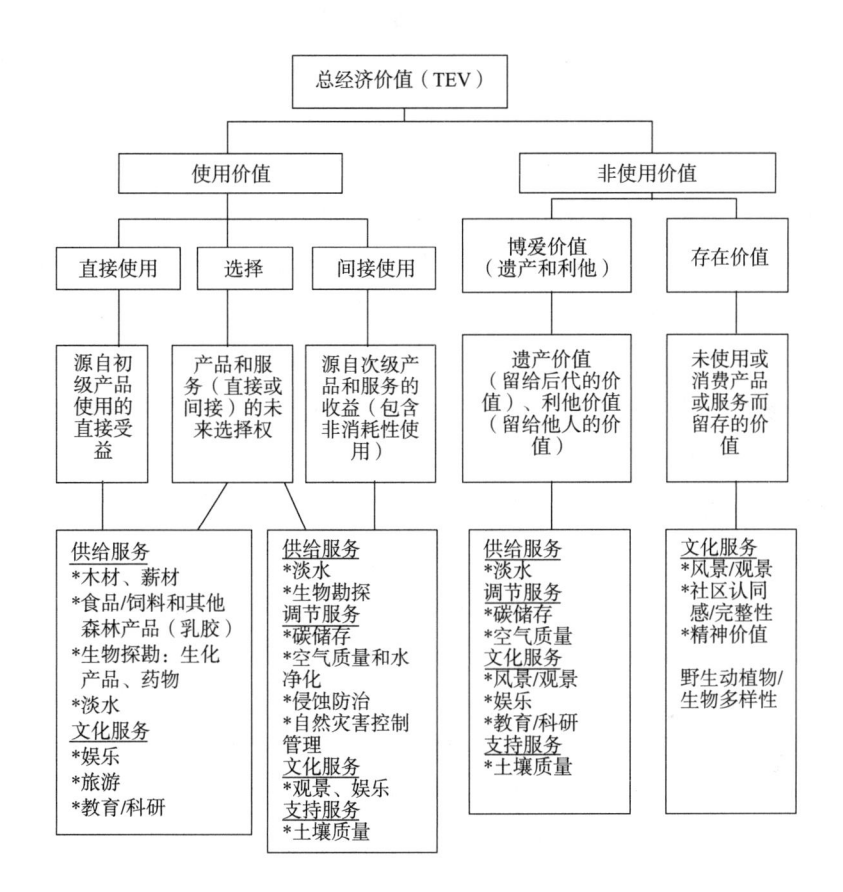

```
                        总经济价值(TEV)
                    ┌──────────┴──────────┐
                 使用价值                非使用价值
            ┌──────┼──────┐         ┌──────┴──────┐
         直接使用  选择  间接使用   博爱价值      存在价值
                                  (遗产和利他)
         源自初   产品和  源自次级   遗产价值      未使用或
         级产品   服务    产品和服   (留给后代的   消费产品
         使用的  (直接或  务的收益  价值)、利他   或服务而
         直接受   间接)   (包含非   价值(留给他   留存的价
         益       的未来  消耗性使   人的价值)    值
                  选择权   用)

         供给服务  供给服务  供给服务   文化服务
         *木材、   *淡水    *淡水     *风景/观景
         薪材      *生物勘探 调节服务   *社区认同
         *食品/饲料 调节服务  碳储存    感/完整性
         和其他    *碳储存   *空气质量  *精神价值
         森林产品  *空气质量  文化服务
         (乳胶)   和水净化  *风景/观景  野生动植物/
         *生物探勘: *侵蚀防治 娱乐      生物多样性
         生化产品、 *自然灾害 *教育/科研
         药物      控制管理  支持服务
         *淡水     文化服务  *土壤质量
         文化服务  *观景、娱乐
         *娱乐     支持服务
         *旅游     *土壤质量
         *教育/科研
```

图 1-1 TEV 在生态系统服务中的应用图①

五 生态系统服务

生态系统服务是指人类从生态系统获得的各种收益。包括供给服务、调节服务、文化服务以及维持这些服务所必需的支持服务。② 生态系统服

---

① 参见帕特里克·滕·布林克(Patrick ten Brink)编《国家及国际决策中的生态系统和生物多样性经济学》,胡理乐、翟生强、李俊生译,中国环境出版集团有限公司 2015 年版,第 128 页。

② 参见千年生态系统评估项目概念框架工作组的报告《生态系统与人类福祉:评估框架》,张永民译,中国环境科学出版社 2006 年版,第 58 页。

务是生态系统对人类福祉的直接和间接贡献，它们直接或间接影响我们的生存和生活质量。供给服务是从食物、淡水、木材、纤维、遗传资源和药物等生态系统中获得的产品；调节服务被定义为从气候调节、自然灾害调节、水净化和废物管理、授粉或害虫防治等生态系统过程的调节中获得的益处；栖息地服务突出了生态系统为迁徙物种提供栖息地和保持基因库的生存能力的重要性；文化服务包括人们从生态系统获得的非物质利益，如精神丰富、智力开发、娱乐和审美价值。

气候调节是全球和欧洲范围内最重要的生态系统服务之一。例如在欧洲，生态系统在气候调节方面发挥重要作用。泥炭土含有大量的碳库，而欧洲在寒温带地区有大面积土地。然而，泥炭地的气候调节功能取决于土地利用和集约化（如排水和农业转化），并可能对土壤储存碳和碳排放的能力产生深远的影响。通过捕食者和寄生虫的作用以及猎物的防御机制，在生态系统中调控害虫和疾病。例如土壤生物多样性是土壤形成的一个主要因素，其支持食物、纤维和燃料供应等一系列供应服务。此外，多样化的土壤群落将有助于防止由土传病虫害造成的作物损失。生态系统提供的文化服务也非常重要。在英国，皇家鸟类保护协会的会员超过一百万，年收入超过五千万英镑。尽管大多数人把生态系统服务与自然保护和旅游联系起来，但管理良好的保护区可以提供重要的生态系统服务，如净化水质、防止水土流失和抵御洪水。它们通过保持作物多样性和物种来支持粮食和健康安全，在适应气候变化方面发挥重要作用，并通过碳的储存和封存促成减缓。

从生态系统服务的定义及分类可以看出，生态系统服务变化的范围可能要受诸多因素影响，这里的因素包括物种的数量、遗传多样性的水平以及栖息地的质量等，可以说生态系统服务是连接生态系统和生物多样性以及人类福祉的桥梁。

第二节　生物多样性损害的基本含义

一　环境损害定义忽视生物多样性损害

生物多样性损害的内涵应该如何界定？首先需要了解环境损害的定

义。针对环境损害有直接式定义，例如1969年《国际油污损害民事责任公约》对损害的定义①可以看出其并没有直接体现生物多样性的损害。《联合国海洋法公约》第1条第1款第4项的规定间接体现了对生物多样性的损害（例如对生物资源和海洋生物的损害，甚至包括对景观的损害）。②

列举式定义。例如1993年的《卢加诺公约》第2条第7款对环境的定义如下：非生物和生物的自然资源，如空气、水、土壤、动植物群和相互影响的因素相同；构成文化遗产部分的财产；景观的特征。其中明确表示"环境"包含多种自然生物资源和生态综合体。

间接式定义。如《"区域"内多金属结核探矿和勘探规章》规定：海洋环境包括影响和决定海洋生态系统、海洋水域及这些水域的上空以及海床和洋底及其底土的生产力、状态、状况和素质的物理、化学、地质和生物组成部分、条件和因素。这个定义表明了海洋环境涵盖非生物和生物资源、海洋生态系统和生态综合体，包括多样的海洋生物。由此可以看出海洋生物资源的间接定义在海洋环境的含义中。2001年《燃油污染损害民事责任国际公约》、1977年关于《关于海底矿产资源勘探和开发造成石油污染损害的民事责任的伦敦公约》等都有关于环境损害的定义，本书不一一列举。

对以上"环境损害"定义的列举旨在说明一点：尽管这些条约中环境"污染损害"在环境损害中，有的针对生物多样性损害仅作笼统规定，有的则对各个环境组成要素作了规定，间接涉及生物多样性损害。但这些条约都没有明确提到对生物多样性的损害问题以及损害生物多样性是否可以根据这些惯例得到补偿。这引起了对该制度下生物多样性造成损

---

① 为排除船舶因素以外因污染而产生的损害，其包括了采取预防措施的费用以及由于采取预防措施而造成的进一步损害。

② "海洋环境的污染"是指：人类直接或间接把物质或能量引入海洋环境，其中包括河口湾，以致造成或可能造成损害生物资源和海洋生物、危害人类健康、妨碍包括捕鱼和海洋的其他正当用途在内的各种海洋活动、损坏海水使用质量和减损环境优美等有害影响等。参见《"区域"内多金属结核探矿和勘探规章》第1条关于海洋环境的定义。

害的可赔偿性问题。大多数国家没有特别关注生物多样性损害，更没有特别关注生物多样性在越境损害中的责任和补救问题，《关于预防和补救环境损害的环境责任指令》①（Directive on Environmental liability with regard to the prevention and remedying of environmental damage，以下简称 ELD）指出为了欧洲联盟内的赔偿责任和补救的目的，该指令已将生物多样性所受损害的定义的范围缩小。其他专家则担心将定义的范围缩小会限制对《公约》范畴内所理解的物种内和物种之间的变异性造成损害的能力。例如，造成海洋生物多样性的损害活动有船舶活动造成的海洋石油污染，正常的船舶作业等活动（海上作业、勘探开发矿床资源等在深海底的活动）这些都足以导致对海洋生物多样性的损害，不但会影响海洋物种，还会影响遗传多样性的减少。② 鱼类受到海洋石油污染的影响，造成鱼类死亡，这种损害可能发生在国家管辖范围内，也可能发生在国家管辖外。作为航运活动造成的结果，却没有专门的国际条约，针对海洋石油污染造成的海洋生物多样性损害赔偿责任进行规制。为此，有必要从这个角度研究环境损害与生物多样性的损害之间的关系以及损害赔偿的可能性。

各国鲜有针对生物多样性损害的立法，ELD 是目前唯一针对生物多样性损害规定得比较翔实的法律。ELD 规定环境损害也包括由空气中的元素造成的破坏以及对水、土地以及保护物种或自然栖息地都可能造成的破坏。③ 遗憾的是，ELD 并没有直接对生物多样损害下定义，而是将对

---

① 参见欧洲议会与欧盟理事会关于预防与补救环境损害的环境责任指令：（2004/35/CE），http：//eur - lex. europa. eu/LexUriServ/LexUriServ. do? uri = CE LEX：32004L0035：EN：NOT，2021 年 10 月 26 日。

② 参见 Emma L. Johnston, David A. Roberts, "Contaminants reduce the richness and evenness of marine communities: a review and meta-analysis", *Environmental Pollution*, 2009, pp. 1745 – 1752。研究表明，被发现在北极的中上层微生物群落由于受石油泄漏的影响遗传多样性骤然减少。

③ 对受保护物种和受保护自然栖息地的破坏，即对此类栖息地或物种的良好保护造成严重不利影响的任何破坏。上述不利影响的严重程度将在 ELD 附录一中所列标准的基础上根据基线状态进行评估。对受保护物种和受保护自然栖息地的破坏不包括在此之前已认定存在的不利影响，此类不利影响来自经营者已由相关当局根据指令 92/43/EEC 第 6 条第 3 款和第 4 款或第 16 条，或指令 79/409/EEC 第九条给予明确授权的行为，或应，在栖息地和物种不受欧共体法律保护的情况下，来自经营者已由相关当局根据国家自然保护法中的相应规定给予明确授权的行为。

物种和栖息地的损害直接包括在环境损害中。相反，关于生物多样性的损害被规定在《欧盟野鸟保护指令》（79/409/EEC）和欧盟《自然生境和野生动植物保护指令》，简称《生境指令》（92/43/EEC）法律中，这一方法已被 ELD 认可。根据 ELD 第 2 条，"环境损害"是指"受保护物种和自然栖息地的损害，对达到或维持这种栖息地或物种的有利保护状态具有重大不利影响的任何损害"。对受保护物种和受保护自然栖息地的破坏，即对此类栖息地或物种的良好保护造成严重不利影响的任何破坏。上述不利影响的严重程度将在 ELD 附录一中所列标准的基础上根据基线状态进行评估。与欧盟 1992 年确定的《生境指令》（92/43/EEC）、1979 年《欧盟野鸟保护指令》（79/409/EEC）或受保护具有相同条款的成员国国家法律相比，ELD 明确采用生物多样性定义更为有限，例如 ELD 关于生物多样性的损害需结合鸟类和栖息地指令的标准来确定，然后才可以在 ELD 与鸟类和栖息地指令以一致的方式划定损害概念的范围。

生物多样性损害的概念应该与"生物多样性"定义一脉相承，生物多样性损害应该包括变异性或消极性变化。为制定出生物多样性损害赔偿责任与补救规则，必须先理解什么是生物多样性丧失。

二 生物多样性丧失

将生物多样性纳入整个政府和社会的主流是解决生物多样性丧失的根本原因。生物多样性丧失定义为：在全球、区域和国家范围内衡量到的生物多样性各组成部分及其提供货物和服务的潜力长期或永久地在质量上的退化或在数量上的减少。[①]

对生物多样性损害的认定，可以从质和量中考察评估生物多样性的关键性要素以衡量是否适用生物多样性损害赔偿。生物多样性损害的范围既包括生物多样性各个组成部分的损害，还包括针对其提供实际或潜在货物和服务的能力方面的损害。值得注意的是，针对生物多样性丧失的概念，对生物多样性损害还提出了损害期限的要求，即损害期限必须具有持久性。这个结论也得到了《公约》第 14 条第 2 款所涉赔偿责任和

---

① 参见 Decision VII/30 and UNEP/CBD/COP/8/27/Add. 3, annex, paragraph 6（g）。

补救问题法律和技术专家组结论的认定,要符合损害的定义,变化需要在一段时间内存在,也就是说,不可能在相当一段时间内通过自然的恢复得到解决。①

三 变化必须是不利或消极的

生物多样性损害并不是生物多样性发生变化本身,而是变化必须达到产生能够衡量的不利或消极的后果,即确定生物多样性发生了变化。为了适用生物多样性损害赔偿责任,必须具备损害这一事实并超过其最低限度。欧盟委员会在《环境责任白皮书》中强调,并不是对自然资源的质量或数量的每一个变化都应该被认定为造成责任的损害。② 生物多样性损害需将物种或生态系统的变性和变量与基线比较进行确定。要想确定生物多样性是否发生了可估量的变化,必须首先制定基线。然后,必须将声称引起变化或损害的条件与该基线进行比较,证明与基线相比已存在可估量的变化。基线的确定以及基线与诉称引起变化或损害的条件的比较应基于科学化证据。③ 需要明确的是,这些科学化证据包括但不限于这四种情形。针对生物多样性损害的评估,还必须对不能意料的事件及其所造成的损害与这些科学化证据进行比对并做出鉴定,以确定是否要将其排除在外。

四 变化必须是重大的

如上文所述,确定了生物多样性发生损害的基准条件,那么只有该

---

① 参见 UNEP/CBD/COP/8/27/Add. 3,annex,paragraph 6(b)(ii),《公约》第 14 条第 2 款所涉赔偿问题和补救问题法律和技术专家组的报告。

② 参见 COM(2000)66 Final,欧洲共同体委员会关于环境责任的白皮书。

③ 1. 物种的本质和特性;2. 物种的功能或提供的自然资源服务;3. 任何其他人类引起的变化;4. 任何其他自然变化包括:(1)物种自然分布区域和随着时间的流逝自然发生的物种数量和分布区域的波动;(2)生态系统内物种的相互影响和物种的自我再生能力;(3)物种的繁殖能力;(4)在自然恢复力作用下,物种在合理时间内恢复的能力。参见《改性活生物体释放引起的生物多样性损害情况下的契约性补救机制合约》第二次修订文本,(http://www.biodiversitycompact.org/wp-content/uploads/Compact-June-10-2014-Chinese-Final.pdf),2017 年 2 月 5 日。

变化能引起以下后果时，方能称为可估量的重大不利变化。① ELD 指出 "对达到或维持这种栖息地或物种的有利保护状态具有重大不利影响" 的损害是指对物种或栖息地达到或维持保护状态产生不利影响的环境损害，其严重程度的评估必须参考损害发生时的保护状态、物种或栖息地提供的服务以及自然再生的能力。②

《公约》已经为处理损害问题提供了有益指导，在某些情况下它是指生物多样性的 "显著减少或损失" 和对生物多样性的 "重大不利影响"。因此，生物多样性的 "重大损害" 的标准与《公约》的条款相一致。在确定是否存在重大损害时，一些考虑因素至关重要：影响的程度；影响的持续时间（短期或长期）；影响是否可逆或不可逆转；影响资源的敏感性和稀缺性。显而易见，"重大" 一词通常用于指的不是轻微的，但不一定是严重的伤害。

在评估是否已存在重大不利变化时，应考虑到物种的生活史，该生活史可证明随着时间的流逝，种群普查、地理分布、基因频率和其他生物参数自然发生的变化（增减）。这些或其他参数发生的此类自然变化本身并非重大不利变化，因为它们可能是物种适应环境或生态系统的自然进化所必需的。因此，此类变化也可以作为判定是否已经发生重大不利变化的一个因素。

针对损害的重要性阈值的问题与既定原则相一致的是，若要提出赔偿责任，破坏必须超出变化的免责阈值。③ 未达到阈值标准负责任的一方

---

① 1. 诉称将被损害的物种种群动态数据证实，物种不能长期维持其在生态系统中的自我繁衍状态；2. 物种的自然分布范围已减少到了一个不可持续的水平；3. 不再存在长期维持物种所需的足够的栖息地；4. 受影响的生态系统中涉及或依赖于诉称将被损害的物种的其他一种或多种物种不能长期维持其在生态系统中的自我繁衍状态。

② 个体数量、密度及覆盖范围；特定群体或受破坏地区在物种或栖息地保护中的作用，地方、地区以上物种或栖息地的稀缺性；根据物种动态评估其繁殖能力，根据物种动态和特点评估物种生存能力或栖息地的自然再生能力；在破坏发生后，除加强保护措施外没有其他的外部干预，物种或栖息地仅靠其动态发展便能在短时间内恢复基线状态甚至优于基线状态的能力。若已证实环境损害对人体健康有影响，该危害必须归类为重大破坏。欧洲议会和环境赔偿委员会有关环境损害的预防和补救的第 2004/35/CE 号指令。

③ 参见 UNEP/CBD/EG-L&R/1/2/Rev. 1 paragraph 19，《公约》第 14 条第 2 款范围内的赔偿责任和补救方面的法律和技术专家组对有关问题的分析。

无须赔偿。阈值可以衡量损害是否超过或达到了标准。① 当对生物多样性损害有法律进行规范时，则可以将查明这种损害的结果与相关法律规范进行比对分析。目前已经达成共识的是，只有当损害超过阈值时才会引发赔偿责任。即为了使责任制度能够良好履行，有必要确定阈值标准，如果责任方未达到阈值标准可以免责。

五 生物多样性损害相关的国家实践

欧盟将保护生物多样性作为其优先事项。除了物种之外还包括对生境的保护，尤其是针对《欧盟野鸟保护指令》和《生境指令》涉及的物种和自然生境。对物种和自然生境的损害是指，任何给实现或保持对这些生境或物种的有利保护造成重大不利影响的损害。② 美国也没有明确针对生物多样性损害的立法，而是将其包括在自然资源的损害中，对自然资源定义涵盖了野生动物、鱼类等生物多样性组成部分。针对自然资源的损害，美国设置一种评估制度用以实现对自然资源损害的评估。《综合环境反应、赔偿和责任法》（CERCLA）、《油污法》（OPA）这两部分别是针对危险物质、原油泄漏对自然资源损害的典型法律，《CERCLA及其条例》将损害定义为："在自然资源的化学或物理性质或存续能力方面长期或短期的可衡量的不利变化。"③ 损害一词涵盖了"破坏"和"丧失"等说法。OPA将损害定义为"自然资源中可观察到的或可衡量的不利变化或自然资源服务的降低"④。从这两部法律的规定来看，针对自然资源损害所要求的"变化"程度来看，美国并没有将"重大"作为损害的必

---

① 参见 United Nations University（UNU）Environmental Impact Assessment Course Module, http://eia.unu.edu/course/?page_id=173，最后访问日期：2017年8月8日。

② 参见 Directive 2004/35/CE, op cit., Article 2（1）（a），这里的"损害"被定义为"可直接或间接发生的自然资源中可衡量的不利变化或对自然资源服务的可衡量损害"。

③ UNEP/CBD/COP/9/20/Add.1,《公约》第九届会议第14条第2款背景下的赔偿责任和补救，即《给生物多样性造成的损害以及对给生物多样性造成的损害定值和进行恢复的方式的技术资料，以及关于国家/国内措施和经验的资料的综合报告》。

④ UNEP/CBD/COP/9/20/Add.1,《公约》第九届会议第14条第2款背景下的赔偿责任和补救，即《给生物多样性造成的损害以及对给生物多样性造成的损害定值和进行恢复的方式的技术资料，以及关于国家/国内措施和经验的资料的综合报告》。

要条件。也就是说只要发生了损害事实，就会引发赔偿责任问题。

阿根廷《普通环境法》对"环境损害"的定义是，任何对环境、资源、生态系统平衡或集体货物和价值造成消极改变的重大变化。① 在阿根廷共和国，在区域一级可以确定两类法律文书：第一种类型被称为具有通用内容的具有里程碑意义的协议，为缔约方之间的未来合作确定了领域，以期为保护环境和防止对生物多样性的损害提供依据，在大多数情况下，这些协议需要额外的协议才能使其运行；第二种类型包括那些为产生对生物多样性造成损害的某些活动提供特殊机制或应急措施的协定。如阿根廷共和国和它的邻国如玻利维亚在1994年负责监管环境问题达成的协议，在1996年与巴西在环境领域达成的协议等。区域一级的另一项通用法律文书是2001年3月签署的《南锥体共同市场环境协定》等。这些协定为缔约方之间提供共同的公共政策措施、保护环境、保护生物多样性和促进可持续发展的法律合作机制。总的来说，不管是区域一级还是双边的协议，在阿根廷现行的立法中并不包括生物多样性损害的任何规定。在1994年阿根廷宪法中，规定了对生物多样性的保护，并在第41条总结了环境损害赔偿的概念，其民法普遍规定了任何造成环境损害的作为或不作为行为需要赔偿的义务。虽然已经记录了私营部门自愿对环境造成损害赔偿的情形，但阿根廷对生物多样性的损害并没有诉诸法律的情形。

在爱沙尼亚并没有适用于对环境造成损害的责任和补救的具体法律。有关赔偿责任和补救的法律规定，主要分散在《自然资源保护法》《狩猎管理法》《钓鱼法》《森林法》《转基因生物释放法》《刑法》等各种法律文书中。爱沙尼亚政府于1995年7月25日批准了《第275号条例》，规定国家要对野生动植物造成的损害赔偿。这项规定包括索赔的措施和损害金额，涵盖所有列出的动植物种类包括受保护的物种。不过根据爱沙尼亚政府的说法，仍然需要一套特别的环境民事责任和补救法。

---

① 参见 Honorable Congreso de la Nación Argentina, Articulo 27 of the Ley General del Ambiente, http://www.ambiente.gov.ar/?aplicacion=normativa&IdNorma=85&IdSeccion=0，2021年11月6日。

在匈牙利立法中可能会对生物多样性造成损害的活动主要负有三个方面的责任，分别是民事、刑事和行政方面的责任。环境定义在匈牙利1995年《关于环境保护总则》（EPA）第4节（b）段中将土地、空气、水、生物圈等作为环境组成部分、系统、过程及结构。

瑞士的《遗传工程法草案》还为损害或毁坏环境（包括生物多样性丧失）提供赔偿并就责任条款达成了一致。对瑞士来说，国际私法领域最重要的工具是1988年9月16日《卢旺达公民权利和司法审判与民事和商业判决执行公约》，根据该公约第14条第2款的《关于责任和补救的第Ⅶ/11号决定》第2段所指明的项目，现有国内框架的不足之处包括：（1）在大多数现行国家法律中，没有具体说明生物多样性损害，通常国家法律制度在现行国内规定中提供一般准则；（2）没有使用于对环境造成损害的责任和补救的具体法律；（3）缺乏关于恢复和预防措施的详细规定，重点是刑事处罚和赔偿金；（4）在多边协定和国内一般法律框架之外，没有关于相互承认的特别规定，可以促进环境事务的执法和诉诸司法。然而值得一提的是生物多样性造成损害在该国民事领域中并不存在，其迫切需要建立国家在生物多样性受损或更普遍的环境损害的责任和补救方面的能力。

由此可见，国家能力建设是制定和执行解决生物多样性丧失的责任和补救措施的关键要素。

第三节　生物多样性损害与环境损害

环境损害包括由空气中的元素造成的损害以及对水、土地、保护物种或自然栖息地等可能造成的损害。在这个意义上，生物多样性损害是环境损害的组成部分。两者的共同因素包括：事故可能导致大规模释放的活动；漏油、化学或有毒污染物或危险物质或对环境的危险活动；都需要很长恢复时间；不容易评估或补偿。但是，对环境的损害并不必然涵盖物种内变异的损失以及物种与生态系统之间的损害，如对海洋污染除了导致可恢复的海洋物种数量的减少之外，对独特的生态系统的破坏也可能是不可逆转的，而对遗传多样性的损害也可能是不容易被检测的。

一 生物资源的性质

（一）生物多样性是一种不可再生的资源

有必要将生物多样性与其他自然资源进行区别，以创设其独特的救济机制。为了厘定这一问题，首先必然要从经济学的角度，了解什么是资源。资源类型的区分，有耗竭性的、流动性的、储存性的和生物性的。根据人类的使用和管理，自然资源一般分为储存资源和流动资源：储存资源分为耗竭性不可再生资源和耗竭性可再生资源，诸如煤、原油和天然气等属于耗竭性不可再生资源；流动资源的显著特征是不受人类控制，它们的供给数量和质量是预先确定的，一旦提供出来就得使用否则会浪费掉。[①]

生物多样性必须被看成一种不可再生的资源，应当包括动植物、微生物以及它们所赖以生存的生态系统。由于气候变化等自然原因以及人类活动等人为因素，生物多样性正在大规模丧失。与其他不可再生资源不一样，它是现代科技无法在实验室造就的，是物种与整个生态系统相互作用而成的。生物多样性能为人类提供在当前和将来具有极大价值的基因库。需要厘清的是生物多样性意味着生物在基因、物种、生态系统的组成、形态、等级等方面的多样性和它们之间的变化，而非基因、物种、生态系统三方面的组合。生物资源不仅仅指生物体的整体或部分，或生态系统的整体或部分，还包括对人类具有直接或间接价值的遗传资源。

（二）海洋生物资源的特殊性

生物资源分为陆地生物资源和海洋生物资源。由于大气环流、海洋流动性以及跨界鱼群的存在，使得海洋生物资源具有共享资源的基本属性，所以对其保护和规制的国际法色彩比较浓厚。排除陆地中的迁徙物种，虽然大多陆地生物资源的规制限于国内法律，但国内对其生物资源

---

① 参见［美］约翰·C. 伯格斯特罗姆（John C. Bergstrom）、［美］阿兰·兰多尔（Alan Randall）《资源经济学：自然资源与环境政策的经济分析》，谢关平译，中国人民大学出版社2015年版，第119页。

的利用却要受到自然资源使用权的限制，因此只有采用共同利益等概念才能使这种限制符合程序性规定。海洋生物多样性要多于陆地和淡水，因此应该将海洋环境看成整个生态系统、全球生命支持系统的一个基本组成部分。海洋生物多样性的损害赔偿远比陆地的损害赔偿要复杂得多，海洋生物多样性损害赔偿享有优先权问题。在针对海洋保护区损害进行赔偿时，海洋与陆地的生态系统具有差别性，因为整个海洋生态系统具有开放性，海洋的浮游生物以及底栖生物和鱼类的繁殖都需要长距离扩散。

二 生物多样性的变异

（一）现有的国际规则未能覆盖生物多样性损害

可以从两个角度审查现有国际法律制度的覆盖问题：一方面，这些制度中的关于"损害"的概念是否包括了对生物多样性的损害；另一方面，这些制度在多大程度上解决了对生物多样性造成损害的来源因素。

诚如上文所述，现有制度的环境损害概念已经从狭隘的传统损害（财产和人身伤害）过渡到"纯经济损失"和"环境损害"。关于1997年核责任条约修正了1963年《维也纳核损害民事责任公约》的议定书，将"核损害"的定义扩大到包括人身或财产损害或损害造成的经济损失；恢复环境受损的费用；由于对该环境重大损害而导致的任何使用或享受环境的经济利益产生的收入损失；预防措施的费用。同样，关于石油污染也采取了类似的做法，虽然1969年《国际油污损害民事责任公约》中的"污染损害"定义仅限于"由于石油泄漏或排放造成的污染损失或损害"，污染物溢出或排放污染包括预防措施的成本。但1992年《国际油污损害民事责任公约》已澄清对环境损害（不包括此种损害的利润损失）的赔偿，仅限于已实际采取或行动将采取的合理恢复措施的费用。与之相类似1989年《公路、铁路及内陆航行船舶运输危险货物损坏民事责任公约》、1996年《危险废物越境转移及其处置所造成损害的责任和赔偿问题的巴塞尔议定书》（《巴塞尔议定书》）、1993年的《卢加诺公约》等专门规定了处理危险活动造成的环境损害。但这些文书中对"环境"的定义，对生态系统、栖息地和物种等生物多样性的具体组成部分造成的损害显然并没有纳入"环境损害"概念中,更重要的是,对于生物多样核心要素"变异",以及在超出生态系统、生境和物种的损害并在其范围内包括对"变异"性的实际损害这些条约也没有顾及。目前为止,没有任何一国立法从变异的角度对生物多样性做出定义。

(二)"变异"与生物多样性损害

进化生物学认为,变异处于生命科学研究的心脏地位,因为变异既是进化的产物,又是进化的根据。种群内的变异包括遗传物质的变异、基因表达的蛋白质(特别是酶)的变异和表型的数量性质的变异。大部分变异是以遗传为基础的。[①] 达尔文(Charles Robert Darwin)指出了生物自身的适应性对变异的意义。他说,博物学者们连接不断地把变异的唯一原因归于外部条件,如气候、食物等。[②] 物理学家薛定谔(Erwin Schrodinger)认为只有突变才能遗传。比如说在同一个体内出现了十几个不同的突变,而其中不利的突变又总比有利的突变占优势,那么物种不但不会改良,甚至会停滞和消亡。[③] 博物学家布丰(Georges Louis Leclere de Buffon)是现代进化论的启蒙者之一,他认为生物因环境变化而变异,并遗传给后代,因此物种可变。在自然界,新的变种由迁徙和隔离而造成:一方面物种是在改变着的,环境变化可引起生物发生相应的变异,这些变异会遗传给后代;另一方面,物种是被一些不可逾越的鸿沟所分开的。因此,物种既不是完全可变,也不是固定不变。[④] 这看似矛盾的观点其实实质并不矛盾,这正好反映了物种的一种本质特征:从长远时间看,物种是可变的;从较短时间来看,物种是相对稳定的。所以说物种并不是完全可变,也不是固定不变。

以上关于"变异"的观点说明,不论是遗传因素引起的变异,还是环境与适应决定了变异,都有可能引发生物多样性的损害。因此需要集中关注的是生物多样性遭受的损害,而不是环境所受损害这种较广泛的概念。环境所受损害没有充分地集中在《公约》第 2 条中所反映的活生

---

① 参见牛翠娟等《基础生态学》,高等教育出版社 2015 年版,第 293 页。
② 参见谢平《进化理论之审读与重塑》,科学出版社 2016 年版,第 96 页。
③ 参见谢平《进化理论之审读与重塑》,科学出版社 2016 年版,第 99 页。
④ 参见谢平《进化理论之审读与重塑》,科学出版社 2016 年版,第 31 页。

物体的变异性的构成部分。"生物多样性"一词在第 2 条中被定义为"所有来源的生物体之间的变异性，其中包括陆地、海洋和其他水生生态系统及其所参与的生态过程；这包括物种之间和生态系统之间的多样性"。在《公约》范围内，生物多样性的损害不限于物种、栖息地和生态系统的损害，还包括对"生物体之间的变异性"的损害。这样一个广泛的概念从法律角度提出了重要的问题，例如关于"变异性"如何量化损害以及将会引发责任的损害阈值？正是基于这方面原因，欧盟委员会在指令中拒绝给生物多样性下定义，而是体现在诸如 1979 年《欧盟野鸟保护指令》，1992 年《生境指令》或任何物种或栖息地受到损害的任何国家法律中。如果将生物体中的"变异"视为所有生物体的重点，那么对其所造成的损害也是面临的一个棘手问题，这就需要评估有关变异性的不利影响或消极影响以及生态系统与生物多样性之间的互相依附关系。但是目前对这种关系了解得并不深入，因而阻碍了生态价值（通常也表现为生态经济价值）对变异性的重要意义。[①]

生物多样性所受损害可能涉及环境的各个组成部分之间的复杂关系，而不仅仅涉及具体的组成部分。除了变异性之外，物种的数量丰富也是一个重要内容。物种多样性所受损害和环境所受损害之间的区别很可能是一种阈值，因此，对环境的构成部分造成损害，可能要比达到一种阈值从而使变异性受到影响更容易。

三　阈值

欧盟委员会在《环境责任白皮书》中强调，并不是自然资源的质量或数量的每一个变化都应该被认定为造成责任的损害。[②] 欧洲委员会似乎支持这样一种观点，即为了履行责任制度的良好运作，确定阈值标准可能是有益的，如果达不到阈值标准，责任方可不用负责任。由此，在欧洲共同体相关指令中表述为"对达到或维持这种栖息地或物种的有利保

[①] 参见 UNEP/CBD/COP/8/27/Add. 3，paragraph 19，《公约》第 14 条第 2 款所涉赔偿问题和补救问题法律和技术专家组的报告。

[②] 参见欧洲共同体委员会关于环境责任的白皮书，COM（2000）66 Final。

护状态具有重大不利影响"或"对相关水域的生态状况产生不利影响"的损害。《公约》的案文已经为处理破坏门槛问题提供了一些指导。在某些情况下，它是指生物多样性的"显著减少或损失"和对生物多样性的"重大不利影响"。因此，生物多样性的"重大损害"的门槛将与《公约》的案文相一致。在确定是否存在重大损害时，一些考虑因素至关重要：影响的程度；影响的持续时间（短期或长期）；影响是否可逆或不可逆转；影响资源的敏感性和稀缺性。在这方面 ELD 规定对达成或维持生态环境保护状况有不利影响的任何损害的重要性，必须参照损害时的保护状况进行评估。

从风险评估原则的角度而言，生物多样性所受损害的阈值是一种重要的概念。生态阈值是指生态系统状态改变的临界值、生态系统的损伤程度值。当生态系统的损伤程度超过该值时，生态系统将会因为受损过于严重，无法自行恢复至先前的完好状态。阈值可以是质的，也可以是量的，对损害的重要性的程度至关重要。基准性资料对于确定损害的阈值至关重要，而确定某一具体情况中的重要性所使用的标准可能是有益的。例如，评估损害的重要性时可能需要考虑的因素包括：造成损害的地理范围、受影响的资源、这些资源的复原力、生态系统的脆弱性、（可逆转或不可逆转的）变化的程度和时间长短、价值和资源的独特性。[①] 但这一概念需要与生态系统的变异性联系起来，并应在个案的基础上加以确定。毕竟，阈值是一种取决于各种有关情况的主观性概念。

第四节 《公约》第 14 条关于生物多样性损害的规定

一 对"损害赔偿"与"补救"的理解

当生物多样性受到损害时，缔约国会议应对其进行研究，并以此为依据，检讨责任和补救问题包括（生物多样性的）修复和（损失）赔偿，除非这种责任纯属（缔约国）内部事务。

[①] 参见 UNEP/CBD/COP/8/27/Add.3，《公约》第 14 条第 2 款所涉赔偿问题和补救问题法律和技术专家组的报告。

"损害"(damage)指损失(loss)、损害(damnum),无论这是有形伤害或损害的经济方面的量化,还是违反义务的其他后果。赔偿(reparation)将用来指原告可以期待被告国将采取的所有措施:支付赔偿(或恢复原状)、道歉、惩罚负有责任的个人、采取措施防止违反义务的再犯,以及任何形式的精神满足。补偿(compensation)即狭义的赔偿。指支付与"计算"所造成的损害相等的金钱。① 补偿与损害赔偿的关系可以理解为:违背义务的特定背景即义务本身的性质和违背的方式,可能决定处理损害赔偿问题的方法。为了便于说明,可以假定法律规则仅仅就是:如果损害是因某种合法活动中的疏忽而引起的,那么补偿就可以给付。

针对第 14 条第 2 款规定,补救措施应该包括修复和补偿。必须明确区分损害赔偿责任范围内的补偿、恢复原状和补救措施中的补偿和修复。如上所述,根据国际法一般原理,被告人必须对造成的损害做出充分赔偿,赔偿可以采取恢复原状或补偿的形式。在谈及确定赔偿问题时,国际法院认为,它宣布哥斯达黎加违反了开展环境影响评估的义务,这即构成"对尼加拉瓜而言的适当赔偿措施"。法院回顾,恢复原状和补偿是物质损害的赔偿形式。② 在环境损害中恢复原状包括恢复或恢复措施。由此可以看出,在损害赔偿责任形式中所提及的补偿和恢复原状所针对的是损害赔偿责任主体,而在补救措施中所提及的修复和补偿不仅包括损害赔偿责任主体,也包括对生物多样性损害填补的其他主体。

需要澄清的是,很多针对《公约》文本的中文翻译将"restoration"翻译成恢复,虽然从语义来讲"restitution"与"restoration"有相同之意,但从法律角度审视本文将恢复和修复区别对待,严格意义上来说,"restitution"翻译成恢复原状③,"restoration"翻译成修复、复原更加贴切。从生态学角度,恢复和修复存在着差距。恢复是指完美意义上的恢复(遭受损害状态恢复到未被损害前的状态的行为,其中包括了审美意义上的

---

① 参见〔英〕伊恩·布朗利:《国际公法原理》,曾令良、余敏友等译,法律出版社 2007 年版,第 401 页。
② 参见 A/71/98,国际法院、法庭和其他机构的裁判汇编第七十一届会议。
③ 参见薛波《元照英美法词典》(缩印版),北京大学出版社 2003 年版,第 1191 页。在国际公法领域,也将"restitution"翻译成"恢复原状"。

恢复）。修复其并不包括完美意义的状态，含义与恢复相似是指将一个事物恢复到先前状态的行为，因此修复被广泛用于指所有退化状态的改良工作。① 从某种程度来说，恢复可以包括修复。本书对两者的关系将在另一章节作详细的介绍。

二 对"责任"概念的理解

本书在国际公法中讨论生物多样性损害赔偿责任问题，须区分国际法方面的一般规则和针对特定活动的具体规定。目前，各国应避免对其管辖或控制范围内的活动对其他国家或公域环境造成损害，这已经达成了共识。②

对生物多样性损害的理解，构成生物多样性损害赔偿界定的基础。根据生物多样性概念的维度，生物多样性损害必须基于特定的前提和条件。如果从使用价值角度出发，体现了实用主义的价值倾向。这种认识问题的思路无疑是片面的。生物多样性损害存在是生物多样性损害赔偿责任的前提，损害是赔偿责任的前提和基础。跨界大气污染或者水污染，这些问题在范围上是区域性的，倾向用区域性的协议来处理环境问题。但是诸如气候变化和生物多样性损害，其损害的范围不仅仅局限于双边性质，而是向多边或全球性质蔓延，解决这类问题大部分是用《联合国气候变化框架公约》《生物多样性公约》等规制性条约来实现。针对生态损害应该存在多样化的救济方式，导致损害的成因行为除了侵权行为之外还包括气候变化、外来物种入侵等，这些情况都可能导致生物多样性损害的出现，由此违法性行为并不构成损害是否成立的主要依据。用传统的损害赔偿的思维模式，除了能有效填补生物多样性损害之外，在很大程度上与损害赔偿的惩罚功能有关系。也就是说，对生物多样性造成损害的主体的惩罚应是应有之义。针对生物多样性损害作为生态损害的一种，不应将关注的目标停留在造成生物多样性损害的行为是否违法，

---

① 参见李洪远等主编《生态恢复的原理与实践》，化学工业出版社2016年版，第19页。
② 例如在1992年的《环境与发展里约宣言》第2项原则、1972年的联合国人类环境会议的《斯德哥尔摩宣言》第21项原则，以及《生物多样性公约》第3条等条约中都多次得到了证实。

是否对其进行惩罚，而在于能否对所造成的损害进行弥补，矫正其处于受损的不利状态。因此，这里需要强调的是能不能将违法行为作为对损害进行研究的前置条件，这对于生物多样性损害的研究具有重要的理论意义。虽然随着跨界损害的发展变化，损害的类型日趋多样化，受到损害的权利结构和结果表现也日趋复杂，但这只是体现了责任形态的多样性以及相关救济方式的多样性，损害赔偿的主体作为生物多样性损害主体这一基本出发点并未发生根本改变。

在通常情况下，谈及损害赔偿一般都将其置于责任法的框架之中，但用该路径解决问题的前提在于责任主体明确，无论在事实上还是在法律上都比较容易识别。但就生物多样性损害而言，由于造成其损害的因素比较复杂，有时无法明确具体责任主体的情形大量存在，为此，必须拓展思路对生物多样性损害进行类型化梳理，在责任法框架内无法进行追责和认定的生物多样性损害类型，必须在理论上进行探讨并提出解决对策以完善生物多样性损害的救济机制。

三　对"纯属内部事项"的理解

《公约》第14条第2款规定，当生物多样性受到损害时，缔约国会议应对其进行研究，并以此为依据，检讨责任和补救问题，包括（生物多样性的）修复和（损失）赔偿，除非这种责任纯属（缔约国）内部事项。这就意味着第14条讨论的生物多样性损害所引发的责任问题至少涉及两个国家，也就是排除了纯粹由缔约国内部原因所引发的生物多样性损害（这种情形下任何救济措施将根据国内法确定）。由于将保护生物多样性视为人类共同关切事项，生物多样性损害所引发的责任问题不能被定义为"纯属内部事项"[①]，但生物多样性损害所引发的补救措施（保持修复和补偿）并没排除在"纯属内部事项"之外，也就是说当发生生物多样性损害后国家可以根据国内的规定采取补救措施。

《公约》第3条关于各国负有责任不对其他国家的环境或国家管辖范围以外地区的环境造成损害的规定，为排除纯属内部事项提供了原则性

---

① 《公约》范围内的赔偿责任和补救问题研讨会的报告，UNEP/CBD/WS-L&R/3。

指导。除此之外，还有其他能够界定"纯属内部事项"的参数。例如，虽然一些情形属于国内管辖，但却受到国际社会的关注；某国是某一物种的起源中心，该物种在迁徙过程中造成了损害。显然这类情形，并不能将此种情形界定为一国的"纯属内部事项"。

第二章　生物多样性损害赔偿的构成及免除

第一节　生物多样性损害赔偿的构成要件

由于栖息地变化、气候变化、外来物种入侵、过度开采等对生物多样性所造成的影响，侵害的客体除了对物种造成的损害之外，还有对整个生态系统及生态系统服务所造成的损害。从原因行为上来看，既有人为因素的损害也有自然因素的损害，本书所称的构成要件主要指人为因素所造成的损害，排除了因自然因素引起的生物多样性损害。从损害形式上来看，基于生物多样性丧失的直接原因和直接驱动因素，导致对生态系统各个组成部分及生态系统服务功能的减损以及遗传多样性、景观多样性、物种多样性的损害。

一　生物多样性损害赔偿的构成理论分析

基于生物多样性的变异性，其所产生的损害具有极大的不确定性，一旦突破阈值便会造成不可估量的损害。所以针对这种特殊的新型的损害，需要国家及非国家行为主体通力合作应对损害。

生物多样性和生态系统服务为国家在经济、文化和休息娱乐方面作出了重要的贡献。生物多样性作为一种全球公共物品，当其遭遇到损害理应得到全球性的保护、恢复和救济。因为公共物品具有非排他性和非竞争性，所以对其所产生的损害救济通常应该由国家来承担。所有国家都有义务对其加以保护，并为国际组织、个人和国际组织、跨国企业积极创造条件，以对生物多样性损害进行救济。当以上这些非国家的行为主体不能履行责任时，国家应自行承担这一任务。如果只由国家对绝大多数的生物多样性损害进行救济，或者将其纳入私有化体制中解决，都不能成功解决其所存在的问题。那么针对生物多样性损害的有效救济必定是公共体制与私人体制多方面的结合。

生物多样性损害所导致的责任与义务既可以在国际公法层面产生，也可以在国际私法层面产生。前者涉及一个国家对另一国家所承担的责任，后者则基本上仅涉及私人之间的关系；前者研究的侧重点为国家在生物多样性损害中的法律责任、防止生物多样性损害的国际合作机制以及生物多样性损害争端解决机制等，后者研究的侧重点则是生物多样性损害中的民事责任以及生物多样性损害民事诉讼的管辖权与法律适用问题。但随着国际社会在原子能利用和海洋污染领域达成一系列国际公约，这两类看似不相关的责任体系最终产生了一定程度的交集。

这一点在司法实践中的表现相对明显，典型的例子是"阿尔萨斯钾矿污染案"。在该案中荷兰法院同时根据荷兰民法和国际法的有关责任原则支持了原告的损害赔偿请求。该案涉及法国阿尔萨斯国有钾矿公司（以下简称MDPA），MDPA自1932年起持续向莱茵河投弃盐化物，并致使下游荷兰境内的农业生产遭受损失。受害人于1974年10月向鹿特丹地方法院提起民事诉讼，该案在法律适用上的另一个特色是，尝试将国际法适用于民事侵权案件，鹿特丹地方法院在确定荷兰法为准据法之后，进一步指出其所适用的荷兰法亦包括国际法。鹿特丹法院在裁决中指出，国际法基本原则应该作为荷兰国内法的一部分予以适用，法院援引劳特派特（Lauterpacht）的著作："国际法所保护的利益与国内法和私法所保护的利益并没有任何本质上的区别，在个人、自治团体与国家之间，在法律层面仅存在程度上的差别。"因而，在使用国内侵权法上，西方国家所公认的基本原则也应该成为法院考虑适用的对象。在该案上诉至荷兰最高法院时，荷兰法院所适用的妨害法理论与"适用自己财产应不损及他人财产"的国际法原则之间，并没有实质性区别。从对该案件的分析我们可以得出，该案件在荷兰法之外依据相关的国际法规则或者说变相的国际法规则确认了MDPA的损害赔偿责任。

以上案例表明，在国际环境法领域公私法有着相互融合的趋势，但这种融合并不意味着公私法没必要进行区别，反而更加重要。国际环境法的大多数规范都属于直接调整，国家及其所委托的主体为针对公益而为的国际决策行为产生的国际关系的法律规范，属于公益范畴。不可否认的是，国际环境法律规范中也存在着诸多对民事利益的保护，因为环境损害会导致对民事利益的损害。但这些私法规范的适用只是出于公私法之间相互契合的需要，并不是国际环境法的主要规范类型。从整体性视角考察，生物多样性损害的赔偿应以国际公法为立足点，所以本书并不包括对国际私法层面的研究，国家承担责任的依据是对其注意和合作义务的违反，尤其是将生物多样性作为公共物品时，国家对环境的整体性保护义务更应该类型化。

生物多样性损害是对物种、生态系统、生态系统服务所造成的损害。表现为生物多样性权益受损而产生的一种不利状态。对其构成要件的分析离不开国家责任的讨论。从造成生物多样性损害的原因看，有些行为并不能直接归入"国家行为"，例如由气候变化导致的生物多样性损害等。再者，生物多样性受害的国家同时也可能是损害的制造者，值得注意的是，若是针对公域环境所造成的生物多样性损害，每个国家都不能独善其身。基于生物多样性损害范围的全球性以及损害的形式充满了科学的不确定性，为使得其得到充分的救济，应当在国家责任中分析其构成要件，主要包括生物多样性损害行为原因行为的多元性、损害结果的跨界性、原因行为及损害结果的因果关系的扑朔迷离，下文将进行详细论述。

二 生物多样性损害赔偿的原因行为

（一）生物多样性损害的直接原因与根本原因

应将引起生物多样性损害的"近因"因素与根本驱动因素进行区别，直接驱动因素主要有：（1）外来入侵物种对食物链、栖息地和生态系统功能造成广泛的影响，如果不能有效预计外来入侵物种，预计未来造成的损害将持续增加[①]；（2）公共工程造成的损害（如灌溉水道或其他用途的水

---

① 通常忽略一个非常重要的因素，即引入同种异体物种，即起源于在其他地理区域，但通过长期的自然选择过程，并没有适应新的它们被引入的环境。据估计，有20%的鸟类和哺乳动物灭绝的病例是由于直接的行动由人引入的动物。这种灭绝可归因于各种因素：竞争资源有限，被"新"物种捕食，新疾病的传播和损害，被引入的物种可能会导致自然植被的损害。

坝）；（3）野生濒危和受保护的动植物（通常是非法方式）；（4）损害全球公域（尤其是公海）对迁徙物种的损害；（5）灾难性事故或持续污染的行业造成的损失；（6）农业污染或破坏自然栖息地，主要是将土地改造成农业、城市、工业及基础设施用地，造成栖息地丧失；（7）转基因生物，特别是转基因生物种子造成的损害；（8）气候变化。例如，温室效应会影响生物多样性及整个生态系统，因为它会危及所有因纬度（极地物种）或海拔（山地物种）而适应寒冷的物种。气候变化使得极地和热带生态系统和半封闭海洋中的物种遭到损害，这种损害包括前所未有的外来物种入侵，未来40年中全球物种替代率将高达60%。[1]

通过对生物多样性损害直接驱动因素的分析，生物多样性损害包括三个方面：一是生态方面的损害，包括整体和局限性的损害；二是经济方面的损害，包括对生物多样性使用价值和非使用价值方面的损害；三是社会方面的损害，包括历史遗留的损害对代内和代际的影响。其中也有重叠的方面，例如外来入侵物种不仅给物种造成了损害，还给经济带来了巨大的损失；对全球公域造成的损害，有社会方面的也有生态方面的损害。生物多样性损害的直接原因应与根本原因相互区别，根本原因是近因的驱动力。根本驱动因素是人们对商品和服务需求的不断攀升，这是导致生物多样性丧失和生态系统退化的根本原因。某些商品和服务的过度消费受经济信号驱动，而实际上消耗的这些商品和服务的经济价值并不能真正反映生物多样性的真正价值及生态系统服务的社会成本与效益，因为生态系统与生态系统服务价值往往被定价或价格被低估。例如，水、公海鱼类、森林、生态系统提供的调节服务。综上所述，生物多样性损害的根本原因是人与自然关系的本质，是以人类为主导的经济模式主要表现为人类对世界生态系统的影响，事实上人类已经深刻地改变了环境，例如通过捕鱼和狩猎等活动改变生物地球化学循环，并将物种从一个地区转移到另一个地区。

---

[1] 参见 William WL. Cheung, eds., "Projecting global marine biodiversity impacts under climate change scenarios", *Fish and Fisheries*, Vol. 10, Issue 3, 2009, pp. 235–251。

(二) 生物多样性损害原因行为的性质分析

对生物多样性损害原因行为的性质进行分析，可以将实施生物多样性损害的行为主体归纳为国家，也可以是个人、企业。若主体是国家，需要明确哪些是归于国家的行为。① 生物多样性体现了公共利益，国家负有特别的保护责任，改性活生物体越境转移下对生物多样性损害的补救措施只能由国家实施。就生物多样性损害的原因行为进行分析不难发现，针对公域环境的生物多样性所造成的损害，大多是因国家的行为引起的。如拥有专门技术知识的国家运用生物技术给生物资源富足（包括遗传资源）但缺乏生物技术的国家的生物多样性造成了损害。《伯尔尼公约》的序言规定：考虑到欧洲理事会在自然保育方面希望国与国之间进行合作。第3章第5条关于物种保护规定：每一缔约方应采取适当和必要的立法和行政措施，以确保附录1规定的野生植物物种特殊保护。缔约方应酌情禁止拥有或销售这些物种，应禁止故意采摘、收割、切割或拔除这些植物。第6条规定每一缔约方应采取适当和必要的立法和行政措施确保附录2规定的野生动物物种特别保护。欧洲议会和理事会于2014年10月22日通过的关于《预防和管理外来入侵物种的引入和扩散的第1143/2014号指令》第23条规定了更严格的国家规则：会员国可以维护或制定更严格的国家规则，以防止引进、建立和传播外来入侵物种。

个人、企业也是造成生物多样性损害的主要实施者。欧洲议会和理事会于2014年10月22日通过的关于《预防和管理外来入侵物种引入和扩散的第1143/2014号指令》第3条规定："人口控制"是指适用于外来入侵物种群体的任何致命或非致命行动，同时最大限度地减少对非目标物种及其栖息地的影响，目的是保持个人数量低，尽可能地减少对物种的侵害能力和对生物多样性、相关生态系统服务，人类健康或经济的不利影响。第9条的授权规定：委员会授予的授权应通知有关会员国的主

---

① 一读通过的国家责任条款草案主要包括：一国的机关行为；经授权行使政府权力要素的其他实体的行为归于国家；实际上代表国家行事的人的行为归于国家；另一国或一国际组织交由一国支配的机关的行为归于国家；逾越权限行事或违背关于其活动的指示行事的机关的行为归于国家；不代表国家行事的人的行为；另一国机关的行为；国际组织机关的行为；叛乱运动的机关的行为；成为一国新政府或导致组成一个新国家的叛乱运动的行为。

管当局。无论根据第4段（1）所述的申请程序如何，个人机构的授权应具体并包括第4段所述的信息和授权期限。授权书还应包括关于提供额外或替换标本的规定，用于要求授权的活动。ELD 关于"经营者"指任何操作或控制职业活动或根据国家法律的规定，得到委托对该活动的技术职能享有经济决定权的自然人、法人、个人或公共个体，包括该活动许可证或授权书的持有者或登记或通告该活动的人。

从生物多样性损害的直接影响分析，个人、企业等大部分原因行为的造成都是由国家而引起的。在改性活生物体释放引起的生物多样性损害的情形中，个人乃至跨国公司的行为都是国家意志的体现，这主要体现为不是国家去主动干预经济，而是国家为适应私人营利的需求而被动地采取特定行为，即通过一定的立法形式和执法步骤来完成。同样，这种情形也反映在外来物种入侵与国际贸易的关系中。监测是外来物种监管的重要组成部分，《联合国生物多样性保护指导原则》和《世界自然保护联盟防止因生物入侵而造成的生物多样性损失指南》都将监测活动作为其议程的一部分。但是，这些组织并不鼓励监督，而是以牺牲其他监管机制为代价，例如预防原则。该原则的适用应在即使没有科学的确定性的前提下，在实际中防止潜在的外来物种入侵的进入。这一程序也将有效地取代传统的举证责任，使潜在有害引进的一方将承担证明这一引进的责任。

然而，世贸组织采取的立场几乎不可能有效实施预防原则。虽然预防原则在环境方面的制定足够广泛，包括由科学知识不足或科学证据所引起的不确定性。当然，《卡塔赫纳生物安全议定书》在处理转基因外来物种时也承认，由于信息不足或在潜在不利影响方面缺乏了解，预防原则可适用于缺乏科学知识的地方。然而，在日本苹果公司案中，世贸组织的上诉机构赞成一种侧重于科学知识的充分性而不是其结论性的方法。实际上，这种推理在外来物种入侵引进中将导致与预防原则相反的结果。如果需要科学证据证明需要满足世贸组织的上诉机构的预期能力，那么除非有足够的科学证据来预测它具有侵入性，否则该物种将被允许进入。这种做法也有助于将举证责任转移到进口国而不是出口国。事实上，在日本苹果公司案中，世贸组织的上诉机构指出，一旦出口商作出了初步推断，负担就会转移到进口商，进口商就要证明为什么不应该拒绝这些做法。如果适用于释放到环境中的转基因生物,那么世贸组织的上诉机构所采取的立场将是特别有问题的。虽然这些物种可能是通过实验室和控制实验获得的大量信息的,但是预测这些物种开放性行为的信息可能存在很大的不确定性,进口商将面临非常困难举证责任。按照预防原则,《卡塔赫纳生物安全议定书》规定一个国家将能够谨慎行事,并拒绝基因作过修改的物种进入。然而,世贸组织的做法将会制裁"尽可能平常"的做法,有利于在最不严格的贸易限制的基础上引进外来物种。

综上所述,在国际贸易领域通常的路径是一些企业先将企业利益转化为国家意志,国家再通过其他方式转为国家的意志。在发达国家中,尤其是跨国公司在不违背国家整体利益的前提下通常是政府的服务对象,政府往往会根据跨国公司的需要来调整其政策。通过国际贸易的方式给生物多样性所造成的损害,即使是私人行为也往往间接地体现了国家的意志,私法行为公法化倾向明显。从生物多样性损害的形式看,无论是外来物种入侵还是气候变化等因素,大多是发达国家通过发展其经济的形式不断向发展中国家输出"污染",而在国际贸易领域,能代表发达国家意志的大多是跨国公司。

私法公法化是国际法效力根据的体现,即国际法对国家及其他国际法主体有约束力的依据,这也是国际法的基本理论之一。通常来说,各国通过长期的国际法实践活动可以形成各国认可或接受的习惯国际法;另一种途径是通过各国家意志妥协的结果,即通过达成国际条约而形成的国际法。无论是什么途径都需要取决于国家的意志,而意愿的达成一致是各国各为其利但不得损害他国的利益。如此,才能形成变动中的公平的国际法。但国家是抽象的主体,其意志必须由代表其意志的自然人或机构来执行。于是,国际法又不可避免地与国内法相互结合起来。国内不同的若干利益主体如何能脱颖而出成为能被国家认同的国际利益的代表,用理论依据概括就是私法行为如何公法化的过程。从生物多样性损害的原因行为的性质分析看,就个人、企业等行为而言,在生物多样性损害领域,呈现私法行为公法化的趋势,这也是发达国家承担责任的理据。

三 生物多样性损害赔偿事实

(一) 生物多样性损害事实概念

生物多样性损害事实是指生物多样性损害行为以在全球、区域和国家范围内衡量到的生物多样性各组成部分及其提供服务的潜力,长期或永久地在质量上的退化或在数量上的减少而相互作用构成的整体为侵犯对象,并已造成或可能造成在生物多样性的使用价值或非使用价值上的任何重大损害后果的客观事实。生物多样性损害事实由两个规范性要素构成:一是生物多样性权益被侵害;二是权益被侵害所造成的重大的客观结果。

1. 生物多样性权益被侵害

生物多样性损害与环境损害不同,它并不直接针对他人的人身、财产造成损害。如果说环境损害体现着公益和私益不同性质的损害,那么生物多样性造成损害的性质应属于公益性质。生物多样性作为一种全球共同物品,具有非排他性和竞争性。非排他性意味着在任何时候许多国家可以共同使用生物资源,各国可以享有这种"公益"性,但却不能独占这种利益。竞争性是指生物资源有限,对其的攫取数量越多便越会导致各国之间的竞争。这种公益性不仅体现为生物多样性及其生态系统向人们提供的使用价值,还表现为非使用价值。例如我们所享有的生命权、健康权、食物权和水权都依赖于生态系统提供的服务,而生物系统及生态系统服务又依赖于生物多样性。将"生命权、健康权、食物权、水权和文化权"称为保护的人权,这种人权体现为生态系统的使用价值和非使用价值,由此人权的保护与生物多样性的"公益性"密不可分。

人权与生物多样性。国际法承认人权是人类福祉的重要组成部分。水权、文化权、健康权、生命权都依赖生态系统为我们提供的服务。"世界上所有人无不完全依赖地球上的生态系统及其提供的服务,如食物、水、疾病管理、气候调节、精神满足和美学享受。"[①] 为保持人权的持久性,必须走可持续发展之路,即在发展的过程中协调生态系统。在现实中人们往往只关注到环境对人权的影响,却没有意识到生物多样性对人权的重要性。生物多样性不仅包括地球上数以百万计的不同物种[②],"还

[①] 千年生态系统评估:《生态系统与人类福祉:生物多样性综述》,哥伦比亚特区华盛顿:岛屿出版社 2005 年版,第 1 页。报告将"生态系统"一词定义为"植物、动物和微生物群落的动态综合体与作为功能单位的非生命环境的相互作用"。

[②] 虽然物种估计数差异很大,但最新估计是大约有 770 万个动物物种和 870 万个真核物种,其中只有 120 万个被编目。Camilo Mora and others, "How many Species are there on Earth and in the Ocean?" *PLOS Biology*, Vol. 9, No. 8, 2011, p. 1.

包括物种内的特定遗传变异和性状（例如不同作物品种），以及这些物种在生态系统内的集聚，从而形成农业和其他景观（例如森林、湿地、草地、沙漠、湖泊和河流）"[①]。"生物多样性是与人类福祉密不可分的生态系统服务的基础。"[②]

在生物多样性与人类健康生活之间的诸多联系中，有以下四方面联系，即药物、微生物多样性、传染性疾病和精神健康。[③] 生物多样性的公益性在食物权方面更为明显。物种内的遗传多样性可以增加商业作物产量。渔业物种的丰富则提高渔获量。树种多样性和丰富度增加木材产量，有助于实现住房权。农作物的生物多样性成为粮食安全的重要组成部分，而农业中抵御自然灾害的能力取决于农作物的天生属性。气候变化将越来越考验农业和渔业的抗灾能力，更多使用农业生物多样性，在应对今后的气候变化损失损害中具有重要的协同作用，可确保可持续供应粮食作物，以增强抗灾能力。生物多样性的公益性还体现在帮助人们享有安全饮用水。在海洋和淡水环境中，双壳贝类过滤大量的水，对水的净化起着特别重要的作用。自然过滤服务还可以清除水中的人造有毒物质，一个著名例子是 Epischura baikalensis，这是原产于俄罗斯联邦贝加尔湖（世界上最大淡水湖）的一种甲壳类动物。这些桡足小动物每个只有罂粟种子一般大小，却能通过摄取污染物和食物来保持水体清洁。可以说 Epischura baikalensis 是"贝加尔湖的英雄"。

2. 生物多样性权益被侵害造成的重大的客观结果

生物多样性权益被侵害造成的重大的客观结果指对生物多样性所提供的生态系统产品和服务的消耗性使用和非消耗性使用、人们从生物多样性其他产品和服务中获得的收益以及人们对生物多样性各个组成部分

[①] 世界卫生组织（卫生组织）和《生物多样性公约》秘书处：《联结全球优先要务：生物多样性与人类健康——最新知识概述》，日内瓦，2015 年，第 28 页。

[②] 参见千年生态系统评估：《生态系统与人类福祉：生物多样性综述》，哥伦比亚特区华盛顿：岛屿出版社 2005 年版，第 18 页。

[③] 世界卫生组织（卫生组织）和《生物多样性公约》秘书处：《联结全球优先要务：生物多样性与人类健康——最新知识概述》，2015 年，日内瓦。其中概述了生物多样性与人类健康关系的最新知识（https://www.cbd.int/health/stateofknowledge），2021 年 11 月 1 日。

的存在价值,并愿意将其遗留给后代的价值方面的损害。

"客观后果"必须造成重大损害,关于重大的程度,本书已在第一章关于生物多样性丧失概念中有详细论述。除造成重大损害外,影响还必须是跨界的。主权国家对其领土内的生物资源享有绝对性的主权权利,这种绝对性权利可以延伸至其主权管辖范围内的任何领域,包括跨界生物资源。一旦这些生物资源遭到损害,没有主权国家的同意,其遭受到的损害如何进行救济?生物多样性损害不同于其他自然资源,单个物种的损害会损害物种的整体性。基于多种物种造成的损害是跨越国界的,这种跨界型延展至给迁徙物种或非迁徙物种带来的损害,不单单是生物多样性组成部分的损害,更重要的是损害支撑物种生存的生态环境以及与物种栖息地相关的关键性生态要素。

要针对这些跨界损害进行救济,需要各个国家尽可能地在国家主权范围内进行合作。基于跨界性损害存在外部性成本,造成损害者及造成损害所在的国家没有动力去控制这些损害,仅依靠少数国家的损害赔偿或补救,都不是有效能解决的,必须在国际法范围内、全球范围内建立相应的损害救济和国际制度。生物多样性损害行为直接对生物多样性造成损害,这种跨界性所造成的生物多样性损害旨在排除纯属一国国内事项的损害。生物多样性具有公共产品属性,属于"人类共同关切事项",其所造成损害的范围逐渐从区域性向全球性过渡,尤其是针对生物多样性"遗传变异性"的损害这种过渡趋势尤其明显。

(二)生物多样性损害评估步骤

开展对生物多样性损害赔偿责任与补救的案例研究和定值、恢复的方法非常有必要,然而由于生物多样性损害赔偿与补救的概念相对比较新颖,并且仍然处于不断发展过程中,鲜有国家从"变异"的角度对生物多样性损害进行立法,更多的实例表明大多数国家将生物多样性损害赔偿与补救放置于环境损害中进行研究。具体地说,侧重于对自然资源损害的研究。需要补充的是,对生物多样性组成部分及它们所提供的服务价值所产生的损害都应纳入环境损害的范畴。

要确定是否适用赔偿责任与补救规则,对生物多样性损害的评估是关键。评估可以证明生物多样性损害事实与损害结果是否发生了因果关系，即损害事实的发生是否足以导致生物多样性的损害。除此之外，对生物多样性损害的评估为生物多样性恢复的内容及对损害所采取的补救措施奠定了基础。

1. 对生物多样性损害的甄别

（1）从层次的角度

首先是查明损害。基于生物多样性的不同层次：基因多样性、物种多样性、生态系统多样性，每个层次对生物多样性组成部分造成不同的影响，以确定生物多样性所造成的损害评估范围（如表2-1）。对生物多样性损害进行定值分为两类。一类是针对不可挽回的损害进行定值是值得商榷的，虽然在环境的其他领域（例如对建筑的损害）会有一些经验，但还需进一步的审议。一类是针对可挽回的损害应该与生物多样性的定义及其各组成部分相关联，使得修复措施的成本构成生物多样性损害评估的基础。除此之外，针对非市场定值技术中的文化和精神价值需要依据国家需求对估值技术及时作出调整。

表2-1　　　　　　　　　生物多样性层级及其内容表

生物多样性水平	生物多样性的保护	生物多样性的可持续利用
生态系统多样性	所计划的活动是否直接或间接地导致生态系统或土地利用类型严重受损或彻底丧失，从而造成生态系统失去科学的生态利用价值或丧失文化价值	所计划的活动是否影响人类对生态系统或土地使用类型的可持续性开发利用，以至于使这种开发利用具有破坏性或变成不可持续的开发（生态系统失去社会和/或经济上的利用价值）
物种多样性	所计划的活动是否直接或间接地造成某物种种群丧失	所计划的活动是否影响人类对某物种种群的可持续性利用
基因多样性	所计划的活动是否造成具有科学、生态学或文化价值的当地特产物种灭绝	所计划的活动是否导致当地的品种/栽培品种/栽培植物品种和/或家养动物及其具有社会、科学和经济价值的基因组丧失

（2）从价值的角度

根据前文生物多样性定义的关键要素在于对"变异"的理解，需要在生物多样性和生态系统功能的基础上对生物多样性变异的消极影响进行估值。但是这种估值阻碍了就生态水平对变异性的重要意义的实现（生态价值以及生态经济价值的有关规定）。①

从《公约》的规定来看，对生物多样性的查明与监测侧重于生物多样性组成部分（生态系统和生境、物种和群落与以上具有社会、经济、文化或科学意义以及对生物多样性保护和可持续利用的研究具有重要意义的组成部分）②，以及提供货物和服务的潜力的损害上。对生物多样性定值通常侧重于从对生物多样性的各个组成部分或生态系统服务所提供的服务和货物的经济价值进行③。对生物多样性价值的理解与对生物多样性损害的定义有关，并直接关系到对生物多样性损害的估值。生物多样性各个组成部分通常以其使用价值来表现，所以使用价值更易评估。至于非使用价值，需要运用非市场经济定值工具。需要注意的是，无论是哪种工具方法，都只是上文提到的 TEV 的一部分，TEV 总经济价值用以描述源自各种自然资源的不同类型经济价值的常用框架。

2. 确定生物多样性损害之前的基准状况及三种技术

（1）确定事前的基准状况

生物多样性损害通过将物种与生态系统以及生态系统服务的变形变量与基线进行比较来确定。而要衡量生物多样性是否发生可估量的变化，必须确定基线：将其引起变化或损坏的条件与基线进行比较，以证明与基线相比存在可估量的变化。确定基准可以为生物多样性损害提供参照进行衡量，基准也规定了对生物多样性损害"事前"的状态，同时，当其遭受损害时还可以为生物多样性的修复提供参考。因此，必须针对生物多样性在生态系统、基因、物种三个方面的层次进行审查并确定基准，

---

① 参见 Emma Marris, "Conservation priorities: What to let go", *Nature*, Vol., 450, 2007, pp. 152–155。

② 《公约》第 7（a）条和附件 1。

③ 《公约》第八届会议通过的决定：《激励措施：应用工具评估生物多样性和生物多样性资源和功能》。

同时也要认识到基准状态是动态的。① 此外，还需认识到生态系统所提供的服务不仅仅包括生态方面的功能结构、组成，还包括经济用途。

(2) 确定基准的三种技术支持

"地方参照"技术，将一处或多处地方与将要评估的一处或多处地方进行参照；"历史基准"技术，以历史数据为基准，可以在不考虑种群分布的情形下确定基准；"参照种群"技术，是参照生物体或种群，然后将其与评估地进行比较。②

(3) 无基准情形下如何衡量生物多样性损害

当生物多样性损害发生后，需要确定基准以确定生物多样性损害发生的基本状态。但在某些情况下，基于生物多样性"变异"的特征，很难确定基准状态，这时需要在没有基准的情况下用其他方式来衡量。

3. 将识别的损害与基准进行比照

此步骤是对生物多样性损害进行评估的最后一步。在完成这一步时，可以确定损害的性质、数量的多少、损害是否得到控制以及是否达到了重大的程度，经过这样的比对还可能区分自然变化和由人类引起的变化，以便确定变化是否适用赔偿责任与补救规则。为查明生态系统的损害并评估其造成的影响，典型的是参数审查③，从这些参数规定来看，主要包括生物多样性变化的性质、时间、期限、地域等因素，并将这些因素与生物多样性发生损害的情形进行比照。

---

① 从收集的资料来看，目前尚无国家有这方面的实践，本书认为针对无基准情形可以参考《公约》第 14 条第 1 款情形处理，下文将详细叙述。

② 参见 UNEP/CBD/COP/9/20/Add. 1 20 March 2008，《公约》第九届会议第 14 条第 2 款背景下的赔偿责任和补救：《给生物多样性造成的损害以及对给生物多样性造成的损害定值和进行恢复的方式的技术资料，以及关于国家/国内措施和经验的资料的综合报告》。

③ 这些参数主要包括：(1) 变化的性质（积极、消极、直接、间接、累积）；(2) 变化的量值（严重、一般、较低）；(3) 变化的范围/地点（所涉区域/数量、分布）；(4) 变化的时间；(5) 变化的期限（短缺、长期、间歇、持续）；(6) 变化的可逆性/不可逆性；(7) 变化的重要性（在适当的地域范围，如地方、区域、全球）。UNEP/CBD/COP/9/20/Add. 1.《公约》第九届会议第 14 条第 2 款背景下的赔偿责任和补救：《给生物多样性造成的损害以及对给生物多样性造成的损害定值和进行恢复的方式的技术资料，以及关于国家/国内措施和经验的资料的综合报告》。

（三）将生物多样性损害纳入环境影响评估

1. 生物多样性损害与环境影响评估

对生物多样性损害进行估值，首先要考虑的问题是确定损害是不是可逆转的损害，生物多样性损害发生前的情况、损害的程度和损害的性质等因素也应被考虑。如果这种损害是可逆转的，则应考虑"补充性恢复"。如果发生不可逆转的损害或技术上无法恢复，可实行货币赔偿的办法。基于前文对生物多样性价值的论述，生物多样性损害所产生的不仅仅有短期的具有经济利益的直接损害，还有为人类使用资源以外的其他未知价值而受到的损害，后者的损害也是估值中应该考虑的一个重要的方面。那么《公约》第14条第2款所造成的损害是否包括人类使用资源以外的其他未知价值而受到的损害（通常表现为文化和精神上的损害等），这种损害是否可以用货币来衡量？有学者认为，这种文化和精神上的损害并不一定会构成另一种损害类型，只是给非市场估值技术增加了困难。科学、技术和工艺咨询附属机构（科咨机构）目前在估值工作方面从事的工作理应满足《公约》第14条第2款下的工作的需要。

《第Ⅵ/7A号决定》中所核准的《进一步制订把与生物多样性相关问题纳入环境影响评估立法和过程以及战略性环境评估的准则》中，根据这一准则制定的关于生物多样性的丧失的标准将有助于对生物多样性所受损害进行估值。在资源不具有附加的商业价值的情况下或者至少当前没有商业价值的情况下从货币的角度对损害进行估值存在困难。对《公约》第14条第2款的理解需结合第1款，即把影响评估和尽量减少不利影响纳入生物多样性损害领域。缔约方大会在《第Ⅳ/10 C号决定》第5段中建议，应该把与环境影响评估有关的适当问题纳入其工作方案下有关的部门性问题和专题，并成为其不可分割的一部分。① 此外，缔约方大会第五届会议请各缔约方、各国政府和其他组织在国家采取一级行动，以便在环境影响评估（以下简称"环评"）过程中考虑到生物多样性方面

---

① 参见 UNEP/CBD/SBSTTA/7/13，指标与影响评估：《进一步制订把与生物多样性有关的问题纳入环境影响评估立法和过程以及战略性环境评估的准则》。

关注的问题。缔约方大会还鼓励各缔约方不仅评估单个项目造成的影响①，基于生物多样性具有全球公共物品的属性以及损害的不可预测性，战略性环评②与项目一级的环评不同，根据其特有的性质包括更多的活动范围和地区，还可以评价这些损害所造成的区域性（例如在区域发展计划中评估）乃至全球性的影响。当然，战略性环评与项目一级的环评并不矛盾，也可以说前者是后者的补充，但前者可以将环境有关的事项（例如生物多样性损害）纳入决策过程，增强了项目一级环评的效力。

2. 当前的环境影响评估程序在纳入生物多样性问题方面的不足之处

（1）生物多样性层次未能进行充分评估

截至目前，即使已经有100多个国家发起了环境影响评估，但在实践中将生物多样性纳入环评中国家实践方面的做法并不常见。除了不丹和斯里兰卡之外，大多数国家已经将生物多样性纳入环境的概念中。纵观现有的做法，主要围绕生物多样性的"使用价值"和"非使用价值"。也有国家将两种价值都纳进来，例如南非和新西兰；还有的国家仅将非使用价值纳入环境概念中（例如一个珍稀物种的存在价值）。

各种环境影响评估活动未能对《公约》所确认的三个层次的生物多样性（生态系统、物种和基因）进行充分评估：在当前环境影响评估程序中都未考虑到对遗传资源的评估。首先，尽管《卡塔赫纳生物安全议定书》第15条规定，在为农业、水产养殖业和林业用途把改性活生物体引入环境之前，应该对其进行风险（影响）评估。可是这些评估并没有从对生物多样性损害的角度对改性活生物体所造成的社会和环境效果进行评估。基于对生物多样性"变异"的理解，改性活生物体的释放在基因多样性中所造成的影响很难进行评估，但也正因为如此，基因层次所造成的损害也更加重要。理由是基因多样性的损害会导致生物多样性组成部分的丧失，包括通过转基因污染、杂交的物种；本地物种被引入物

---

① 影响可以包括：有利影响和不利影响；暂时影响和长久影响；过去、目前和将来的影响；随着时间推移积累的影响或与其他影响结合产生的影响；潜在影响和实际影响。

② 战略性环境评估是一个正式化、系统性和全面的过程，其目的是查明和评价拟议的政策、计划或方案的环境后果，以便保证在决策过程中尽早对这些问题予以充分考虑和适当处理，并把其摆在与经济和社会考虑因素同等重要的地位。

品替代；为维持生存或生产而必不可少的微生物结合（例如菌根结合或土壤微生物结合）等。其次，在环境影响评估中经常忽略无法识别的生物。这些经常被忽略的物种正在衰退，各缔约方在克服这些障碍方面可以采取的步骤之一，是通过像全球生物分类倡议这样的工作来增进关于物种的知识和信息，并使环境影响评估人员可以容易地获得这样的资料。最后，基于生态系统层次的复杂性，很难评估对生态系统的影响。针对生物多样性层次的复杂性，每个层次的变动都会产生重要后果。如气候变化损害这样的全球性问题一样，每个层次的细小变化都在逐渐累积，这种累积性的损害也给环境影响评估带来了困难。这些因素使得通过环境影响评估分析生态系统影响的工作更为复杂化。尽管如此，环境影响评估过程在所有有关层次的分析中对生物多样性所受影响应该进行切实的评估。

（2）环境影响评价各个环节未能考虑生物多样性损害的因素

对生物多样性损害进行环境影响评价，需要对损害的每个阶段进行评价，这增加了生物多样性损害估值的复杂性。就环境影响评价过程而言，应尽可能考虑生物多样性损害的因素。

筛选。一般采用受保护物种和生境清单、危急清单和关于敏感地区的资料来进行项目筛选，但这些清单和资料并非总是把那些对于本地居民的生计和文化生活具有重要意义的物种包括在内。[①] 值得注意的是，如果按照项目规模进行筛选经常会遗漏小项目，然而这些小项目加起来会对整个生态系统造成损害，其根本原因在于，缺乏对生态系统指标的制定。

确定范围。在确定环境影响评估的范围时，很少将景观多样性损害包括在内。实际上由于对生物多样性及其组成部分及使用价值的过多关注，而忽视了生物多样性的景观、社区认同、精神等存在价值。基于对生态系统价值的不完整的认识，导致在确定范围时不将存在价值考虑在内。在普遍缺乏生物多样性数据的情况下，也使得对生态系统的基准状

[①] 参见 UNEP/CBD/SBSTTA/7/13，指标与影响评估：《进一步制订把与生物多样性有关的问题纳入环境影响评估立法和过程以及战略性环境评估的准则》。

况没能很好界定，因此当生物多样性损害时没能确定其损害的范围。此外，也没有将相互联系或有关的项目放在一起评估。

确立基准材料的重要性。若无法确定基准性资料，就无法确定生物多样性损害的范围。在实践中很多国家都缺乏基准性数据来应对损害的影响。因为没有衡量对生物多样性造成损害的指标，就无法确定哪些数据可以用来评测和衡量，也无法确定哪些数据可以用来确定生物多样性的损害。大多数国家没有对损害生物多样性的活动进行监管或在进行活动前没有对生物多样性进行任何环境评估。没有监管的发展活动对生物多样性造成的影响难以估计，但可能相当严重。

减轻影响。在实施减轻影响的各种办法时，一个基本规则是应该使得所涉生态系统及其各部分的功能和质量免遭净损失。为此，针对一些损害后不可逆的濒临物种应该放在首要地位，采取比较严格的措施。针对一些累积性损害，有替代的生态系统可以采用较为宽松的措施，例如恢复措施等。

公众参与。在上述筛选、确定范围、确立基准材料、减轻影响阶段，应该建立起公众参与制度，这有助于确立在各阶段生物多样性的各种价值用途。地方社区、土著居民和科学专家等对生物多样性的使用价值和非使用价值都有深入的了解，可以提供宝贵的意见。然而在实践中，利益攸关方的参与仅限于双方之间的信息交流，而没有扩展至多方参与，明显对生物多样性未能形成广泛和共同的理解。在发展中国家，由于农村居民的生计经常同生物多样性密切相关，新的发展项目（例如用永久性的灌溉系统取代传统灌溉系统，以及用高产品种取代传统作物）并非总是有利于当地居民或生物多样性。可以毫不夸张地说，这种取代还可能带来对生物多样性的损害。总的说来，将生物多样性纳入环境影响评价，应注重公众参与，尤其是注重社区居民及土著居民的参与。

（四）对不可挽回的生物多样性损害进行定值

对生物多样性损害定值能够改善公共决策的潜力，进而完善法律决策。资源管理和投资决策受到替代政策选择的货币成本和收益的强烈影响，定值可以提升替代管理方案的总体经济价值，同时，也可以带来非经济性的考虑。因此，支持决策的现有方法或多或少地使用估值信息。

经济框架如成本利益分析（CBA）和成本效益分析（CEA）涉及明确的货币估值。审查评估工具的一个重要优点是它们以普通（货币）形式表现，因此可以很容易地纳入这些标准评估方法。相比之下，多重标准分析（MCA）通常避免使用货币单位的账户。其他非经济性优先方法包括审议过程、记分卡方法、专家判断和满意度。所有这些方法只是支持决策的工具，也都具有特定的优点和局限性。例如，在成本效益分析方面，必须认识到经济效益很少成为公共投资决策的唯一标准，决策的分配影响往往也很重要。[①] 成本效益分析在对资源的分配方面起着重要作用，但这并不意味着可以从分配角度提出优先决策的建议，因为除了成本效益分析估值方法之外，还有很多可以互补的方式支持决策。

（1）非经济定值

针对这一类定值，ELD 采取了在确定补偿性补救措施和补充时会首选所谓的资源对资源或服务对服务的对应做法。当生物多样性发生损害时，应该首先参照被损害的自然资源和服务和同样类型、数量和质量的自然资源和服务的对应做法。如果按照以上的步骤，无法提供相同的自然资源或服务时则应提供替代自然资源或服务。例如，补救措施通过质量上的提升可以在数量上予以抵消。在美国既包括初步恢复也包括补偿性恢复。采取补充性恢复是为了对自然资源的暂时损失予以补偿。[②] 当考虑暂时予以补偿的恢复行动时，必须运用衡量方法确定与损害的自然资源或服务有着相同类型和质量相等同的价值行动。资源对资源或服务对服务的这种衡量方法可以运用于当受托人确定被损害的自然资源或服务有着相同类型和质量有着等值的行动时。[③] 为了给予公众补偿，美国国家海洋和大气管理局专门采取生境对应分析，该方法专门用于在受损地区的生态服务等同于由替换栖息地所提供的服务地损害的情况下，即使是不一样的品质但在功能上却是相同的，从而解决对生态系统的损害以及由生态系统提供给生物组成部分的服务损害。在非经济框架中主要表现

---

① 直接使用价值体现在发展中国家，是在对农村人口至关重要的生存背景中产生的。
② 这反映在美国的《综合环境反应、赔偿和责任法》和《油污法》中。
③ 参见美国国家海洋和大气管理局（NOAA）颁布的自然资源损害评估恢复规划指导文件（1996 年），http：//www.darrp.noaa.gov/library/pdf/rpd.pdf，2017 年 7 月 6 日。

为四个方法。

方法一：多标准分析。多标准分析（MCA）实际上是使用不同的评分方法来衡量决策的不同属性，即在可能的政策选择方面构建政策问题，并根据各种标准评估每种替代方案。MCA 的大多数变体是用于确定替代政策的总体偏好的结构化方法措施，每个政策措施都可以追求几个目标。分析参与者通常给出了定义不同选项的标准，并要求使用一些预先确定的积分系统对这些标准进行评分。多标准分析主要适用于单一标准方法不足的情况，如一系列社会、环境、技术、经济和财务标准。因此，在存在重大的环境和社会影响的情况下，MCA 适用不容易用货币衡量的情况。[1]

在发展中国家申请 MCA 的很少，对于 MCA 的应用也需要生物多样性专家解释该方法的工作原理，并帮助用户定义选项、标准和权重。该方法不在乎寻求经济效益的结果。当然这种追求非经济效益的 MCA 与追求经济效益的 CBA 并不排斥也不矛盾。CBA 与有效的期权相联系，即净收益为正的选项（总收益大于成本），MCA 可以进一步评估类似规模的经济效益，以便确定与替代行动方案相关的各种非经济权衡。

方法二：审慎和参与式的方法审议过程（有时也称为"审议和包容性过程"）。[2] 此类方法旨在由所有相关行动者和利益相关者所拥有并得到所有相关行动者和利益相关者广泛同意的更明智的决策。因此，他们与成本效益或成本利益分析甚至 MCA 之类的更多"技术官僚化"方法形成对比。它试图建立一个界定利益相关者在集体参与演变过程中参与的过程。随着参与者变得更有权力，即更受尊重和更自信，他们可能会更加准备调整、倾听、学习并达到更大的共识。如在许多国家，一些生态系

---

[1] 生物多样性指标框架可能在评估所考虑的项目或政策的影响方面发挥关键作用。详情请参阅执行秘书说明中提供的指导、经验教训和指标清单就科咨机构第九次会议编制的监测和指标（UNEP/CBD/SBSTTA/9/10）（《决定》第 8 段关于国家一级监测方案和指标的第 VII/8 号提及本文件）。

[2] 《公约》秘书处：关于生物多样性资源和功能价值评估方法的探索，包括评价评估、重点小组、德尔菲方法、协商一致会议和公民陪审团，https://www.cbd.int/doc/publications/cbd-ts-28.pdf，2016 年 10 月 9 日。

统服务是当地和土著社区的，只要这些社区被充分纳入经济估价工作中（例如通过确定在人口样本中充分代表所提出的偏好研究），那么对这些生态系统服务的价值将被经济估价捕获。然而，传统的生态系统服务知识往往得不到广泛的公众的充分的接受。在这里，审议和参与式方法可以在促进更广泛地认识这一知识方面发挥重要作用。在这些社区的批准和参与下，它也可以促进更广泛的应用，包括经济估价研究。例如，上面已经解释了所声明的偏好技术的限制是受访者通常对这个问题的理解有限，不能做出明智的选择。通过传播相关知识，审议性和参与性方法可能在扩大对所有利益攸关方问题的理解方面发挥重要作用。

方法三：满意度。就生物多样性损害而言，令人满意的方法可以被描述为评估程序，以获得足够好的结果，而不是寻求最佳的解决方案。因此，该方法可以与通过成本效益分析（CEA）或多标准分析（MCA）等方法形成对比。为了实现满意的方法，需要确定一个或多个标准，以期该措施能够实现。"满意度"作为一个术语，也用于指代优化过程，其中考虑所有成本，包括优化计算的成本和获取用于这些计算信息的成本。由此，不得不考虑这样一个事实：在某些情况下，对生物多样性损害收集和处理信息的费用可能不会在随后决策中得到改善，却可以通过更新信息来实现。

方法四：责任和补救。生物多样性损害赔偿责任和补救优先事项的法律框架是分析和完善生物多样性估值的一个重要的驱动因素。例如在美国，作为生物多样性法律补救的依据是使用估值信息。它是评估生物多样性损害资源价值的重要推动力，原告可以运用非市场估价等来证明其遭受损害的货币价值资源。因此估值方法已经受到诸如埃克森·瓦尔德兹溢油法律案件[①]的严格审查，并为适当使用所提出的偏好技术制定了准则（NOAA1994），在美国国家海洋和大气管理局（NOAA）的《自然资源损害评估（NRDA）条例》下，当受损害和恢复的资源和服务不是同

---

① 埃克森·瓦尔德兹溢油事件发生于1989年，致使阿拉斯加州瓦尔德兹市沿岸几百公里长的海岸线遭到严重污染，数以万计的海鸟和水生动物丧失。鲑鱼和鲱鱼濒临灭绝，于是受污染者集体向联邦法庭提出了诉讼，要求肇事者支付总值150亿美元的经济损失赔偿款和带有惩罚性质的罚款。

一类型时，估价（所谓的价值—价值法）是适用的，质量和价值并用于拟议的恢复行动和临时损失的价值计算收益的价值。①欧盟也探讨了利用非市场价值作为证据的法律依据。根据指令如果是不可能使用所谓的资源或服务的等效方法，主管当局可酌情决定使用经济估价来确定必要的补充和补偿性补救措施的范围。②

总的来说，针对生物多样性损害应进行补偿性补救，以弥补在恢复之前自然资源和服务的临时损失。这种补偿包括对受保护的自然栖息地和受损地点或替代地点的物种或水资源进行额外改进。它并不包括向公众提供经济补偿损害的资源和服务的估值，主管机关可以选择与受损害的资源或服务货币价值的补救措施，但不能在合理的时间范围内以合理的成本进行更换资源或服务的估价。然而，许多国家法律制度薄弱，对资源受损的执行权力也非常微弱，再者许多资源受损的国家的法律制度也不一定承认习惯法或惯例的约束，这也意味着（正式）应用估值工具的法律驱动因素在这些国家中尚不存在。

（2）经济定值

这类定值主要是环境—服务提供的成本，就生物多样性损害而言，当生物多样性遭到损害如果可以修复，对替代或修复其所需的成本进行推算。即使基于成本的做法与被损害的生态系统服务之间没有必然的联系，作为可适用经济定值工具的一部分，包括了修复性成本和替代成本。成本效益分析法可以运用于生物多样性损害的替代或修复备选办法的成本具体决策问题上。在赔偿责任中，一方面，成本估算可用于确定和选择具有高成本效益的适当补救措施。包括初步措施、补充措施以及必要时的补偿措施。当然这必须了解损害的性质和程度，以及能够在合理的准确度上估算替代或修复被损害资产的成本。另一方面，考虑到今后可能因在修复活动过程中对环境所产生的损害，这种对环境所产生损害的经济价值会导致对生物多样性价值的过高估计。即成本与预期和环境利

---

① 临时损失是在生态系统恢复或恢复的过程中发生的人员福利损失。如果一个生态系统不能完全恢复，或需要很长时间才能恢复（例如，树木长大），临时损失可能更大。

② 在这些方法下，提供与那些相同类型，质量和数量的自然资源和/或服务的行动应采取补救措施，或提供替代自然资源和/或服务。

益不成比例。这方面的实践体现在欧共体的指令中，如果采取补救措施所消耗的成本与将要收获的环境利益不成比例，主管机构可以决定不采取进一步的补救措施。不过它暗示了具体补救措施所产生的环境利益的定值，因此超出了基于成本的方法的范围。①

需要注意的是总经济价值（TEV）包括了直接使用价值和间接使用价值以及非使用价值，基于非使用价值的存在，对超出生物多样性资源商业利用价值的范围存在着估值的困难。因此，若能在充分利用经济价值的基础上，再充分利用各种非经济因素的机制，情况将会有所改善。

显示性偏好法。显示性偏好法的基础是在与被估值生态系统服务有关的现有市场中，对个体选择所做的观察。显示性偏好法包括：生产力变动、成本估值法、享乐分析法、旅费法（旅行成本法）。针对该方法在生物多样性损害的运用而言，主要步骤如下：判断是否存在与所涉环境资源相关的替代市场；选取显示性偏好中相适应的方法，例如成本估值方法、享乐分析法等；采取可用于估算在替代市场进行交易的产品需求函数的市场数据；根据以上估算的需求函数，推算生物资源的数量/质量变化的价值；计算与相关人群相关的价值量；适当的价值贴现。② 显示偏好法的局限性在于，显示偏好法适用于市场完善和政策完善的情形，若在相反的情形下会导致对生态系统货币价值估算的扭曲，而且该费用高昂并且浪费人力、物力、财力，难以估算总经济价值的非使用价值（诸如遗赠价值和利他价值等），同时它的困境还在于难以找寻环境产品和替代市场产品之间关系的技术性假设。

叙述性偏好技术，也称陈述性偏好，即通过对假设的（政策诱导）生态系统服务供给变化进行调查后，模拟市场和人们对生态系统服务的

---

① 从经济角度来看，这样的成本效益检验当然是合理的，并且有助于避免个别原因造成的负担。印度向执行秘书提交的文件指出，如果使用成本效益分析，则需要实施经济估价技术，除非使用非货币形式的好处是一个很好的理由。

② 参见［美］库玛（Pushpam Kumar）《生态系统和生物多样性经济学生态和经济基础》，李俊生、翟生强、胡理乐译，中国环境出版社2015版，第190页。

需求。① 陈述性偏好是能够获得总经济价值中非使用价值的唯一技术。它包括选择建模（CM），要求答卷人从具有特殊属性的一系列备选方案中选择本人偏好的方案，也就是说要求人们在面对将要估值的生态系统服务具有相同的两个替代方案中选择一个，这个方案也是人们愿意为生态系统所支付的费用。或有定值法，也叫条件估值法（CV），是在非使用价值的前提下，以调查问卷的方式了解人们愿意为生态系统服务支付多少费用。该方法同样存在局限性，例如 CV，虽然能确保样本代表性的重要性，但大型调查既费时间，又耗金钱；答卷人的知识可能不够；答卷方面的潜在偏见因素；可靠应用方面的准则。关于 CV 中提到的支付意愿（WTP），一个重要的问题是出于对调查对象的"禀赋效应"等心理效应，以及处于"整体部分偏差"和"对范围不敏感"等问题，人们是否愿意为防治安大略湖一小片区域和整个安大略湖的鱼类种群数量下降支付相同的费用。② 还有一个局限在于，对于非使用价值可否用货币形式来估值仍然没有定性，如对森林产生的馈赠价值等是否可以与森林被损害后的价值处于同一框架，与此类似的问题仍然没有解决。

（3）相关国家实践

当生物多样性发生损害时需要确定修复的范围，对损害的自然资源和所提供的服务价值进行衡量。对于美国而言，根据国家海洋和大气管理局制定的《自然资源损害评估条例》，在受托人确定资源对资源或服务对服务衡量均不适用时，他们可以运用定值。③ 如果可以对损害的服务进行定值，但无法在合理的时间框架和成本范围内对替代自然资源或服务定值，受托人可估算损失服务的美元值并选择修复行动的范围，行动的成本与损失的价值相对应。ELD 参照了美国的做法，在无法使用资源对

---

① 参见［美］库玛（Pushpam Kumar）：《生态系统和生物多样性经济学生态和经济基础》，李俊生、翟生强、胡理乐译，中国环境出版社 2015 版，第 191 页。

② 参见 Henrik Svedsater, "Contingent valuation of global environmental resources: Test of perfect and regular embedding", *Journal of Economic Psychology*, Vol. 21, 2000。

③ UNEP/CBD/COP/9/20/Add.1,《公约》第九届会议第 14 条第 2 款背景下的赔偿责任和补救：《给生物多样性造成的损害以及对给生物多样性造成的损害定值和进行恢复的方式的技术资料，以及关于国家/国内措施和经验的资料的综合报告》。

资源或服务对服务的做法时应该选择替代定值。如此一来主管机构方能确定必要的补充和补充性补救措施。主管机构如果无法在合理时间和成本范围内对替代自然资源和服务定值（在可以对损害服务进行定值的基础上），那么主管机构可以选择其成本与损失的自然资源或服务估算货币价值相对应的补救措施。

关于是否可以接受新的定值技术，2004年的加拿大最高法院的决定给予了回应。这起案件主要涉及森林许可证持有者Canfor在加拿大的敏感区破坏森林。法院最终驳回了国家针对环境破坏的索赔，理由是过于任意和简单（损失木材的商业价值仅有20%的保险费），但是也有较为理性的可用技术，如恰当提出，法院需慎重考虑。他们指出，恰当主张的法律权利不应因为新评估方法有过多的技术缺陷而被压制。

以上两个国家的实践证明，要适用定值方法必须是无法使用首选的资源对资源或服务对服务衡量的情形。就生物多样性损害而言，受托人还必须明确生物多样性和生态系统受损害价值以及针对损害是否可以用货币进行估值，若无法估值则要确定损害的补偿性措施。加拿大的案例说明，法院可以接受创新定值技术，这也意味着针对生物多样性损害所表示的价值被认为是重要的，但也并不排除使用其他新的估值工具。

虽然伊拉克对入侵和占领科威特事件造成的环境损害进行了赔偿，但是联合国赔偿委员会并没有对具有商业价值自然资源的暂时性损害做出结论。委员会小组在2005年6月关于所谓"F4"类索赔的报告和建议[①]中审议了各种定值方法的作用。此种情形如果按照如上的情形用显示偏好法、叙述性偏好技术显然无法量化需要补充的损害，特别是针对不可挽回的损害进行非经济定值中的生境分析法。于是，伊拉克不接受这些非经济定值，因为它们都是"未经过确定的、未经证明的"，不确定性因素太多导致无法估值。

虽然在非经济定值中提到的生境对应分析，作为一种新的估值方法，其要运用到国际、国家一级还存在着诸多限制：要使用"生境对应"分

---

① 联合国赔偿委员会理事会专员小组就第五批"F4"类索赔提出的报告和建议。"F4"索赔是对环境造成损害的索赔。

析，前提是必须是在对损害的自然资源无法修复的前提下，即要有充分的证据证明初步恢复并不能补偿损害。只有这样的非经济定值方法才能被视为估值的一种有效工具。

(4) 非市场定值技术中精神和文化价值的相关性

生物多样性和生态系统带给人们的不仅仅是直接使用价值和间接使用价值，还有其非使用价值带来的博爱价值和存在价值（通常表现为精神和文化价值）。这也是为什么人们愿意为生态系统支付费用而换取对非市场自然资源的保护，这些因素恰恰包括了精神和文化价值在内。关于文化价值，也会包含在间接利用价值中（例如，与美丽景色和自然遗址相关的审美价值）。[①]

基于上文，陈述性偏好是能够获得总经济价值中非使用价值的唯一技术，但该技术的缺陷在于对非使用价值可否用货币形式来估值仍然没有定性，也未能体现出精神或文化价值。在这种情况下将考虑公民评审团、参与评估、重点小组、共识会议等以自由自愿和以参与为导向的工具。

(5) 针对国家需求的定值技术调整

这主要是应对以上估值方法都不能适用的情形，机构因素和国家一级的能力建设对生物多样性定值研究，都是一个重要先决条件。

就机构因素而言，生物多样性价值和国民收入账户有助于反映生物多样性的丧失。国家和国际一级做出了大量努力，为了将环境外部成本纳入到国民账户，并应用环境折旧措施反映因经济活动而发生的环境损失。这些措施可用作确定国家环境政策优先领域以及重视减少或遏止破坏环境的活动的依据。国家准则的制定将有助于将生物多样性价值纳入国民账户中，以提高利用估值方法的可信度。有效应用生物多样性资源和功能以及相关生态系统服务的定值工具需要大量能力和技术专门知识。这需要加强国家的能力，设立充足的机构；进行有效的评价，包括评价生物多样性和相关生态系统服务；改善对质量控制的监督和审计；采取

[①] 千年生态系统评估：《生态系统与人类福祉：生物多样性综述》，哥伦比亚特区华盛顿：岛屿出版社2005年版，第133页。

有效而可靠的后续行动,在政府决策方面充分利用定值结果。还需要酌情加强下列能力:改进生物物理信息以支持生物多样性定值;解决用货币手段为环境影响定值的伦理关切;解决使用生物多样性定值工具方面的技术关切。

利益转移在某些条件下可提供有效而可靠的估值数据。首先,估值价值后的商品或服务在进行估计后的保护地和应用估计数的保护地非常相似;其次,受影响人口的特点非常相似;最后,转移的最初估计数本身应是可靠的。利益转移若得到审慎使用,具有的潜力是减少原始数据不足及定值工作通常面临资金有限这些问题。但是,利益转移仍是一个发展中的问题,需要开展更多工作评估其在生物多样性定值研究中的效力,需要对这种方法审慎应用并进一步发展。

四 生物多样性损害赔偿原因行为与损害后果之间的关系

因果关系是对造成生物多样性损害的事实原因的一种判定。生物多样性的损害因果关系的不确定性的后果有时会转移到损害者身上,因此,损害者在某些情况下可能对自己(完全)没有造成的行为负责任。

(一)生物多样性损害因果关系的不确定性

由于生物多样性损害具有潜伏性以及基于生物多样性"变异"所产生的损害,损害的事实与损害后果之间关系的认定就变得更加扑朔迷离。

一方面,对生物多样性的损害认定需要一定的科学证据,而在生物多样性损害初期,这种科学证据是不确定的。由于生物多样性损害具有一定累积性,变化的量值也不容易估算以及存在损害的期限及变化的地域范围等方面的不确定性,故此造成损害的行为与损害的结果并非单纯的一对一的线性关系。《公约》提到当生物多样性面临严重损害,不应以缺乏充分的科学数据为依据,而推迟采取旨在避免或减轻此种威胁的措施。由此看出,当生物多样性损害达到"严重"的程度时,可以不考虑充分的科学定论。需要排除的是,针对科学确定的认定并不适用于从预防和从根源上消除导致生物多样性严重减少或丧失的原因。

另一方面,来自气候变化对生物多样性的损害。气候变化会造成生物多样性属性的变化(对物种、基因、生态系统、景观多样性产生的影响),尤其是对遗传因素的影响。例如气候变化使山地积雪提前融化,导致一些动物繁殖提前,这对动物的遗传物质传递将产生一定的影响。除此之外,气候变化还会影响物种丰富度的改变以及物种入侵的速度,加速物种的迁移以及灭绝等。面对以上出现的情形应该如何界定因果关系?不可否认的是因果关系是一个事实问题,作为事实的因果关系是指造成损害结果的全部原因与损害结果之间的联系。① 确定损害赔偿的因果关系取决于法律事实。但是以矫正正义理论为主导地位的侵权理论在面对生物多样性损害中难以发挥其效用。我们很难判定冰川的融化是气候变化引起的并进而导致对生物多样性的损害。如果从可能性的角度讲,冰川的融化是温室气体排放的结果。但是我们能因此而追究造成温室气体排放的主体的责任吗?就生物多样性损害而言,因果关系对矫正正义而言并不是绝对的,可以说其大大弱化了侵权法中的关于因果关系的主张。

(二) 生物多样性损害因果关系的案例分析

在西班牙和爱沙尼亚,针对ELD所列附件3活动所引起的因果关系需要推定;在德国、英国、意大利、法国和丹麦等国家,因果关系需要调查和证明。法国、丹麦等国家将基准情况的变化作为经营者赔偿责任的指标,这种调查和证明的要求使程序变得冗长和烦琐,在与附件3职业活动有关的过失责任的情况下,因果关系的举证将会更加困难。

波兰的StógIzerski案例说明了上述问题。在StógIzerski案件中经营者是一个投资者,在StógIzerski建造滑雪缆车,这是一个Natura 2000② 站点,被指定为《欧盟野鸟保护指令》下的特别保护区。然而运营商却忽视了环境影响评价并在其筑巢季节继续工作,导致该地区黑松鸡数量不断减少,并且该投资者还不遵守防止黑松鸡负面影响措施的信息要求。于是当地的环境保护局(RDOS)与一位专家进行了磋商,并命令运营商在2012年7月提交具体的预防和补救措施清单。2012年11月,荷兰国

---

① 参见韩强《法律因果关系理论研究——以学说史为素材》,北京大学出版社2008年版,第237页。
② Natura 2000是珍稀濒危物种核心育种和休息地点网络,以及一些自然保护的稀有自然栖息地类型。它横跨28个欧盟国家的陆地和海上。该网络的目标是确保欧洲最有价值和最受威胁的物种和栖息地长期生存,这些物种和栖息地被列入《欧盟野鸟保护指令》和《生境指令》。

家环境保护总局(GDOS)将 RDOS 的命令撤销,理由是指定的补救措施不符合将 ELD 转化为波兰法律的损害赔偿的法律规范。

在这种情况下执行 ELD 的两个主要挑战是:第一,运营商的行为不受严格责任的限制,主管当局认为难以证明这一过错;第二,缺乏损害的具体数据和导致损害不能确定。按照上述两个条件,这个案件不能确定为 ELD 案件。迄今为止,运营人和主管当局都没有采取任何补救行动。在 Raffinerie Mediterranee 案中[①],欧洲法院发现 ELD 没有具体说明如何建立经营者的活动与环境损害之间的因果关系,法院认识到,如果发现的损害与经营者的活动之间存在因果关系,如果后者是导致损害的"近因"因素,会员国可能对环境损害实施补救措施,它要求主管当局有"合理的证据"能够证明这种推定的正当性。虽然法院案件只能使用推定,如果存在的话将会按照国家的法律实施。为此,修改 ELD 的措辞非常有必要,以反映判例法并确保与其协调一致。明确规定"推定性因果关系",如果经营者的行为是导致损害的"近因"因素,由主管当局提供"合理的证据"以证明行为与损害之间可以推定的因果关系,这将有助于更便利地实施 ELD,采用这种方法将会降低执行成本并减少确定责任过程的持续时间。

以上案例说明,很难证明损害赔偿责任是由相关活动引起的生物多样性损害而造成的,就收集的资料来看没有一个案例可以达到针对因果关系问题进行直接认定的。当多个因素造成了生物多样性损害,且无法追踪其源头的损害时,应注重避免让一个造成损害的主体独立承担无限的责任。针对因气候变化造成生物多样性损害的情形按照份额的办法分担责任(按照行为主体对温室气体排放的贡献率来计算)不失为一个比较可行的办法。

---

① 参见 Case C-378/08, Raffinerie Mediterranee, 9 March 2010, [2010] ECR I-0000, paras., 56-58。

第二节　生物多样性损害赔偿责任主体

生物多样性损害赔偿责任主体是指对生物多样性造成损害，依法应当承担赔偿责任的当事者。损害赔偿责任中前提性问题是赔偿责任主体的识别与判定，只有明确了责任主体，生物多样性损害赔偿责任承担才能有所归属，同时对生物多样性损害的救济才能得以落实。

一　生物多样性损害赔偿的国家责任

（一）生物多样性损害赔偿的国家责任的性质

"一个国家对于本国的国际不法行为应当承担国际责任，这是一项国际法原则。"[①] 针对国际法不加禁止行为所产生的国家责任，也称跨界损害国家责任，它是"国家管辖或控制下的活动造成该国管辖或控制范围以外的其他国家领土或其管辖或控制范围的以及'公域环境'的损害"[②]。尽管最近出现的国际私法和国际公法条约里的一些条款出现了关于跨界损害领域的私法赔偿，国内外的部分学者也将焦点集中于跨界损害赔偿责任的私法化，但这种在国际公法争端解决机制和私法机制之间摇摆的现象说明，对国家责任的定位并未精准地把握。

对"国际环境损害责任私法化"观点的主张显然是用私法的手段来解决国际公法所要解决的问题，这种思路明显受到了公私关系认识论在国际法发展中的影响，但需要明确的是国际法中"公—私关系"的形成并不能取代"公—公关系"，对"公—私关系"的认同并不能想当然地错误理解成民事救济论诞生的土壤。本书并未否认国际民事责任运用于跨界环境损害的益处，但这些相关的措施并不能对环境本身所造成的损害进行及时有效的赔偿。值得注意的是，私法赔偿措施本身也并不鼓励一国在对其领土管辖或控制范围内对可能造成的越境损害实施预防措施。即使在多重主体分担跨界损害损失模式中，一般也并不支持对环境（自

---

① 周忠海：《国际法》，中国政法大学出版社2017年版，第88页。
② 林灿铃：《国际法的"国家责任"之我见》，《中国政法大学学报》2015年第5期。

然资源)本身所造成的损害承担赔偿责任。

基于环境损害的特殊性,尤其在生物多样性损害领域更应该强调国家责任的作用。生物多样性损害界定为全球性跨境损害,相对应的责任模式应该是公共责任。在公共责任中,国家机关及其委托主体因公共利益而为的公共决策应占主导地位,虽然在公共责任中也存在着私人对公共利益的损害,但这并不是公共责任的主要类型。就生物多样性损害而言,公共责任的公私融合应当是公法和私法规范在其领域中的共存与契合,而不是在国际环境法语境中冶炼融合的一种非公非私的新型责任体系。虽然国际环境法中公法规范与私法规范有相互契合的趋势,但这并不影响具体的赔偿责任应该适用哪一项规范,也不影响每一个具体的归责体系应适用哪一个规范的公私法属性的判断。

毫无疑问,国际环境法的性质属于"公法"领域,本书从程序性义务和实体性义务论述国家责任在生物多样性损害领域的效用。

(二) 程序性义务

生物多样性损害行为发生后,基于生物多样性的"变异"性损害结果可能不会那么明显地表现出来,此时国家应该担负起损害发生后的预防义务。

哥斯达黎加诉尼加拉瓜案件中,国际法院认为哥斯达黎加沿圣胡安河沿线修建道路违反了国际环境法规定的若干义务,在评估双方当事人所主张的权利义务时,国际法院将跨界损害事项区分了程序性义务和实体性义务。针对在共享区域中,若进行某些活动(在一国管辖或控制范围内开展的活动有可能给其他国家造成重大损害)应该进行环境影响评估,这是国家尽责义务的体现。除了环境影响评估是程序性义务之外,促进公众参与到环境决策中以及对环境损害提供补救也都是程序性义务的体现。这三方面程序性义务中,每一项义务都影响生物多样性损害发生后的措施,并且威胁着以生物多样性为基础的人类健康权等各种人权充分地享有。

例如甲乙两邻国,甲需要在其共享的河流中建设大坝,甲国在建设之前必须进行环境影响评价,这是应有之义,评估的内容必须包括可能导致生物多样性损害或灭绝的其他措施,并在这一过程中必须促进公众参与决策，为其权利受到侵犯的人提供补救机会。有些保护协定要求或鼓励各国进行评估，提供信息和促进公众参与。① 许多国家已通过国家立法落实信息权，包括公布影响生态系统和生物多样性的措施。特别报告员发出一份调查问卷，收到的答复包含国家一级程序性保障和创新的实例。程序性义务还包括对信息的获取，在生物多样性方面，生物多样性和生态系统服务政府间科学政策平台（IPBES）是由成员国于2012年设立的一个独立的政府间机构，它为决策者提供关于地球生物多样性、生态系统及其所提供好处的知识状况的客观科学评估以及保护和可持续利用这些重要自然资产的工具和方法。IPBES的使命是加强知识基础，通过科学改善政策，保护和可持续利用生物多样性，长期的人类福祉和可持续发展。IPBES在某种程度上为联合国政府间气候变化专门委员会（Intergovernmental Panel on Climate Change，简称IPCC）在气候变化方面所做的生物多样性提供了帮助。

（三）实质性保护义务

各国有保护生物多样性的普遍义务，对生物多样性的保护本身其实质也是对人权的保护，因为人权的充分享有离不开生物多样性及其生态系统服务。值得注意的是，对生物多样性的普遍性保护的概念不是抽象，而应是具体的。国家应该对生物多样性功能的各个组成部分及其所在的生态系统负有具体的保护义务。针对生物多样性损害，各国还必须有互相合作的义务。对生物多样性物种、景观、生态系统等组成部分的损害，具有全球性或跨界性特征，只有通过国际合作才能实现。

有一系列的国际环境法条约明确保护跨界或跨界迁徙的生物多样性，例如跨界水和移徙动物。② 各国也日益意识到生物多样性面临的损害具有跨界性特征，从自然栖息地的丧失、外来物种入侵、气候变化，通过国

---

① 《生物多样性公约》第14条（环境评估、公众参与）、《联合国关于在发生严重干旱和/或荒漠化的国家特别是在非洲防治荒漠化的公约》第3条（公众参与）和《保护世界文化和自然遗产公约》第27条（公共宣传）。

② 众多例子中有《养护野生动物中移栖物种公约》《执行1982年12月10日〈联合国海洋法公约〉有关养护和管理跨界鱼类种群和高度洄游鱼类种群的规定的协定》和《国际捕鲸管制公约》。

际贸易等原因行为可以印证。某些因素如气候变化是一国无法应对的,即使是一国国内栖息地丧失和资源的开发给生物多样性造成的损害,也往往具有国际性的影响。例如,发达国家对发展中国家动植物的攫取,大多是因为发达国家市场经济的需求,如各国通过了《濒危野生动植物种国际贸易公约》,该公约意识到野生动植物不仅仅在经济方面,在文化、科学、美学各方面都具有价值,同时也认识到其所在国家和人民是野生动植物的最好保护者,但非法贸易给生物多样性所造成的损害仍然禁而不绝。针对生物多样性的损害并不仅仅危机其本身,因生物多样性的损害而快速传播的疾病,极有可能威胁到人们的生活。

以上旨在说明生物多样性的利益是共享的,其损害也是共同的。例如,珊瑚裸尾鼠(Melomys rubicola)是大堡礁当地唯一的哺乳动物。它们在 2016 年的灭绝是第一例因气候变化引起的动物物种灭绝,该动物栖息的小岛多次被海平面上升淹没,动物死亡,它们的栖息地也不复存在。2010 年《生物多样性公约》秘书处发表了《全球生物多样性展望》(第三版),其中指出各国完全没有达到大幅度降低生物多样性损失速度的目标,21 项次级目标中,虽然一些次级目标已经部分地,或者说在地方一级得到了实现,但在全球范围内,没有哪一项可以确切地说已经得到了实现。[1]

2016 年 12 月,《公约》缔约方会议注意到在"爱知生物多样性目标"所确立的国家生物多样性战略和行动计划中,能达到目标的国家寥寥无几,各国并没有制定与保护生物多样性相关的标准。在实体义务中,国家需要加强能力建设以制定生物多样性的法律框架,国家负有监督私营部门和政府机构避免对生物多样性造成损害的义务并制定环境标准通过监管方式避免生物多样性被损害。

二 生物多样性损害赔偿的经营者责任

(一)经营者责任与污染者付费

"经营者"指任何操作或控制职业活动或根据国家法律的规定得到委

---

[1] 《生物多样性公约》秘书处:《全球生物多样性展望》(第三版)(2010 年,蒙特利尔),第 18—19 页。

托对该活动的技术职能享有决定性经济权的自然人、法人、个人或公共个体，包括该活动许可证或授权书的持有者或登记或通告该活动的人。①ELD 将经营者针对生物多样性损害的预防与补救置于"污染者付费"原则中进行。若经营者的行为造成了生物多样性损害，为了将环境风险最小化，应该负有经济责任。经营者应该在成员国的鼓励下发展保险或基金等财政形式担保，并鼓励金融工具在市场的发展，从而补救生物多样性损害。ELD 以"污染者付费"原则为基础，特别是在环境损害发生时优先从源头消除，污染者首先承担责任。该指令旨在确保污染者对环境造成损害负责。根据第 1 条，该指令的目的是：根据"污染者付费"原则建立环境责任框架防范和补救环境损害。因此，该指令旨在以合理的社会成本建立预防和补救环境损害的共同框架。

（二）经营者分担损失的依据和限制

经营者赔偿责任的依据应该建立在严格的民事赔偿责任制度中，存在的例外情形是在自然灾害和武装冲突时应该免责。但是否在严格的民事赔偿责任制度中，对经营者设置责任限制是值得思考的。针对生物多样性产生的损害，例如外来物种入侵所带来的后果是巨大的。显然经营者无法承担这种损害，因此有必要设置这样的限定。经营者必须在购买环境保险的前提下对诸如外来物种入侵的损害承担赔偿责任。

针对预防措施：当生物多样性损害还没有出现，已发生对生物多样性造成损害的威胁时，经营者应该采取预防措施。但当经营者已经采取了预防措施但仍没阻止损害的发生时，经营者有义务尽快向主管部门告知损害发生的情形。针对补救措施：发生生物多样性损害时，经营者应该采取一切可行的措施控制损害的发生。预防和补救费用：发生生物多样性损害时，经营者应该承担预防和补救措施的费用。但有责任免除的情形：当损害是由第三方造成或在适当的安全措施已经采取的情况下仍然发生了损害。损害的发生是为了保护公共利益，针对补救措施的费用，若有证据证明不是经营者的过错或过失且生物多样性的损害是由以下的

---

① 参见外媒《6 家跨国公司控制世界转基因作物品种》，http：//www.bioom.com/3g/id/6655263，2021 年 11 月 20 日。

情形引起的，经营者可以不承担预防和补救费用；经营者可以证明在发生生物多样性损害时的科学证据证明其行为被证实不会导致生物多样性的损害，针对排放物或垃圾或危险品的处理等得到了国家法律的明确授权且符合条件等。

三 生物多样性损害赔偿的跨国公司责任

（一）跨国公司对生态系统造成的损害负有严格责任

跨国公司在推动全球治理化的进程中起着举足轻重的作用，尤其在生物多样性损害全球治理领域。跨国公司通过技术转让正缩小发展中国家与发达国家的差距，生物技术作为其中一个领域，为发达国家创造了巨大的价值。但与此同时也给发展中国家的生物多样性带来了损害。

六家跨国公司（分别是巴斯夫、拜尔、先正达、杜邦、美国陶氏、孟山都）控制着世界的转基因作物品种，2013 年转基因作物种植面积已经超过 1.782 亿公顷[1]，它们控制了 65% 以上的全球农药销售，该行业极力阻止政府限制农药的使用，例如跨国公司针对 2013 年欧盟禁止类尼古丁以拯救传粉昆虫的决定展开了一系列活动。据称在联合王国政府的支持下，它们公开质疑欧洲食品安全局的调查结果，即类尼古丁对蜜蜂[2]造成不可接受的风险。据报道先正达公司甚至威胁要起诉参与发布该局报告的欧盟官员，拜耳和先正达公司仍然拒绝透露自己的研究结果。这些研究表明如果用量较大，农药对蜜蜂会产生有害影响。[3] 事实证明，农药的使用不仅对农业造成了极大的损害，而且也严重影响了生物多样性。频繁使用农药会对周围土壤和水源整个生态系统造成损失，并造成整个生物多样性的损害，农药可在不同程度上污染土壤并导致土壤退化。

---

[1] 参见外媒《6 家跨国公司控制世界转基因作物品种》，http://www.bioon.com/3g/id/6655263/，最后访问日期：2017 年 5 月 6 日。

[2] 根据联合国粮食及农业组织（粮农组织）的估计，在大约 100 种作物品种（这些品种提供全球 90% 的食品）中，71% 是由蜜蜂传粉的。环境规划署：《全球蜜蜂群体锐减和对昆虫传粉者的其他威胁》（内罗毕，2010 年）；Michelle Allsopp and others, *Plan Bee—Living Without Pesticides: Moving Towards Ecological Farming*, Amsterdam, Greenpeace, 2014, p.9.

[3] 参见 https://www.euractiv.com/section/agriculture-food/news/pesticide-manufacturers-own-tests-reveal-serious-harm-to-honeybees，2017 年 12 月 1 日。

中国政府最近发布的研究报告显示，2600万公顷农田有中度至重度农药和其他污染物，导致20%的可耕地无法继续耕作。① 水污染的同时也给生物多样性造成损害。② 监管机构虽然对使用农药产生的损害深感忧虑，但毕竟其科技水平有限。例如，类尼古丁经常使用的一类内吸性杀虫剂，正在造成土壤退化和水污染并危及生物病虫害防治等重要生态系统服务，此类虫剂的目标是破坏目标害虫的中枢神经系统，但也可对有益的无脊椎动物和鸟类、蝴蝶以及其他野生动物造成伤害。针对转基因生物虽然可以产生杀虫成分，大大降低了农业中非目标生物的风险，但是对慢性接触农药还需进一步研究，以确定内吸农药和转基因作物对人体健康、有益昆虫、土壤生态系统和水生生物影响的程度。对草甘膦的争议是关于转基因作物的热议问题，虽然它含有除草剂的活性成分可以在不损害作物的前提下帮助去除杂草，但其对环境的损害却有很大的分歧，研究表明草甘膦对生物多样性、野生生物和土壤养分含量有负面影响。③

对一些国家转基因作物法规的统计大多数国家支持预防原则，如果面对不确定性风险，在缺乏科学共识的情况下，应该由采取行动或实施政策者承担举证责任。针对生产农药的制造商的跨国公司应该对生物多样性所造成的损害承担严格责任。

（二）担保国损害赔偿责任

跨国公司通常追求利益的最大化，如果将这种利益上升为国家意志乃至国际法的高度，人类将面临灭顶之灾。通过国际贸易途径、生物技术途径的运用给生物多样性造成的损害主角仍然是跨国公司，跨国公司先左右本国政府，再通过本国政府潜移默化地主导世界，其先将自己的意志上升为本国的法律，通过本国政府的行为将本国法律上升为国际条约。所以针对跨国公司在生物多样性领域所造成的损害不仅跨国公司本

---

① 参见 Caixin,"China's tainted soil initiative lacks pay plan", http://english.caixin.com/2016-06-08/100952896.htm, 2021年11月21日。

② 在危地马拉，帕西翁河受到在棕榈油种植园使用的农药马拉硫磷的污染，导致数千条鱼死亡，23种鱼类受到影响。这又使14个社区1.2万人的粮食和生计主要来源被剥夺。

③ 参见 A/HRC/34/48，人权理事会第三十四届会议：《食物权问题特别报告员报告》。

身要承担，其所在的担保国也要承担连带责任。主要表现为担保国要针对跨国公司的行为履行"尽责义务"，担保国应该尽最大努力使其担保的跨国公司遵约。以下从经营深海底区域的跨国公司与担保国的关系进行阐述。

英国海底资源有限公司①在大不列颠及北爱尔兰联合王国的担保下，请求国际海底管理局批准其在克拉里昂—克利珀顿区勘探多金属结核的工作计划。联合王国是英国海底资源有限公司申请核准其勘探工作计划的担保国，于1997年7月25日批准并加入了《联合国海洋法公约》，是全球深海海底工程资深的国家，尤其是在环境保护领域有着悠久的历史。正如2011年2月1日国际海洋法法庭咨询意见所说明的，国内法规是负责任的担保的一个重要因素。联合王国已经颁布了深海采矿立法并有相关法规，包括1981年《深海采矿（临时条例）法》和1984年《深海采矿（勘探许可证）条例》。联合王国现行法规强制执行符合国际海底管理局规定的高标准环境管理，并反映了联合王国对深海资源可持续勘探和开发的长期国家承诺。②联合王国确认，英国海底资源有限公司达到国内法规所规定的所有勘探许可证要求，包括技术和财政能力、有效控制和对环境负责任的勘探的要求。因此，联合王国已经向英国海底资源有限公司颁发申请区勘探许可证，自公司与国际海底管理局签订合同时生效。英国海底资源有限公司在环境保护方面，以《指导承包者评估区域内多金属结核勘探活动可能对环境造成的影响的建议》为参照，将根据对担保国的义务及各种业务和其他因素确定，其不会在没有相关和必要的环境研究和协商的情况下进行。

以上我们还可以归纳担保国除应该履行的义务之外，还应确保被担保承包者进行环境影响评估的义务。这两项义务同时适用于发达国家和

---

① 英国海底资源有限公司是洛克希德·马丁英国控股有限公司（LMUK）全部拥有的子公司。英国海底资源有限公司和 LMUK 都是按英国法律成立的公司，总部设在联合王国。LMUK 在联合王国各地的员工超过2000人，是系统集成方面的一个领导者，主要工作项目跨越航天、国防和民用部门。

② 参见 ISBA/18/LTC/L.4，国际海底管理局法律和技术委员会第十八届会议：《请求核准多金属结核勘探工作计划的申请书》。

发展中国家，以促进发展中国家能够与发达国家平等地参与深海底采矿。若跨国公司的行为造成了深海底生物多样性的损害，担保国承担的赔偿责任源于《联合国海洋法公约》规定的义务，但违反义务的本身并不造成其承担赔偿责任，产生赔偿责任的条件是在违反以上提到的两项义务基础上发生了损害，并需证明担保国未履行义务与损害之间的因果关系，即证明这种损害赔偿责任是由于担保国未履行职责义务和环境影响评价义务而造成的损害所引起。担保国的损害赔偿责任与跨国公司承担的赔偿责任并行存在，两者并非连带责任，担保国不是在跨国公司承担责任之后承担剩余赔偿责任。

四 生物多样性损害赔偿的国际组织责任

国际组织需对其国际不法行为负国际责任。根据国际法，若一国际组织的行为可归于该组织，且该行为构成国际不法行为，则可以判定该国际组织构成国际不法行为。国际组织有义务对国际不法行为所造成的损害提供充分赔偿。关于"充分赔偿"，需要该国际组织持有充分的巨额资金，例如基金或保险，以确保其有偿付的能力。国际组织的资金来源于其分配的资金，而不能以纳税的方式为其筹资。国际法委员会如要让国际组织承担这种双重义务，就会引起实际上限制其今后行动的风险。如果进行补偿，"充分赔偿"的规定可能会导致有关国际组织的消亡。从现有规定来看，国际法委员会似乎并没有太多关注补偿义务。如果只考虑国际组织对国际不法行为的充分赔偿责任，对于一般自己不产生财政资源的国家组织来说承担的风险过大，若某一国际不法行为造成重大损害，国际组织便失去足够的赔偿能力。

国际法院在霍茹夫工厂案的处理意见中承认了国际组织同国家一样具有损害赔偿的责任，也就是说如果国际组织违反国际义务同国家一样也要承担赔偿责任，因为国际法的主体除包括国家以外还包括国际组织。国际组织对国际义务的违反可能包括一个或多个国家、一个或多个其他组织，或对整个国际社会承担的义务，具体取决于该国际义务的特性和内容及违反义务的情形。由此可以看出，国际组织也要对其对国际社会整体利益的违反承担责任。生物多样性损害作为全球性跨境损害，国际组织对此所造成的损害承担责任也是应有之义。生物多样性损害发生后，需要除《公约》之外的条约与国际组织展开合作以展开对生物多样性的救济，国际组织必须加强生物多样性与相关条约之间协同增效的作用。

具体而言，生物多样性损害发生后需要加强公约国家联络点和其他有关部门性进程联络点和伙伴在国家一级的合作和协同增效作用。例如在深水地平线溢油案件（该案发生在墨西哥湾外）爆发后，"美国与十多个国家及其国际组织紧密合作，运用各种科技手段，对总量以及海面和海底的泄漏速率进行了评估，并建立了相应的模型进一步研究溢油的转移趋势"①。这些国家和国际组织在海平面上喷洒了消油剂并促使其溶解在海上，消油剂对整个海洋的生态系统都会造成影响，给沿海滩涂的草、牡蛎、珊瑚以及鱼类这些海洋生态系统中的生物都造成了不同程度的损害。深水地平线溢油案说明无论是在生物多样性的损害之前或之后，对其鉴定、救济需要各种国际组织发挥其多重职能，所以国际组织在损害发生前或损害发生后都负有责任。

此外，国际组织还应该积极与其他利益攸关方和多边环境协定及其他联合国相关组织展开合作，并将生物多样性公约秘书处定为联络中心，促使国际社会对生物多样性持续不断丧失的问题给予更多的关注。

第三节 生物多样性损害赔偿归责与免除

一 生物多样性损害赔偿的归责原则

近几十年来，随着跨界现象的频繁发生，要求国与国之间必须开展国际合作以试图统一责任体系。侵权责任体系规则是针对局域性损害而言的，若将侵权责任体系完全适用于跨界损害领域会不断出现管辖权争议，为此将不断阻碍此类损害寻求救济的尝试。

ELD一直在推动相关方面的讨论。从ELD的规定来看其采取了公法为主导的做法，主管部门发挥了决定性作用。从国际上现有规定来看，

---

① 包木太等：《墨西哥湾"深水地平线"溢油事故处理研究进展》，《中国海洋大学学报》（自然科学版）2015年第1期。

在海上石油污染和核污染领域规定的责任制度属于侵权责任领域，但是在侵权责任规则中在责任标准、因果关系、损害定义方面存在的明显分歧导致责任规则不能完善地建立。

2004年欧盟采纳了ELD"污染者付费"原则，并对环境损害（生物多样性、土地、水资源）相关活动进行规制。ELD为生物多样性损害设定了独特的框架，这种类型的环境损害涉及两种类型的责任：严格赔偿责任和基于过失的责任。严格责任适用于任何环境损害，包括由指令附件3所列活动造成的受保护物种和自然栖息地的损害；过失的责任适用于受附件3以外活动造成的受保护物种和自然栖息地的损害。ELD系统适用于生物多样性损害，严格或过错的责任规则都要求损害是"重要的"。

参照"基本条件"和"有利保护状态"（Favourable Conservation Status，简称FCS）确定损害的重要性。如果损害被认为是重大的，可以按照ELD采取预防和补救措施。关于生物多样性的损害，补救措施的目标是根据现有资料确定的基准条件确定的事前情况下的受影响栖息地或物种。确定损害阈值和补救措施的困难在执行方面面临挑战，所以ELD机制最终只能被一些成员国应用于重大损害赔偿。

ELD的关键附加价值之一是，可能将严格赔偿责任归咎于经营者对生物多样性损害的情形。然而，按照ELD规定，严格责任只适用于附件3活动造成的生物多样性损害。"污染者付费"原则不能区分严重赔偿责任和过错责任的不同类型的职业活动导致的受保护的生物多样性受到损害。此外在过错责任基础上，实施与ELD程序相关的证明因果关系举证将会更加困难。实质上，所有对保护生物多样性造成损害的职业活动都应承担严格责任。从这个意义上说，委员会可能要考虑修改第3条第1款第2项，以确保ELD对来自职业活动的生物多样性所造成的一切损害承担严格赔偿责任。

（一）严格责任和"污染者付费"原则

ELD和《生境指令》[①]之间在重要概念（如重大生物多样性损害）

---

① 欧盟委员会关于保护自然生境和野生动植物的第92/43/EEC号指令。

方面有协调一致的必要性。但是，尽管面临这些挑战，ELD 的额外价值是可能将任何附件 3 运营者的严格责任归因于生物多样性的损害，而不管其过错或过失。在欧盟不同国家或部门立法中已经存在基于过失的责任。通过《生境指令》第 6 条第 2 款的规定：成员国采取必要的措施，在特殊的保护区避免栖息地恶化或对物种有利的保护状况造成重大干扰，也可预防或补救生物多样性的损害。从这个意义上说如果发生损害，经营者由于过失、疏忽或违反许可证规定条件的运营活动的责任，将最终落实在主管部门采取强制措施上。

ELD 的主要目标之一是建立一个预防和补救环境损害的共同框架，协调经营者对环境损害的责任。损害赔偿费用由经营者承担，并承认主管部门有更广泛的权力收回成本。欧盟各成员国实施 ELD 的研究表明，这个目标还没有得到充分实现，需进一步协调所有成员国都应对相同的情况承担赔偿责任。为此，应当提高承担生物多样性损害赔偿责任时所确立的重大生物多样性损害的门槛。虽然对附件 3 活动造成的生物多样性损害适用严格赔偿责任，但非附件 3 活动造成的生物多样性损害不受严格赔偿责任的限制。"污染者付费"原则下不对严格赔偿责任与过失责任进行区分，适用于生物多样性损害严格责任的 ELD 范围应包括所有的职业活动，所有对保护生物多样性造成损害的职业活动都应承担严格责任。针对附件 3 职业活动与非附件 3 活动之间的差异，如果经营者在过错或过失时承担责任，"污染者付费"原则便会变相扭曲。成员国证明疏忽或过错责任的困难已被确定为危及执行 ELD 的重要因素及其确定经营者责任的效力的阻碍因素。因此将要求重新起草指令第 3 条第 1 款第 2 项，以确保 ELD 对来自所有职业活动的对生物多样性的损害实行严格赔偿责任。拟议的措辞可以是：本指令适用于附件 3 所列职业活动造成的环境损害，以及上述活动对环境即将构成的损害的威胁，以及附件 3 所列以外的任何职业活动对受保护物种和自然栖息地造成的损害，以及由于这些活动而造成的任何迫在眉睫的威胁。这一修改也将加强《生境指令》和 ELD 的更好的协调。如上所述，ELD 应要求操作者预防或补救任何职业活动造成的生物多样性损害，而《生境指令》第 6 条第 2 款应涵盖由主管当局采取的所有其他活动的损害或全面恶化情况，并因此要求采取纠正措施（预防性和补救性）而不论其来源。

（二）ELD 与《生境指令》缺乏协调一致的应用

《生境指令》和 ELD 具有共同的终极目标：制止生物多样性丧失。它们通过应用不同的机制来实施，ELD 根据"污染者付费"原则应建立责任制度，《生境指令》则促进采取保护措施。这两种手段都有保护的内容：《生境指令》和《欧盟野鸟保护指令》所列的栖息地和物种。成员国可以选择将 ELD 系统的适用范围扩大到国内立法保护的任何其他栖息地或物种。①

在爱沙尼亚、意大利、波兰、西班牙和英国扩大了 ELD 国家保护的栖息地和物种范围，而保加利亚、丹麦、法国、德国和斯洛文尼亚没有这方面的实践。欧盟大多数成员国不承认 ELD 与《生境指令》第 6 条第 1 款②之间的任何关系，因为该条款要求成员国确保在 FCS 的维护和恢复栖息地和物种方面根据《生境指令》第 4 条第 4 款采用 Natura 2000 地点的保护措施。《生境指令》第 6 条第 2 款的预防性目标要求成员国避免栖息地的恶化或对与 FCS 有重大关系的物种的干扰，尽管 ELD 对重大环境损害的概念是参照《生境指令》的主要目标 FCS 和《生境指令》第 6 条第 2 款规定的严重干扰的参考来界定的，但没有一个选定成员国认识到这两个系统是可以协调执行的。

在大多数成员国，根据《生境指令》第 6 条第 3 款和第 4 款授权的项目对受保护物种和栖息地造成的破坏不在 ELD 范围内。立法或指导文件承认《生境指令》第 6 条第 2 款与 ELD 之间的关系，尽管它们之间有着明显的相关性，但是对成员国执行情况的分析表明，这两个系统在大多数成员国没有协调的情况下缺乏对两个系统之间相关性的关键方面的认识。一些成员国认为，这种做法危害责任制度的有效性，导致主管当局而不是经营者承担生物多样性损害的成本和责任。其结果是如果发生损害，根据《生境指令》将被视为违反第 6 条第 2 款，大多数会员国没

---

① 参见《欧洲环境责任指令》第 2 条第 3 款 C 项。

② 对于特殊的保护区域，会员国应制定必要的保护措施，必要时应制定专门针对场地或纳入其他发展计划的适当管理计划，以及适当的法定、行政或合同措施，以符合附件 1 所列的自然栖息地类型和附件 2 所列的种类。

有设立赔偿责任制度来覆盖对生物多样性损害的补救措施，除非在 ELD 下损害将由公共部门处理。但在大多数成员国中，由于没有采取严格的赔偿责任措施这种情况通常会导致主管部门来承担责任，这便与 ELD 规定附件 3 活动的经营者负有责任相互矛盾。

（三）ELD 与国家法律的关系：对适用严格责任的扩大

ELD 第 16 条[①]规定了与国家法律的关系，并允许成员国采取比 ELD 中规定的更严格的要求。这一规定是指 TFEU（Treaty on the Functioning of the European Union，简称 TFEU）《欧洲联盟运作条约》第 193 条已经确认采取或保持更为严格的保护措施的可能性，并能使 ELD 与国家法律秩序中现有的责任方案相结合。此外，ELD 还提到确定额外的活动或责任方将受到责任计划的约束。

根据 ELD 第 14 条第 2 款下的 2010 年委员会报告，"一些成员国（比利时、丹麦、芬兰、希腊、匈牙利拉脱维亚、立陶宛、荷兰和瑞典）在严格责任范围内列入了附件 3 中未提及的其他活动"。在最近的一份出版物中，包括比利时、丹麦、芬兰、法国、希腊、匈牙利、立陶宛、西班牙和瑞典在内的一些成员国将严格责任以及 ELD 附件 3 中规定的活动。特别是在丹麦作为 10 个选定的成员国之一，该立法在废物倾倒方面延伸了对生物多样性的严格责任。西班牙在预防和补救措施（遏制措施）方面超越了 ELD：在发生生物多样性损害的情况下即使不存在欺诈、过失或疏忽等情况，它要求非附件 3 活动的经营者也可以采取预防和遏制措施。综合以上国家的实践证明，越来越多的国家超出了非附件 3 的活动在生物多样性损害方面采取严格责任制度。

ELD 提供的灵活性规则使严格的责任制度能够更好地融入国内法律秩序中，这是 TFEU 第 193 条关于环境政策的体现。问题的关键在于，生物多样性损害的情况下是否将通过国家层面使运营者的责任得到落实。根据 ELD 对附件 3 活动造成的生物多样性损害实行严格赔偿责任，但非

---

① 与国家法的关系：（1）本指令不得影响成员国维持或采取更加严格的预防与补救环境损害的条款，包括确认需遵守本指令规定的其他活动以及确认其他责任方；（2）本指令不得影响成员国采取适当措施，比如当双重收款由主管部门根据本指令实施的行动导致或由财产受到环境损害影响的人员导致时，成员国禁止费用的双重收款。

附件3活动造成的生物多样性损害不受严格赔偿责任的限制。

如上所述，一些成员国扩大了严格责任制度的范围，但欧盟成员国严格赔偿责任缺乏协调一致，导致在类似的生物多样性损害情况下，对造成生物多样性损害的职业活动的经营者对其他成员国实施预防和补救措施，而不是由本国的主管部门酌情处理生物多样性损害。这可以被认为是影响整个欧盟运营商的公平竞争环境，从而对内部市场造成扭曲。此外，成员国证明疏忽或过错责任的困难已被确定为危及执行ELD及其确定经营者责任的效力的重要因素。

综上所述，ELD的性质以公法为主导，环境损害方面采取两分法，即严格赔偿责任和基于过错的赔偿责任。针对生物多样性损害而言不应直接套用环境侵权领域的两分法实践模式，ELD虽然规定以经营者为主导的严格责任，但要通过主管部门的监管模式来落实，从欧盟部分国家的实践来看，应将指令的附件3以及非附件3所规定的活动纳入严格赔偿责任领域。

二　生物多样性损害赔偿责任限度

（一）"污染者付费"原则的局限性

所谓的"污染者付费"原则要求内化环境成本，并反映在商品和服务的价格中。污染者必须采取预防和补救措施，并以缴纳税款或费用的方式为生物多样性损害做出补偿，以抵消破坏的成本。

在许多国家，人们注意到案例法、立法和法律原则的嬗变，导致越来越多的污染者承担责任以补偿污染造成的成本。然而，这些行动所采取的形式在法律制度之间差别很大。在某些情况下，国家基于监管权力和监管义务促使污染者进行清理行动，从而根据公法使用监管解决方案。在其他情况下，国际或国家环保机构本身也进行了清理活动，随后又试图从污染者那里收回清理成本，从而大部分采用私人法律机制。因此在这一阶段，即污染者对环境损害的资金日益增加，在很大程度上得到了"污染者付费"原则的支持。不过在随后的法律制度中，似乎发生了"污染者付费"原则以及类似的私法解决方案的环境损害的责任限度。

这些限度表现为两个方面。一方面保险公司方面认为扩大的、渐进性的环境损害责任变得不可靠。因为污染者往往要对过去的错误的行为"买单"。在回溯性的环境责任中，因果关系不确定性的后果有时会转移到污染者身上。因此，污染者在某些情况下可能对自己（完全）没有造成的损害负责。这些趋势表明潜在地扩大了污染者的责任风险，可能会使保险公司的不确定性增加。在某些情况下，这种不确定性变得如此之高，以至于保险公司认为生物多样性损害成为不可靠的风险。另一方面，私法解决方案并不总是适用于生物多样性损害，特别是在个别污染者无法承担责任的情况下。

生物多样性损害的发生揭露了问题的另一方面：不仅有可能造成意外的损害，也可能这种损害是无法弥补的。就一些双边或多边跨界环境损害来说，利用"责任概念"或许是比较好的方式，但依赖主客观构成要件或归责原则要素的责任制度并不完全适用于生物多样性损害（例如对遗传多样性所造成的损害），因为生物多样性损害可能随着时境变迁，需要潜伏一段时间才能显露，显然这种情形下不可能再将危害结果归责于加害人。即使有可能归责，加害人有可能已经不存在或者丧失支付能力。特别是在环境损害普遍不能归因于某一特定来源或污染者的情况下更是如此。

在所有这些情况下，私法机制并不能提供充分的补救措施，因此生物多样性损害救济机制发生了向替代补偿机制的转变。在某些情况下，可以采取公共资金解决方案的形式。正如下文将要论述的公共治理对于生物多样性损害来说是比较合适的最佳解决方案，在补救机制中尝试将生物多样性损害纳入补偿基金。

（二）成立严格责任基金的可能——以外来物种入侵为例

对外来物种入侵给生物多样性带来的损害，解决的路径应该是坚持生态系统方法以促进退化环境的修复，而不是基于"污染者付费"的损害赔偿责任制度。为正确贯彻这一做法，世贸组织成员不仅仅是在自己的领土范围内，还必须考虑外来物种入侵在生态系统各个方面的不利影响。另外，监测程序是必要的，可以将物种分类为检疫性有害生物以收集与生态系统管理相关的信息。监测程序中尤其重要，因为可能对新引入的转基因生物的追踪等需要，从而能够快速检测和处理问题。①

　　监测和恢复系统的实施需要资金，这会引发如何募集这种资金的复杂问题。生态恢复的最终目的和资助方式应该是"保护环境而不是归咎于双方的利益"，严格适用诸如"污染者付费"原则可能不会很好地为环境服务。首先，"污染者付费"原则不会直接适用于外来物种入侵领域。外来物种入侵会导致引导者的潜在责任无限，因此赔偿责任可能不会与造成损害的行为成正比。再者，改性活生物体的出现揭露了这个问题的另一方面，不仅有可能造成完全意外的损害，也可能是真正无法弥补的破坏。或许从某种程度上说为环境需求提供一些更好的方法就是利用"责任概念"。然而，与"污染者付费"原则一样，设法依赖于具体当事方的过错概念或责任归属的赔偿权利的标准责任制度不容易适用于外来物种入侵。

　　外来物种的入侵倾向可能不会在短时间显现，届时可能不归咎于责任方，即使有可能有针对性的一方也可能不再存在而无法支付。因此，建立严格责任基金是一个解决办法。该基金可以通过在物种入境处收取的费用获取资金，所收取的资金将成为内部成本的一种方法，这也是以资金的方式帮助修复生态系统的手段。这种方式看起来是比较可行的，例如1998年澳大利亚《压载水征费法案》推出，用于收集资金以协助压载水研究，根据船舶的规模和类型收取一笔征收费用，收集的资金用于多种目的，包括协助研究活动并且了解不同类型压载水处理的有效性。

　　根据所涉部门来设置外来物种入侵的费用，以使该笔费用反映引入外来物种入侵的风险。这种方法将鼓励相对应的部门制定遵守方案和行为准则以防止外来物种入侵。经济学家已经设计了数学公式，用于确定征税和外来物种入侵事件引起的环境损害的程度。然而，问题在于在确定环境损害的程度时，往往需要考虑经济、社会和政策价值观。社会和政策价值观确定了政治上应该保护的范围，因此，它们可能容易受到歧

---

① 参见邵莉莉《防治外来入侵物种水葫芦对环境保护的研究》，《环境科学与管理》2017年第7期。

视性影响，这势必导致各种保护措施无效。同样，将客观价值放在政策考虑上的困难也许意味着在现实中不可能在没有歧视的情况下征收可变利率，如果这些变化是以非歧视性的方式实施的，可以反映客观的衡量的标准。澳大利亚《压载水征费法案》就是典型的例子。

此外，任何非歧视性基础费用可以通过刑事规定来补充，为那些触犯者提供货币和其他类似处罚，可以考虑专门建立一个负责外来物种入侵的征税费用和罚款的机构以促进环境退化的修复。严格责任制度可以避免因果关系和责任有关的潜在的无法回答的问题，同时由引进外来物种入侵而获益的人员提供的环境修复基金，这也意味着即使是无意地引进一个外来物种，仍然有资金将补救措施付诸实施。

(三) 生物多样性损害免责事由

基于上文的论述，将生物多样性损害赔偿的归责原则定位于严格原则，但严格原则并不等于绝对责任，应该允许其免责事由的出现。如果在没有任何免责的情况下，责任制度将失去其矫正功能。免责通常适用于侵害者可控制范围之外的事件，例如自然灾害不可抗力等。但免责的事由范围不能过于宽泛，如果范围过于宽泛就会模糊严格责任与过错责任之间的界限。

ELD 第 4 条排除了下列原因导致的环境损害或环境损害的紧迫威胁：主要包括发生武装冲突、战争、内战或叛乱；发生异常、不可避免和不可抗的自然现象。本书将这种免责称为传统型免责事由。在大多数的国家和国际层面都承认这种性质的免责事由。ELD 不适用于因事件造成的免责情形：即造成环境损害或环境损害紧迫威胁的事件之相关责任和补偿为在相关成员国正在生效的附录 4[①] 所列国际公约涵盖的内容。ELD 还规定法规性免责事由。[②] 除此之外，ELD 排除了核危险造成的环境损害的

---

① (a) 1992 年 11 月 27 日关于油污破坏的民事责任的国际公约；(b) 1992 年 11 月 27 日关于建立国际油污破坏赔偿基金的国际公约；(c) 2001 年 3 月 23 日关于燃油污染破坏的民事责任的国际公约；(d) 1996 年 5 月 3 日关于海运有害有毒物质的责任和损害赔偿的国际公约；(e) 1989 年 10 月 10 日关于公路、铁路和内陆航运船只运载危险物品造成损失的民事责任的国际公约。

② 本指令不得妨碍经营者根据《1976 年海事赔偿责任限制公约》，包括该公约未来任何修正案，或《1988 年斯特拉斯堡内河航运责任限制公约》，包括该公约未来任何修正案的国家法律履行限制其责任的权利。

情形。① 针对扩散性的环境损害，ELD 规定仅在个体经营者与损害之间建立因果关系时适用。

在《欧盟野鸟保护指令》中也规定了成员国可以免责或减损责任的情形：为保护野生动植物和保护自然栖息地的利益；防止严重损害，特别是作物、牲畜、森林、渔业和水及其他类型的财产；为了公共卫生和公共安全利益，或出于公共利益的其他重要原因，包括社会或经济性质以及对环境至关重要的有益后果；为研究和教育目的，重新引进这些物种以及为此目的所需的繁殖作业，包括植物的人工繁殖；在严格监督的条件下，允许在有限的范围内，以国家主管当局规定的有限数量采取或保留附件 4 所列物种的某些标本。②

从对以上的规定来看，大多规定的免责事由属于传统型免责事由。基于生物多样性损害的特殊性，其面临诸多科学不确定性发展的风险。所谓发展风险性免责，是指当发生损害时根据当时的科学知识水平不能预测发现特别的危险。这便引出了针对这种不确定性的风险是否能够成为免责事由或抗辩理由。面对过去数十年来生物技术的发展存在大量的科学不确定性，以及基因技术也带来新的社会经济和伦理问题，例如针对改性活生物体越境转移问题，一辆载满改性活生物体种子的汽车在国界附近翻车，对其之后所发生的"越境损害"是否能采用类似于 ELD 的责任机制模式？很显然，虽然面对未知的科学不确定性，按照严格责任的损害赔偿原理，被授权的监管部门可以实施损害清理并从那里获得相关费用的补偿，但是在这种情形下很难运用发展风险进行免责。

虽然不能进行免责，但基于这种科学不确定的风险，当面对战争或内乱以及天灾等不可抗力的情形时，以及已经遵守了一定的风险认知程序（受害国在接受风险评估的条件下确认不必为此承担风险责任）、已经意识到受害国国内法律经过特别的授权或特别许可活动所隐藏的风险、

---

① 指令不适用于核危险或下述发生环境损害或出现环境损害紧迫威胁的情况，即可能由《欧洲原子能共同体条约》框架下活动所造成的环境损害或环境损害的紧迫威胁，或造成环境损害或环境损害紧迫威胁的事件或活动之相关责任和补偿为附录 5 所列国际契约文件涵盖的内容，包括所列国际契约文件未来修正案涵盖的内容。

② 《欧盟野鸟保护指令》(79/409/EEC) 第 9 条规定。

遵守了受害国执行的强制措施等情形时应允许成员国一定程度的抗辩。抗辩并不意味着免责，而是导致改性活生物体释放的成员有义务按比例责任原则进行赔偿。问题是针对长期性的释放对生物多样性及生态系统所造成的损害（例如针对变异所产生的损害）如果原告国已经证明了尽责义务，则可以免除其责任。但在一些发达的侵权责任制度的国家似乎并不支持用发展型风险进行抗辩以免除或减轻成员国的责任，不论这种风险责任是否能够成为免责或抗辩的事由，都将会督促成员国不断审查监督以促使其注意义务的履行。

第三章 生物多样性损害赔偿模式的确定

第一节 生物多样性损害全球性现实表征

自20世纪50年代以来,国际社会建立了一系列生物多样性保护的国际环境法律体系,主要有1973年《濒危野生动植物种国际贸易公约》、1972年《保护世界文化和自然遗产公约》、1971年《特别是作为水禽栖息地的国际重要湿地公约》、1992年《生物多样性公约》等。但生物多样性丧失的速率并未因这些环境条约的生效、执行而得到缓解,这也凸显了生物多样性损害问题的弥散性、超国界性与孤立主权国家的狭隘性,同时也促使国际社会必须将生物多样性损害问题当作一个整体进行通力合作。

生物多样性的损害初现端倪时,损害在短时间内还表现得不是那么明显,随着全球大气的循环以及基因遗传的突变、气候变化等因素,使得这种损害开始在全球范围内散播,于是,区域性环境问题最终演变为全球性问题。生物活动范围并不总是停留在某个国家的政治和地理疆界之内,尤其是在多个国家迁徙的动物,其栖息地横跨几个国家,或者位于国家管辖范围之外(公域环境)的非迁徙物种,对其所造成的损害需要国家之间共同承担,应采用一种跨界的解决方式,以保护有直接利益关系的相邻的国家乃至全球的利益。生物多样性损害逐渐向全球蔓延,每个国家都无法"独善其身"。

基于生态系统的整体性特征,当生态系统的组成成分受到损害时,与这些成分相联系的整个生态系统也会发生根本性变化,如何突破政治和地理疆界，寻找适合生物本身特有的方式，"生态系统"① 方式不失为对生物多样性损害进行救济的最佳方式。

一 "连通性保护"概念的提出

对生物多样性的保护不仅是维护和管理自然资源的方式，也是可持续社会经济发展的可行性手段。诚如上文所言，生物多样性不仅指物种多样性，还包括遗传多样性、景观多样性、生态系统多样性。从某种程度上来说，整个环境需要各个组成部分来维持生态系统的能量循环，这也是生态系统多样性的表现。对生物多样性丧失而言，应该深刻地认识到这不仅仅是物种的丧失，更应该从生态系统多样性的角度审视遗传多样性、景观多样性的丧失。然而人们普遍认识到，国界是以政治因素划分的，针对这种不以自然的方式而受到的损害应该遵循"特殊情势管辖权"②。该概念的提出旨在解决以不可持续的方式对生物多样性所造成的损害。

需要认识到，所谓的"边界"不仅仅是政治意义上形式的划分，还应通过不同的政治制度、法律制度、环境保护方法以及相邻国家之间的冲突来填充其内涵。我们需要在主权国家的政治边界之外找到解决生物多样性"跨界"导致损害的办法。由于生物多样性丧失的"近因"因素（气候变化、外来物种入侵、栖息地丧失、战争等直接因素），造成问题的杂糅性确实给生物多样性损害救济机制的建立带来了一系列新挑战，这需要主权国家之间的协调应对。

生物多样性损害赔偿与"连通性保护"概念密切相关，"连通性保护"概念提出的目的是维护或恢复栖息地和物种种群之间的联系以及跨越景观和海景的重要生态系统过程。遵守连通性要求的生态系统方式可能是对生物多样性损害赔偿发挥真正影响的一种方式。没有相邻国家之间的这种连通性，基于国家之间的集体行动在生物多样性损害方面的效

---

① 《生物多样性公约》将"生态系统"定义为植物、动物、微生物群落及其无生物环境作为一个功能单位交互作用而形成的一个动态复合体。

② 从长远来看，有必要承认和赋予国家"特殊情势管辖权"。参见林灿铃《论侨民保护》，《中国政法大学学报》2013 年第 1 期。

果是微乎其微的，因为各国只会处理在其境内的部分生态系统。

具体而言，"连通性保护"是对人类在陆地、淡水和海洋中的生物、栖息地以及生态系统所造成损害的一个关键响应，尤其是针对气候变化造成的生物多样性损害。这种响应有利于保护本地物种及生物多样性，刺激社区之间的互动，更有利于促进人类的福祉。"连通性保护"的领域已经被认可多年，并被许多人熟知，包括生态链接、生物链接、野生动物走廊、生态网络、连通走廊和其他概念。[①]

最近，研究人员和从业人员也将上述描述的领域描述为连通性保护区（Connectivity Conservation Areas，简称CCAs），为了避免与相关词汇的首字母相混淆，该词已统一改成ACCS（Areas of Connectivity Conservation）作为首选术语。[②] 世界自然保护联盟（International Union for Conservation of Nature，简称IUCN），在2012年的济州世界大会上推出了国际连接保护网络，并发表了关于"连通性保护"概念的文件，这是关于这个问题的法律方面的最新和最权威的文件。文件将"连通性保护"定义为：在相互关联的自然地区以及人类影响和发展退化或分裂的环境中进行保护措施，其目标是维护或恢复受影响的自然生态系统的完整性并与野生动物的关键栖息地相连通，以为自然和人们提供商品和服务的重要的过程。因此，本质上连通性旨在应对由人类活动造成的对栖息地和景观的隔离，由此导致栖息地退化和丧失。[③] ACCS对保护生物多样性至关重要，它涉及广泛的一般自然和自然景观、淡水和海景，为维护物种的生态完整和栖息地的保护作出了根本贡献，它们的范围存在于陆地和海

---

① 参见Graeme L. Worboys, Rob Ament, Jon C. Day, Barbara Lausche, Harvey Locke, Meredith McClure, Charles H. Peterson, Jamie Pittock, Gary Tabor and Stephen Woodley: Areas of Connectivity Conservation. (Advanced Draft: 28 May 2016)

② 连通性保护区（CCAs）的首字母缩写与ICCA（土著居民和社区保护区和地区）的缩写相似，世界保护地委员会（World Commission on Protelted Areas，简称WCPA）指导委员会于2016年5月在克尔克诺谢国家公园（Krkonoše National Park）举行的会议中采用了"连通保护区"（ACCS），作为避免任何可能产生混淆的首选替代品。

③ 关于栖息地破碎化对生物多样性的影响的全面讨论见Lenore Fahrig, "Effects of Habitat Fragmentation on Biodiversity", *Review of Ecology and Systematics*, 2003, pp. 487–515。

洋之间。①

2016年2月，全球气候变化对人类的影响，使得平均气温比长期平均值将高出1.21摄氏度，其对生物多样性所造成的相关后果是大规模珊瑚礁数千里的漂移。伴随着人口数量的增长给生态系统造成的巨大压力，人类活动引起的气候变化也加快了动植物物种灭绝的速度。对于动物和植物物种，科学家告诫我们正在经历地球进化史上的第六次灭绝事件。

为了应对如此严峻的形势，在20世纪和21世纪各国已经采取了重要的保护措施，包括迄今为止建立了22万个保护区，出现了许多大型陆地连接保护区；采取很多重点保护和修复河道走廊的措施；越来越多的私人组织和政府对受损害的陆地和海洋进行修复，以使其残余的自然栖息地保持连通性。

基于"跨界"产生的生物多样性损害包括各种各样的救济措施，可以从双边协议中找到依据。例如1949年《美洲热带金枪鱼公约》、1999年《保护莱茵河流域公约》等。另一个与跨界生态系统相关的例子是跨国监管机构，专门处理与政治有关的决定，非洲中心森林委员会就是典型的代表。② 尽管生物多样性损害传统上关注国与国之间的双边协议，但在概念上国际环境法拓展了其关注和重点。诸如1979年《养护野生动物中移栖物种公约》、1992年《生物多样性公约》和1971年《特别是作为水禽栖息地的国际重要湿地公约》等著名国际公约都可以作为生物多样性损害的重要法律依据。《环境与发展国际盟约（草案）》第24条专门提到生态系统方法，缔约各方应根据生态系统方法的相关原则适当履行自己的义务。③ 生态系统方法同时也适用于国家管辖范围以外区域的生物资源，例如《环境与发展国际盟约（草案）》第39条也同时规定了各缔约方有义务保护国家管辖范围以外区域的自然资源。

---

① 千年生态系统评估，《生态系统与人类福祉：生物多样性综述》，岛屿出版社2005年版，第66页。

② 它由几个中非国家之间的合作而成立。其任务是保护和恢复刚果盆地204万公顷的热带雨林，包括其生物多样性。

③ 世界自然保护联盟环境法中心环境法国际理事会，胡斌译、秦天宝审校：《环境与发展国际盟约（草案）》评注，武汉大学出版社2015年版，第101页。

总之，针对生物多样性损害的填补在法律框架和体制安排中有很大的差异，但生物多样性损害由区域性过渡到全球性的趋势是非常明显的。生态系统方法弥补了生物多样性损害中因国家之间和国家内部之间行政和其他管辖权部门划分的不足。除此之外，连接性保护理论为生物多样性损害范围中由对物种拓展至对广泛的景观和海景整个生态系统的损害奠定了理论依据，也将有助于生物多样性法律概念的最终实际发展，这将会比传统的法律模式更适合人类活动对生物多样性所带来的挑战。

二 对公域环境生物多样性的损害

将生物多样性看成一个整体性的范畴，对其所遭受的损害可以是在国家主权管辖范围内也可以是在国家管辖范围外（公域环境）。生物多样性损害还来自航道、噪声污染等人为因素对物种迁徙的影响。当迁徙生物在航行路线遭遇损害，涉及国与国之间通力合作的问题，"连通性保护"可以为其提供理论依据。对正在迁徙的海洋哺乳动物、鲨鱼和海鸟进行强有力的标签工作，记录可以发现广泛迁徙的生物体的地点和时间，以便将这些信息与已知或可疑风险的时空分布相结合。结合海洋生物资源本身的特性，对其所遭受的损害进行救济，应是基于整体迁徙的考察。例如针对驼背鲸的迁徙路线，已经从其所在国管辖水域扩展至公海的保护区。

美国在此前因广泛使用（DDT 又叫滴滴涕，化学名为双对氯苯基三氯乙烷）造成知春鸟、黑白鸟、金翅雀等鸟类的大量死亡，甚至还影响到榆树及鹰，这种基于食物链的循环系统给生物、栖息地、生态系统所带来的损害已经开始蔓延，在停止喷射 DDT 的若干年后，南极一些企鹅体内发现了 DDT。DDT 的残留物说明生物多样性损害已经逐渐向全球公域环境拓展。[①] 气候变化对生物多样性所造成的损害也力证了上述的拓展趋势，在《自然》发表的一篇关于气候变化对南极无冰区的影响量化评估结果，显示占南极洲面积的1%无冰区，却囊括了陆地上的全部生物多

[①] 参见［美］蕾切尔·卡逊《寂静的春天》，吕睿兰、李长生译，吉林人民出版社2005年版，第88—101页。

样性。但是该评估报告指出，根据气候变化专门委员会（IPCC）所模拟的两种气候作用的场景显示，到 21 世纪末无冰区将扩大约 17000 平方公里，增长近 25%。无冰区的扩展将彻底改变南极洲的生物多样性的栖息地和生态系统的连通性。①

第二节 生物多样性损害与人类共同关切事项

一 人类共同关切事项发展的历史背景

人类共同关切事项是生物多样性损害区别环境损害的最显著特征。位于一国领土管辖内的生物多样性、几个国家共有的生物多样性以及国家管辖范围之外的生物多样性的法律地位颇为不同，针对后者在公海或南极区域的生物多样性保护可以将其视为"人类共同关切事项"，但是后两者的性质则值得探讨。

针对这些情形如何确定"人类共同关切事项"的国际法律标准还尚未明确。人类共同关切（The common concern of humankind，简称 CCH），为全球性问题提供了一个总体性框架。国际法学者迪纳·谢尔顿（Dinash Shelton）解释说，"共同的问题"意涵在于那些不可回避地超越单一国家边界要求集体的行动回应的问题。② CCH 模式特别适用于那些跨越国界的，并需要通过强大的全球性机构之间进行国际合作以面对共同出现的环境问题。基于问题的共同性，每个成员国负有保护环境的责任。与人类共同遗产不同，人类共同遗传普遍主要适用于地理区域性的资源，并且这个资源仅指非生物资源。③ 人类共同关切事项重点关注所有国家在一定形式上共同利益的表达，并注重代际平等和每个国家公平地分担责任。

《公约》的序言"保护生物多样性是全人类共同关切事项"，该表述对于生物多样性本身不具有法律效力，但对于保护生物多样性方面的义

---

① 参见 Jasmine R. Lee, Ben Raymond, eds., "Climate change drives expansion of Antarctic ice-free habitat", *Nature*, Vol. 547, 2017, pp. 49 – 54。

② 参见 Dinah Shelton, "Common Concern of Humanity", *Environmental Law and Policy*, Vol. 39, No. 2, 2009, p. 83。

③ 参见如 1979 年《月球公约》和 1982 年《联合国海洋法公约》。

务具有法律效力。为此,将保护生物多样性称为人类的共同关切事项将产生义务,其所包括的意蕴以及与其他相关制度的关系均需要界定。将保护生物多样性作为人类共同关切事项,则需要制定普遍适用的实质性法律义务要求各国保护生物多样性。普遍适用义务对应于国际社会整体利益,对其保护符合各国的利益。若对各国的利益产生损害,根据《国家对国际不法行为的责任条款草案》,每个国家都有寻求损害赔偿的权利。针对"人类共同关切事项"需要严密的论证,否则在法律效力和法律保护的范围将造成严重后果。

《公约》的谈判首先产生了"人类共同关切"一词,并表达了全球环境问题的共同责任感。《公约》的第一份报告递交给联合国审查,于1989年11月发布,工作组派出调查得出结论:作为人类共同关注的生物多样性没有就这个概念达成共识,结果显示一些代表团则强调一国对其管辖范围内的主权原则。①

在工作组的第二份报告中显示继续抵制用"人类共同遗产"作为生物多样性制度的组成部分,在接下来的讨论中认为"共同责任"模式应该在生物多样性保护和可持续利用的发展过程中发挥重要作用,并且考虑到不同社会经济利益之间的平衡。② 在1990年夏季工作组的第三次会议上,代表们提出了这样的可能性:适用"人类共同关切"而不是"人类共同继承遗产"来保护生物多样性。③

1990年11月一个新的法律和技术专家工作组正在起草的法律文书,提出了一个主题的变化线索:考虑将生物多样性描述为"人类共同继承

---

① 参见 Ad Hoc Working Group of Experts on Biological Diversity, Report of the Ad Hoc Working Group on the Work of its First Session, 6 (Nov. 9, 1989), https://www.cbd.int/doc/? meeting = BDEWG-01, 2016年6月6日。

② 参见 Ad Hoc Working Group of Experts on Biological Diversity, Report of the Ad Hoc Working Group on the Work of its Second Session in Preparation for a Legal Instrument on Biodiversity of the Planet, 3 (Feb. 23, 1990), https://www.cbd.int/doc/meetings/iccbd/bdewg-02/official/bdewg-02-03-en.pd, 2016年4月。

③ 参见 Ad Hoc Working Group of Experts on Biological Diversity, Report of the Ad Hoc Working Group on the Work of its Third Session in Preparation for a Legal Instrument on Biodiversity of the Planet, 6, 15 (Aug. 13, 1990), https://www.cbd.int/doc/meetings/iccbd/bdewg-03/official/bdewg-03-12-en.pdf, 2017年1月。

遗产"到以"人类共同责任"为中心的"人类共同关切"。最终，该工作组发现"人类共同关切"更能体现公约的核心价值观。执行主任提请注意《公约》中的草案所涉及的四个复杂问题，第一个涉及的最根本原则是对生物多样性保护体现了人类共同利益原则，这条原则要求所有国家和所有人民都应该建立全球合作伙伴关系，它意味着代际平等和所有国家都要公平分担责任。人类共同利益原则要求重申各国对本国的生物资源拥有主权以及将保护生物多样性看成国际社会在全球环境方面的共同利益。很明显，工作组综合了各方面的语言差异，并定下将"共同关切"作为其共同价值观的最佳表达。值得注意的是在"共同关切事项"中需要强调全球性合作，1992年2月，将"各国人民"改成"全人类"。

二 人类共同关切事项的法律内涵

毫无疑问，需要建立一个法律框架，系统地涵盖与生物多样性有关的所有环境问题，不过针对生物多样性的属性将面临许多技术和政治方面的难题。共同关切事项至少可能包括三种含义：除了已经被认可的国际惯例法外，它还创建了各国环境保护的实质性义务；给予了国家之国际共同体对具有全球意义的资源以合法的权益；国际社会都对具有全球意义的资源负有共同的责任。

（一）创建了各国环境保护的实质性义务

保护生物多样性的实质性义务是否存在于具有法律约束力的法律规范当中，又是否有必要给予所有国家在涉及与生物多样性有关的人类共同关切规则方面的法律地位？或者是否有必要强制国家执行保护生物多样性的基本职责？虽然以"人类共同关切"为议题发生的案例诉诸国际法院还没有先例，但国际法院已经明确表示在环境激励下的"人类共同关切"或与之相类似的原则已经上升为习惯国际法的地位。[①] 在2015年哥斯达黎加和尼加拉瓜领土争端解决案中，国际法院指出，一国在开

---

① 例如在1997年的Gbacikove-Nagymaros Project 案，斯洛伐克和匈牙利之间的争端中，强调了开展环境影响评估的义务和责任。Gabcikovo-Nagymaros Project（Hungary/Slovakia），Judgment, I. C. J. Reports 1997（Sep. 25），p. 81.

始对另一个国家产生跨界影响活动之前进行环境影响评估已经逐渐演变成国际习惯法。[①]

以上国际法院判例表明,国际环境法在很大程度上集中于区域性或跨界性的国与国之间,而这些国家有时并不全部适用于与《公约》相关的概念和制度。尽管存在如上的缺陷,国际法院针对全球性问题也有一些指导方针,这并不与一国对其管辖内的生物资源拥有主权相冲突。1970 年巴塞罗那电力案件中探讨了解决全球存在问题的困难,虽然该案件是个财政问题,但法院认为各国有权根据主权开发其管辖或控制范围内的资源,亦有责任确保在其管辖或控制范围内的活动,国家负有保护人类的整体性义务。这种普遍性义务通过各国接受的条约或其他国际文书进行编纂,或者被普遍认为在法律上被要求达到国际强行法的地位,禁止一国在另一国管辖范围以外的地区造成环境损害似乎是强行法的规定。由于这一强行性的禁止规定,国家有义务进行跨界影响评估。

人类共同关切概念不是一项根据现行法的原则,而是一个一般的基本概念,其对环境影响评价起到解释补充的作用,它与普遍性义务形成了辩证统一的关系,同时也意味着各国有责任进行合作。

(二) 与主权的关系

《公约》作为第一个正式的全球性条约,确定了"人类共同关切事项"这一概念。将生物多样性视为"人类共同关切"是否意味着回避"国家对其管辖范围内的自然资源享有主权?"人类共同关切问题关心的是保护生物多样性,并承认各国对其管辖内的生物资源拥有主权。本书认为与"共同财产"和"共同遗产"相比,针对生物多样性保护,"人类共同关切事项"比较适合,其并不与国家主权概念相冲突。

《公约》强调各国对其境内的生物资源拥有主权。在联合国大会 1950 年年初通过的有关决议中,"自然资源永久主权"这一概念首次获得公认,并于 1958 年设立了自然资源永久主权委员会,责成其调查自然财富

---

① 参见 Case concerning the dispute regarding navigational and related rights (Costa Rica v. Nicaragua), Judgment, I. C. J. Report 2015, p. 101。

和资源永久主权作为自决权基本要素的状况。1962 年通过的《第 1803（XVII）号决议》大力推动这一原则作为非殖民化进程的国际法原则。之所以能将它确定为一项原则，从自然资源的角度来说，是考虑到各民族人民对其拥有的自然资源是否拥有自由处置的权利。[①] 在随后的发展中，自然资源永久主权的法律意蕴主要体现为它是一国主权固有的不可分割的组成部分。

值得注意的是，这里提到的主权并不与保护生物多样性是全人类共同关切的问题相矛盾。知识产权法学家伊克希·博比耶克（Ikechi Mgbeoji）指出，"虽然国家对植物遗传资源的主权至高无上，但其他国家对植物遗传资源的保护和开发具有'共同关切'的合法权利"[②]。更确切地说，人类共同关切通过履行生物多样性义务和责任来平衡生物多样性和主权之间的关系。《公约》强调为保护和持续利用生物多样性制定国家战略、计划或方案，将保护生物多样性视为人类共同关切是各国的共同责任，这分别体现在《公约》第 3 条和第 5 条中。[③]

（三）国际合作

"共同关切事项"意味着需要在生物多样性方面展开国际合作，相关的司法案例也可以证明针对"共同关切事项"开展合作的义务是可强制执行。[④] 那么针对生物多样性领域，各国的合作义务是否能体现"共同关切事项"的意蕴呢？

一些学者将国际金融资金方面的合作视为《公约》所关注的核心议

[①] 这体现在 1952 年 1 月 12 日，联合国大会通过的题为《"统一的经济发展和商业协定"的第 523（Ⅵ）号决议》中。

[②] Ikechi Mgbeoji, "Beyond Rhetoric: State Sovereignty, Common Concern, and the Inapplicability of the Common Heritage Concept to Plant Genetic Resources", *Leiden Journal of International Law*, 2003, p. 837.

[③] 《公约》第 3 条规定：依照联合国宪章和国际法原则，各国具有按照其环境政策开发其资源的主权权利，同时亦负有责任，确保在它管辖或控制范围内的活动，不致对其他国家的环境或国家管辖范围以外地区的环境造成损害。《公约》第 5 条规定每一缔约国应尽可能并酌情直接与其他缔约国或酌情通过有关国际组织为保护和持久使用生物多样性在国家管辖范围以外地区并就共同关心的其他事项进行合作。

[④] 国际海法庭在 2001 年 MOX 工厂案（爱尔兰诉联合王国）和 2003 年新加坡在柔佛海峡及周边填海造地案（马来西亚诉新加坡）中下令采取的临时措施清楚地说明了这点。

题，《公约》项下的资金合作被认为是生物多样性"共同关切"的表现，将生物多样性、气候变化和荒漠化指定为人类的共同关切构成了《公约》《联合国气候变化框架公约》和《联合国防治荒漠化公约》之间的金融合作理由的基础。发达国家应为发展中国家提供额外的资金，发展中国家通过发达国家的资助履行本公约义务的措施而承担的费用以及发展中国家缔约方与《公约》第21条所述机构结构之间的费用。《公约》第8条规定的就地保护，如果国家能就（a）至（m）项所概括的实施就地保护措施，这些因素与"人类共同关切事项"相关，也体现了各个国家在维持生物资源方面的共同努力。

此外，《名古屋议定书》）强调惠益分享和技术支持。第1条规定本议定书的目标是以公平和公正方式分享利用遗传资源所产生的惠益，包括获取适当转让相关技术和遗传资源，同时考虑到对这些遗传资源的所有权利资源和技术以及适当的资金，从而有助于保护生物多样性和可持续利用其组成部分。虽然《名古屋议定书》没有提及人类的共同关切，作为《公约》的延伸，议定书可以被视为通过利益分享和财务合作进一步实现共同关心的问题。在《公约》中，使用全人类共同关切作为发达国家财政责任的理由是比较清楚的。由于发达国家受益于发展中国家原生境生物多样性的保育，因此需要在财务和技术上支持这些保护。这样一来，使用人类共同关切这一术语就可能带来全球财政承诺的预期，特别是来自发达国家的承诺。

（四）共同责任

《公约》和《粮食和农业植物遗传资源国际条约》都援引了"人类共同关切"事项，并成立了国际理事机构，负责监督这些条约的执行情况。《联合国气候变化框架公约》通过的气候变化《巴黎气候变化协定》也提及了人类共同关切，但它强调各国和小范围的治理单位的监管行动，而不是设立一个单独的国际理事机构。利用政府间气候变化专门委员会接受并由作为气候变化《巴黎气候变化协定》缔约方会议的《公约》缔约方会议商定的良好做法而编写的一份温室气体源的人为排放量和汇的清除量的国家清单报告。①

气候变化《巴黎气候变化协定》包括在国际社会面前采取问责措施的要求的同时保留了对自主贡献国家的控制。如果将保护生物多样性作为人类共同关切事项的话，还需要建立一些类似的实施机制来处理人类共同关切的战略。保护和可持续利用生物多样性努力涉及不同部门的利益，建立有效的生物多样性和生态系统服务政府间科学政策平台（生物多样性平台，成立于2012年）有助于兼顾不同部门的利益，从本质上来说类似于政府间气候变化专门委员会的一个独立机构。生物多样性平台对所有国家，不论在国家管辖或控制范围之内或之外的活动采用相同的政策和原则，这可能比每个国家制定自己的政策更加连贯一致。如何落实平台的科学政策管理，需要《国家行动计划》这种强有力的国际社会的承诺机制。国家行动计划在《公约》中占据了重要地位，同时也是气候变化《巴黎气候变化协定》的重要组成部分。当国家管辖范围内的生物多样性发生损害时，《国家行动计划》可以及时补救，当国家管辖范围外的生物多样性发生损害时，《国家行动计划》开展必要的合作以挽救生物多样性的丧失。

人类共同关切事项注重的是所有国家有保护生物多样性的权利并从中收益，体现的是人类的整体利益，而"人类共同继承遗产"中的人类则指的是"人类"整体性中的一个类概念，强调的是每个人。尽管强调的重点不同，人类共同关切与利益分享机制并不相矛盾（这也是共同分担责任的另一方面）。例如在海洋遗传方面，由于对这些资源的科学认知有助于我们保护这些资源，人类共同关切事项可以支持发达国家与发展中国家之间的生物遗传资源的惠益：允许发展中国家的科学家陪同研究考察和访问收集这些考察数据。随着发达国家针对国家管辖范围外的生物多样性获得更多的科学数据，他们有义务与发展中国家分享这些惠益，以促进各国平等参与如何最有效地利用和保护这些资源的决策。

---

① 参见 Richard Kinley，*What Now? Climate Change and Energy after Paris*（*Keynote Address*），联合国气候变化框架公约网站，http：//newsroom. unfccc. int/unfccc-newsroom/keynote-address-climate-change-and-energy-after-paris/，2017年2月。

弗兰克·比尔曼（Frank Biermann）曾经表示，共同关切模式要求发达国家在经济和其他方面协助发展中国家努力解决人类共同关切的问题，包括分析所需技术。比尔曼根据各国制定《公约》和《联合国气候变化框架公约》的方式确定了原则，它还指出1990年对《蒙特利尔议定书》的修改，其中规定发达国家必须尽一切可能在公平和最有利的条件下，向发展中国家转让高质量的环保等方面的技术。在"共同关切事项"中，不是放宽发展中国家的标准，而是要求发达国家协助发展中国家应对全球严峻的环境问题。

三 共享自然资源与人类共同关切

根据资源是一国主权之下的、几个国家共同享有的，还是为所有国家利益而共同享有的，不同的自然资源其法律地位是不同的。需要厘清一些概念，对于共享自然资源，这类资源处于一国不完全的控制下，体现了有限的共同体利益的形式。生物多样性保护作为人类共同关切事项，在其几个国家共同享有中的地位应区别于其他类型的自然资源，而正是因为其特殊性存在，很大程度上决定了生物多样性损害救济的路径与方式应区别于一般自然资源损害类型。

"共享自然资源"概念提出起源于联合国大会第3129号决议关于环境领域内两个或两个以上国家共享自然资源的合作。该决议第1款认为，有必要在各国间现有的正常关系范围内，通过建立有关养护和谐地开采两个以上国家共有的自然资源的适当的国际准则确保国家间的有效合作。国际准则是指每个沿岸国家负有事前协商和信息通报的义务，以及对共享自然资源加以适当的利用而不对其他国家造成损害。1974年《各国经济权利义务宪章》以及1978年联合国环境规划署通过的《指导各国保护与和谐利用两个或两个以上国家共有自然资源的环境行为原则》都肯定了国家在共享自然资源中具有的主权性权利，但这种权利同时也要受到"不对他国造成损害"义务的制约。①

---

① 参见邵莉莉《国家主权视阈下跨界水资源冲突与合作法律理论的重构》，《国际论坛》2017年第2期。

在共享自然资源尚未被纳入法律的具体权利和义务的保护的情境中，这种限制主要表现为共享资源要受到跨境合作和公平利用义务的制约。但是，1978年《原则》并没有明确哪些资源是共享资源，联合国环境规划署执行主任将水系、封闭和半封闭海域、大气层、山脉、森林、保护区及迁徙物种也看成共享自然资源的一种。我们从国际性公约、区域性公约和双边协议中可以看出，它们没有将"迁徙物种"等类似的概念看成共享自然资源，不管用什么样的法律属性定义，必须承认的是，各国在保护迁徙物种方面进行合作是至关重要的，并应将此看成习惯国际法的一部分。《公约》在序言中将保护生物多样性视为人类共同关切事项，促成了这种义务的达成一致。

本书认为，将"迁徙物种"界定为国与国之间的"共享自然资源"，与将生物多样性保护作为"人类共同关切"事项并不矛盾。"迁徙物种"作为全球性迁徙、穿越两个国家或以上国家边界或水域的物种，不仅仅需要区域性公约进行规制，更需要全球性公约对其进行保护，诸如1968年《非洲保护自然和自然资源公约》、1940年《西半球公约》、1985年《东南亚自然界和自然资源保护协定》等这些区域性公约所引入的一些创新性保护办法，很显然并不能彻底解决"迁徙物种"所面临的问题。必须明确的是，针对"迁徙类物种"并不意味着在生命周期内迁徙物种所跨越有管辖权国家的责任的减少，具有管辖权的国家负有保护这些生物资源的保管义务，其他国家则具有促进有管辖权的国家保权行为的责任，这种责任也称支持义务。具体而言，这种支持义务可以表现为财政上的支持，例如通过建立生物多样性基金的多边形式来实现等。

总之，将"迁徙物种"看成全球性资源，可以将区域性保护公约和全球性公约联合起来，从而得以保护这类物种。

四 共同财产与人类共同关切

通常来说在国际法领域，共同财产主要是位于国家管辖以外的财产，也可以称为"全球公域"的财产，主要包括公海、南极地区。[①] 随着人类

---

① 参见林灿铃《跨界损害的归责与赔偿研究》，中国政法大学出版社2014年版，第5页。

活动范围的不断拓展，还应包括外层空间。例如《月球协定》第 11 条将月球及其自然资源看成人类的共同财产。

对于公海自然资源、南极洲自然资源以及外层空间自然资源，所有国家都能够合理开发使用，每个国家对它们享有排他主权。那么，生物资源作为自然资源的一种，它的性质应如何定位？将其定位为"共同财产"又是否合适？这种共同财产具有开放性质，没有人能够完全控制，所以任一国家不能将其他国家排除在开发利用生物资源之外。开放性的准入机制对每个国家都有好处，因为主张或维持这些资源成为自己"专有权利"的成本要大于其在开放性准入机制下所获得的"收益"。但是，如果不限制所获取的生物资源，将会面临哪些问题呢？在这种开放性准入机制中会产生外部成本，一旦过多的国家可以不受限制进入"公共领域"获取资源时，按照固有的逻辑就会产生"公地悲剧"。

从长远来看，生物资源规模的减小导致发生跨代外部成本，造成未来的收益要低于现有的水平，当对生物资源的捕获超过一定量，起初捕获量会高于正常水平，但当生物资源的生长速率受到了影响，所获得收益将会变低，生物资源也会逐渐衰竭。于是物种的价值开始提高，人们对这种准入性开放机制的"成本—效益"的看法开始发生转变，这种开放式获取生物资源的方式从长远来看并不符合效率原则，也不符合可持续发展原则。例如，南半球都有小须鲸的存在，该研究针对的是北大西洋的鲸群，在斯匹兹卑尔根群岛附近、巴伦支海内、沿挪威海岸线以及不列颠群岛附近。结果显示的是开放式进入确实造成了鲸群数量的明显减少，但并不会造成鲸群的灭绝，如果进一步地捕鲸，效益将低于其成本。①

再者，1974 年的冰岛渔业案中，对公海渔业资源进行了重要分析（该案判决中承认了沿海国在 12 海里之外仍然享有继续捕鱼的权利，并且在联合国第三次海洋法会议中更加肯定了此效力，这就为沿海国享有更多的渔业资源开辟了道路）。从沿海国确定 200 海里专属捕鱼

---

① 参见 Eirik S. Amundsen, Trond Bjrndal and Jon M. Conrad, "Open Access Harversting of the Northeast Atlantic Minke Whale", *Environmental and Resoruce Economics*, Vol. 6, 1995, pp. 167 – 185.

区或专属经济区以来,生物资源已经不具有"共同财产"的性质。这意味着这些生物资源并不当然落入某一国专属管辖或控制范围之内,而是为了公平可持续利用生物资源,各国如何公平合理利用这些资源成为关键性问题。

本书认为基于生物多样性具有"公共物品"的属性,应该将保护公域环境中的生物资源视为"人类共同关切事项"。在涉及"生物多样性保护"的活动中都应该置于国际一致同意机制之中,通过区域性或全球性条约的设立和实施,由生物多样性和生态系统服务政府间等类似的机构负责监督执行,以弥补现有的区域管理组织和安排在物种和地域覆盖方面的局限。考虑具体种群之外更广泛的生物多样性问题,这些机构能够定期以非固定期限的方式制定必要的规则,以适应基于科学不确定性中政治、经济情势的变迁。

五　共同继承遗产与人类共同关切

"共同继承遗产"作为一种法律属性,它允许所有国家分享成果,即使并非所有国家都能参加实际的开采过程中。一种生物资源一旦被认定为属于这种意义上的"共同自然资源",其一经取得就成为专有的财产。此外,"共同继承遗产"也不同于"共享自然资源",后者是由有限的国家共同分享的。

《联合国海洋法公约》将国际海底区域(以下简称区域)及其资源确定为人类共同遗产,值得注意的是,发达国家强调1982年《联合国海洋法公约》规定的国际海底资源仅指矿产资源,并不包括生物资源。国际海底生物资源不属于"人类共同继承财产"范畴,针对海底生物研究开发和收益实行"公海自由"原则。①

2015年2月13日,联合国大会通过了海洋法框架内的实施协议的决议,致力于保护和可持续利用国家管辖范围外的生物多样性。其中国家

---

① 《联合国海洋法公约》第11章专门就深海底区域的人类活动做出规定,受当时科技水平的局限,深海底资源的范围限定在矿产资源,同时将矿产资源的法律地位定义为"人类共同继承财产"。从第7章第二部分关于海洋生物资源的保护和管理的条款规定来看,能够涵盖深海遗传资源,主要是规定公海上的捕鱼活动。

管辖范围外的海洋遗传资源的保护与可持续利用问题是实施协议的重点内容。国家管辖范围以外的海洋遗传资源的法律地位问题是可持续利用资源的先决问题，在这个问题上发达国家与发展中国家之间分歧较大。解决分歧的关键点在于明确海洋遗传资源的物的属性的界定。海洋资源的法律地位问题是海洋遗传资源的保护与可持续利用解决的首要问题，不同的法律地位的定性会直接影响海洋资源的可持续发展，也会直接影响国家在国家管辖范围以外针对"剩余权利"区域内的利益分配。

因此对国家管辖范围以外的海洋资源的法律地位问题需高度重视，该问题也成为保护与可持续利用海洋遗传资源谈判的焦点问题，同时也是今后国家管辖范围以外海洋遗传资源的国际协定制定过程中的关键问题。

如上所述，对于海洋遗传资源在国际海底区域的法律地位一直有"公海自由论"和"人类共同继承财产"的主张。如果严格解释海洋法，应该是水体中的海洋遗传资源适用公海自由原则（区域的制度不影响海洋法对区域上覆水域以及水域上空的法律地位的规定），国际海底区域内的深海遗传资源适用于人类共同继承财产原则（区域和区域内的资源属于人类共同继承财产）。但是深海遗传资源的遗传物质有部分是海底物种，其会不断更换场所，因此很难区分国际海底区域的上覆水域（也就是公海）与国际海底区域的深海遗传资源。

实践中也面临着难题：难以区分承载深海遗传资源的遗传材料是来源于公海还是来源于国际海底区域。究竟是适用于公海的水体还是适用于海底区域内共同制度？如果将海洋遗传资源视为人类共同继承财产，采集的深海遗传资源就不能申请专利，成果要进行分享，包括经济和非经济收益。如果将海洋遗传资源视为可自由获取的公海生物资源的一部分，就不涉及惠益分享的问题。依据国际条约法中规定的条约解释的原则，深海遗传资源应该适用不同的原则来开发和利用。针对国家管辖范围以外区域的国家协定在对深海遗传资源的法律地位做出规定时，应当与公海的遗传资源与区域的深海遗传资源一同做出规定，这样更有利于国家管辖范围外区域的深海遗传资源的保护与可持续利用问题的解决。

保护与可持续利用国家管辖范围外区域的深海遗传资源现存的法律

冲突是《联合国海洋法公约》中的人类共同继承财产原则与《公约》中的遗传资源的获取与惠益分享制度之间之冲突、《联合国海洋法公约》中的公海自由原则与《与贸易有关的知识产权协定》（Agreement on Trade Related Aspects of Intellectual Property Rights，缩写TRIPs）中对可专利性的要求之间的冲突，只有将不同区域的深海遗传资源一起规定，才能解决现存的冲突。

从生物多样性层次分析中得知，遗传多样性也被视为生物多样性的组成部分，那么针对海洋遗传资源在国际海底区域的法律界定就成为最为棘手的法律问题。基于将国际海底区域的上覆水域（也就是公海）与国际海底区域的深海遗传资源分开管理在理论上很难区分，因此将存在于国际海底区域的深海遗传资源与存在于公海的深海遗传资源一并做出规定，这样有利于国家管辖范围外区域的深海遗传资源的保护与可持续利用问题的解决。

但需要指出的是，这种分类型的解决方式也忽略了进化生物学中"变异"的特性。种群内的变异包括遗传物质的变异、基因表达的蛋白质（特别是酶）的变异和表型的数量性状的变异。大部分变异是以遗传为基础的。[①] 基于遗传物质变异的复杂性，特别是当发生遗传漂变时，由于这种变化是随机的，不受自然选择的影响，频率会呈现无方向性变化，增加、减少或上下波动。[②]

所以本书认为，基于生物多样性"变异"的考虑，将深海遗传资源看作人类共同继承遗产，将保护深海遗传资源当作"人类共同关切事项"可能比较妥当，这样既兼顾了对收益进行分享，也顾及了惠益分享的问题。根据上文对人类共同关切事项法律内涵的解析得知，由于发达国家受益于发展中国家原生境生物多样性的保育，因此需要在财务和技术上支持这些保护。如此针对遗传资源的保护应视为发达国家和发展中国家的共同责任，这也是"共同关切事项"的应有之义。

[①] 参见牛翠娟等《基础生态学》，高度教育出版社2015年版，第94页。
[②] 参见牛翠娟等《基础生态学》，高度教育出版社2015年版，第97页。

第三节 生物多样性损害赔偿与全球性越境损害

通过上文对生物多样性损害现实表征的分析及将保护生物多样性定义为"人类共同关切事项",可以将生物多样性损害赔偿模式确定为全球性越境损害。

鉴于对跨界生物多样性损害概念的不同理解,从损害的范围程度理解将其分为广义的跨界生物多样性损害,即各国负有共同履行跨界保护的义务,这方面可适用的法律文件主要有《拉姆萨尔公约》即《特别是作为水禽栖息地的国际重要湿地公约》、《保护世界文化和自然遗产公约》、《濒危野生动植物种国际贸易公约》(濒危物种公约)、波恩《养护野生动物中移栖物种公约》等;狭义的跨界生物多样性损害,这方面可适用的法律文件以欧洲最为典型。

物种和生态系统正面临严峻挑战,这使得欧洲生物多样性的保护成为一个具有挑战性的任务,对跨界合作的需求特别大。作为典型的欧洲跨境生物多样性保护的两个主要法律,一个是 1979 年欧洲委员会通过的《欧洲野生动物和自然生境保护公约》(简称《伯尔尼公约》,1979 年 9 月 19 日通过,于 1983 年 11 月 1 日生效,欧洲第 104 号条约汇编);另一个是欧洲联盟(EU)1979 年颁布的《欧盟野鸟保护指令》和 1992 年 3 月《自然生境和野生动植物保护指令》(《生境指令》),这些条约规定有义务通知有关国家提出对《伯尔尼公约》《欧盟野鸟保护指令》《生境指令》的申请。

生物多样性问题属于全球性的越境损害,全球性越境损害所涉及的国家既有发达国家也有发展中国家,如果是发生在发达国家和发展中国家的局部性越境损害,应对措施和全球性越境污染的应对措施本质是相同的,针对越境损害最好的办法是国际合作。但在现实中,国际合作控制越境污染的国际协议很难签订,即使签订协议也存在执行不力、监管不严的问题。针对以上存在的问题,在全球性越境损害与局域性越境损害中,主要体现为以下三个方面的不同:第一是全球性越境损害赔偿的法律依据是国家对国际社会的整体义务;第二是体现在跨界贸易中,发达国家频繁向发展中国家生物多样性输出"污染";第三是在科学不确定的背景下,应该更为强调预防机制。

一 全球性越境损害赔偿的法律依据:国家对国际社会的整体义务

《公约》将保护生物多样性定义为"人类共同关切事项",这一语境从更广阔的视角来考察,某些法律义务至少包括"人类共同关切事项"是作为对国际社会的整体义务①而承担的。那么针对影响共同关注事项的国际违法行为,是否能够依据国际社会的整体义务进行赔偿呢?换句话说,这种禁止全球性越境损害是否构成国家对国际社会的整体义务的违反?

在 2001 年《国家对国际不法行为的责任条款草案》中第 32 条、第 42 条、第 48 条②都规定了国际社会的整体义务。其对国际社会整体义务的规定表明国际义务在国际法中有效力层级的划分,而不是根据国际法中的实在法学派的观点所认为的无论是条约还是习惯都处于相同的法律层次,国际社会的法律关系并无高低之分。从《国家对国际不法行为的责任条款草案》对国际社会整体义务的规定以及结合草案第 40 条对"受害国"的规定来看,基本问题显然涉及多边义务,这些义务大多是要求对某一集体国家或对整个国际社会承担。

以国家责任为目的探寻"受害国"的定义,没有必要确定哪些情形是多边义务,而只要确定是哪种类型的多边义务,以确定国家承担责任

---

① 是由国际法院在 1970 年巴塞罗那牵引公司案中首次提出的。此后在 2001 年完成《国家责任条款草案》的二读条案草案中删去了原案文中的第 19 条,以"严重违背对整个国际社会的义务"来取代"国家的国际罪行"概念。此外,一国对国际社会的义务也被其称为"对世义务"(obligation erga omners),也有学者称之为"对一切"义务。

② 第 33 条规定本部分所列国际义务的范围。(1)本部分规定的责任国义务可能是对另一国、若干国家,或对整个国际社会承担的义务,具体取决于该国际义务的特性和内容及违反义务的情况。(2)本部分不妨碍任何人或国家以外的实体由于一国的国际责任可能直接取得的任何权利。第 42 条—受害国援引责任,国有权在下列情况下作为受害国援引另一国的责任:(a)被违背的义务是个别地对它承担的义务;(b)被违背的义务是对包括该国在内的一国家集团或对整个国际社会承担的义务。而对此义务的违背特别影响该国;或彻底改变了由于该项义务被违背而受到影响的所有其他国家对进一步履行该项义务的立场。第 48 条受害国以外的国家援引责任;1.受害国以外的任何国家有权按照第 2 款在下列情况下对另一国援引责任:(a)被违背的义务是对包括该国在内的一国家集团承担的、为保护该集团的集体利益而确立的义务;(b)被违背的义务是对整个国际社会承担的义务。

的类型。其大致确定为三类：对整个国际社会承担的义务；对某一个特定制度所有当事国承担的义务；几个或许多国家为当事国但特定国家或特定国家集团被承认有合法理由关切的义务。①

（一）国家对国际社会整体义务的种类

首先，对整个国际社会承担的义务。该义务的来源在国家法院"巴塞罗那电车公司案"中提到了对所有国家承担的义务。从国际法院对这一观点的解析来看，该义务是一种不容减损的一般性义务，处于国际法效力层级中较高的位置。这类义务可以等同于绝对法规范中产生的义务。如果国际法规则中的义务都具有对等性、互惠性，对于国际义务违反只涉及直接受害国与加害国之间，对于那些除直接受害国之外的"国家"没有权利救济的依据，显然并不符合国际法发展的客观规律。

其次，针对某种类别的国际制度，所有当事国都有共同合法利益要求其维持所处的状态。这也可称为对所有当事国承担的义务。这些义务的例子多见于与气候变化及生物多样性等人类共同关切事项领域有关的义务。

最后一类义务是某个或许多国家为当事国但特定国家或特定国家集团被承认有合法理由关切的义务。在这种情形的多边义务情况下，不论是否对所有国家承担义务，特定国家或特定某几组国家可能被承认对遵守义务具有具体的合法利益。

这三类义务并非都是互相排斥的。一国可能既存在违背对所有国家承担义务的行为，也受到违背对所有当事国承担义务的行为。此时，受害国对于同一的违背义务行为，将要受到几种不同方式的"损害"。我们将第二种义务也称为"多边条约体系内的整体义务"（obligations erga omnes contractantes）。就生物多样性损害而言，其依据可以是对所有国家承担的义务，有权援引责任的国家可以是所有国家，即上文提到的对所有国家承担的义务，也可以是对所有当事国承担的义务，有权援引责任的国家可以是所有当事国，这适用于牵涉所有当事国公共利益的法律制度。

---

① 国际法委员会第52届会议特别报告员詹姆斯·克劳福德先生：《关于国家责任的第三次报告》。

就第三类多边义务类型而言，有权援引责任的国家可以是"受违背义务行为特别影响"的任何国家。

（二）对所有当事国承担的义务

对所有当事国承担的义务属于国家对整体义务的一种，在多边义务中，也属于狭义的跨界生物多样性适用范畴。《伯尔尼公约》是欧洲最典型的跨界生物多样性保护公约（该公约在欧洲理事会的主持下运作，包括几乎所有的欧洲国家：欧盟和4个非洲国家）。本书以其为例证试图说明对所有当事国承担的义务是国家对生物多样性保护的实质性义务。《伯尔尼公约》的最大特色在于针对跨界生物多样性的保护，它旨在保护野生动植物群及其自然栖息地，特别是需要几个国家合作的物种和栖息地，并促进这种合作。特别强调濒危和易受伤害的物种，包括濒临灭绝的物种和脆弱的迁徙物种。

《伯尔尼公约》第2条规定，对于所有野生动物，缔约方应采取必要措施维护野生动植物群体动物群或适应它的水平特别对应于生态、科学和文化要求，同时考虑到经济和娱乐的要求以及本地的物种、品种或形式的需求。起草公约案文的特设委员会撰写的《解释性报告》描述了这一规定是"根据第一条所述目标所遵循的主要义务"[①]。但是《伯尔尼公约》或《解释性报告》并没有对第2条所提到的"维护野生动植物群体动物群或适应它的水平"进行更翔实的定义，因此很大程度上取决于缔约国所采取的立场及情况。即使如此，这样规定至少也可以避免将其列入国际自然保护联盟红色清单。第2条的规定也似乎表明，在保护野生动植物和应对生态、科学和文化要求二者发生的冲突时，保护因素将超过社会经济因素。无论侧重于哪个方面，显然第2条对缔约方施加义务是重要的一方面。第3条要求国家养护政策"特别关注濒危和易受伤害的物种，特别是特有的物种以及濒危栖息地"。此外，它还允许各方承诺考虑到"规划发展政策"在野生动植物的保护中，并采取"对损害的衡量标准"。

---

① 关于《养护欧洲野生生物和自然栖息地公约》的解释性报告（欧洲理事会，1979年）第21段。第2段指出，报告"不构成对公约案文提供权威性解释的文书"，尽管它可能有助于对"公约"条款的理解。

除了以上的一般性义务还附有一些具体义务，即采用《解释性报告》的措辞，"自然保护的两种主要方法"即栖息地和物种的通用保护。① 关于栖息地保护，《伯尔尼公约》第 4 条规定，对于所有"野生动植物种"，每一方"采取适当和必要的立法和行政措施，确保对其栖息地进行保护"。特别考虑到指定物种的栖息地在附录 1 和附录 2 中，对于"濒危自然栖息地"，各国在其规划和发展政策中，应考虑到"受保护地区"的保护要求，以尽可能避免或尽量减少损害。此外，各方承诺特别注意对附录 2 和附录 3 所指明的迁徙物种具有重要意义的区域的保护。关于狭义上的跨界栖息地的保护，《伯尔尼公约》第 4 条要求尽量使用"承诺"一词，缔约方承诺特别注意保护地区对附录 2 和附录 3 所指定的迁徙物种的迁徙路线，如越冬、分期、喂养、育种和蜕皮区域。缔约方承诺酌情协调其保护工作，尤其是当自然栖息地位于边境地区。关于第 4 条的生境保护义务通过一系列的法律约束力的决策。② 特别是关于特殊保护地区网络规则（翡翠网络），要求缔约国指定具有特殊保护意义的地区（ASCI）作为本翡翠网络的一部分，并在其责任范围内确保对位于其领土内的每个 ASCI 采取必要和适当的保护措施。

对于一般物种的保护，《伯尔尼公约》要求缔约方应采取适当和必要的立法和行政措施以确保附录 1 和附录 2 中规定的动植物物种的特殊保护。动物物种的措施（没有针对特殊物种）也体现在附录 3 中。对这三类物种中的每一类物种都增加了独特的保护方法，其中包括禁止属于这些物种的动物被杀死、被捕获等。应该注意的是，从有关规定来看，这些所谓的物种保护要求并不一定排除采取上述引用的适当和必要措施的义务。关于附录 1 严格保护植物物种，应当禁止采取、收集、切割或拔

---

① 这些具体的方法主要针对《伯尔尼公约》附录所列的"植物和动物物种"（附录 1）；"严格保护的动物群落"（附录 2）和"受保护动物种群"（附录 3）。附录 3 包括所有爬虫类和两栖类物种，以及附录 2 中未包括的几乎所有鸟类物种，大量哺乳动物物种，包括各种常见物种和一些无脊椎动物。

② 请参阅有关的常设委员会关于《保护生境的第 1 号决议（1989）》、关于《设立泛欧洲生态网络的第 3 号决议（1996）》、需要特殊保护措施的《濒危自然栖息地第 4 号决议（1996）》、关于特殊保护地区网络规则（翡翠网络）的《第 5 号决议（1998）》、需要特殊栖息地保护措施的《物种第 6 号决议（1998）》。

除这种植物。关于附录 2 中的动物,《伯尔尼公约》同样明确地要求缔约方禁止。① 关于附录 3,任何对属于上述物种的动物的开发"都应受到管制,以使人们脱离危险",例如通过封闭性季节的限制和对交易的规制。对于附录 2 和附录 3 的动物,各方"应禁止使用一切不分青红皂白的捕获和杀害手段,并禁止使用能够对当地人口造成严重干扰的一切手段",特别是"附录 4"中规定的手段。

《伯尔尼公约》允许缔约方只有在满足以下三个累积性条件时才豁免上述禁令:(1)为了公共卫生和安全、空中安全或其他公共利益的利益②;(2)没有其他令人满意的解决方案;(3)例外情况不会对有关人口的生存造成不利影响。关于重新引进植物和动物的本土物种,《伯尔尼公约》规定,当某些条件得到满足时,当事各方就需要"这样的重新引入",因为这将有助于保护濒危物种。同时,他们也要"严格控制引进非本地物种"。值得注意的是第 11 条第 1 款对迁徙物种的特别规定:除第 4 条、第 6 条、第 7 条和第 8 条规定的措施外,缔约方还承担保护附录 2 和附件 3 所列迁徙物种的工作的协调,这些物种的范围扩大到其各自的领土。第 2 款规定缔约方应采取措施,确保规定按照第 7 条第 3 款 a 项设立的开采的封闭季节或其他程序是适当的,以符合附录 3 规定的迁移物种的要求。从以上的规定可以看出第 11 条总体上要求各方"在适当情况下进行合作,尤其是这种合作将促进本公约其他条款的有效实施"。

二 跨界贸易对生物多样性的损害——个案的分析

从损害的范围来看,越境损害可以划分为全球性越境损害与局部性的越境损害。全球性的越境损害以气候变化损失损害和生物多样性损害最为典型。局部性的越境损害中包括跨界水资源、大气层损害等。本部

---

① (a) 一切形式的故意捕获和保存和故意杀人;(b) 蓄意破坏或破坏繁殖、休息场所;(c) 特别是在养殖期间,蓄意扰乱野生动物养育和休眠;(d) 故意破坏或从野外采取鸡蛋;(e) 通过内部贸易的方式(不管是否生存),包括用填充动物取代活禽以及任何容易辨认的部分或衍生物。

② 其中包括"公共卫生与安全""研究与教育",以及防止"严重破坏农作物、牲畜、森林、渔业、水和其他形式的财产"。

分内容主要探讨发达国家通过贸易手段对发展中国家生物多样性产生的损害影响,以及发展中国家在何种程度上应对这种损害。发达国家通过不可持续的生存和消费模式积累了财富,发展中国家现在要求应该将经济发展纳入环境的考量因素,其本质原因在于由于过去几十年发达国家的经济发展需求,发展中国家的生物多样性正在遭到发达国家的损害。

因此,针对发展中国家的生物多样性的损害,不仅需要发达国家的应对,还需要发展中国家的参与。当然,这种参与在国际上要受《公约》规定的管理制度和世界贸易组织协定的法律效力约束。《公约》认为生物多样性不仅具有内在价值也具有生物资源所在国的经济价值。[1] 缔约国通过对生物资源的可持续利用并在获取经济利益的同时也要担负起生物多样性损害的责任。《公约》将"生物资源"定义为人类具有实际或潜在用途或价值的遗传资源和生物体的整体或部分、种群或生态系统中任何其他生物组成部分。将"遗传资源"定义为具有实际或潜在价值的遗传材料。

根据上述规定,基于生物多样性具有的价值,任何一国都可以从生物资源的(可持续)利用中获得经济利益。就生物多样性丧失的速率来看,每一种对生物资源的利用方式确定能够持续下去吗?不可回避的是,在全球性越境损害中生物多样性的损失[2]与生物资源跨界贸易的话题密切相关。

(一)《荷兰贸易与生物多样性》

2010 年,荷兰出版了关于荷兰进口巴西大豆、印度尼西亚和马来西

---

[1] 序言部分以下列句子开头:"意识到生物多样性的内在价值以及生物多样性及其组成部分的生态、遗传、社会、经济、科学、教育、文化、娱乐和美学价值。"重申各国对自己的生物资源拥有主权。

[2] 物种种群减少,海洋生境被分割得四分五裂,必然导致地球上生命的遗传多样性下降。虽然这种下降令人担忧的原因很多,但人们特别担心用于维持人类生计的动植物品种和品种的多样性丧失。景观和农业品种的普遍同质化使得农村人口容易受到未来变化的影响(如气候变化),遗传特征保存了几千年,也可以消失。如果计划不周,政府的政策和发展计划会使事情变得更糟。各种直接和间接的补贴倾向于以大规模生产为代价,以牺牲小规模牲畜饲养为代价,推广"优良"品种将进一步减少遗传多样性。生物多样性公约秘书处,《全球生物展望》(第3版),第51—52页。

亚棕榈油以及印度尼西亚木材的生物多样性和社会经济影响的科学报告《荷兰贸易与生物多样性》。荷兰是这些产品的主要进口国,这三种产品在荷兰的总年度进口值约为 53 亿美元。① 通过这些研究得出了以下结论:所有这些产品的贸易都对生物多样性造成了实质性的负面影响。② 木材的砍伐对生物多样性的影响取决于当前的森林管理体系。木材种植园的生物多样性低于油棕榈种植园。③ 在《荷兰贸易与生物多样性》报告中,这只是这三种产品进口到一个相对较小的欧洲国家的影响。如果估计的范围包括所有的发达国家和发展中国家,那么随着进口国越来越多,出口的影响可能会更加严重,这些产品对生物多样性产生的损害是有密切关联的。④ 对于木材生产而言,有选择地砍伐森林生物多样性的影响远小于

---

① 与此同时,三个发展中国家是这些产品的大出口国。巴西是世界第二大大豆生产国。在印度尼西亚,有 600 万人靠棕榈油生产谋生。欧盟木材进口总量的 50% 通过荷兰从马来西亚和印度尼西亚进入欧盟;欧盟占全球木材进口总量的 46%。因此,这项研究的结果描绘了发展中国家生物资源贸易对生物多样性影响的一个非常可靠的情况。

② 巴西和阿根廷大豆生产的增长是以以前未受干扰的生态系统为代价的,无论是通过直接的森林转换,还是间接地作为整个土地利用链条的一部分。由于大豆生产造成森林砍伐,进一步导致了该地点生物多样性的直接损失,以及森林和景观的破碎化。在印度尼西亚和马来西亚,森林迅速转化为油棕种植园。即使这种情况只发生在二级(已经清除)的物种上,原始物种多样性的损害程度也会相对较大,即原始森林中将存在的物种,其中许多仍然存在于清除的原始森林中。油棕种植仅占登陆物种数量的 37%。生物多样性丧失也是由于排水和与棕榈油生产有关的农用化学品的使用造成的。Ben Kamphuis, Eric Arets, eds: " Dutch Trade and Biodiversity. Biodiversity and Socio-economic Impacts of Dutch Trade in Soya, *Palm Oil and Timber* (*Alterra Report* 2155, *Wageningen University* 2010)", http://edepot.wur.nl/165349, 2016 年 9 月 15 日。

③ 2006 年印度尼西亚合法生产的木材总量有 46% 来自天然林,其余来自种植园。非法采伐被认为是木材生产量比官方国家统计数字高出两倍到四倍的原因。预计所有这些产品在未来几年都将出现大幅增长的需求,因此预计对生物多样性的负面影响将进一步增加。巴西目前 2140 万公顷的大豆面积预计未来几年将增加 500 万公顷,主要是由于中国的需求急剧增长,由于中国经济持续增长,粮食消费水平较高,粮食消费模式从谷物到肉类产品发生了变化。预计印度尼西亚不足 100 万公顷的油棕榈种植面积在 2012 年增至 890 万公顷,预计未来几年将进一步扩张,主要是由于中国和印度棕榈油消费量预计将大幅增长(由于对加工食品的需求不断增长)。

④ 对于棕榈油和大豆,有一些证据支持这样的结论,即由于作物产量较高(农民需要较少的土地来生产),集约化的大型种植园对生物多样性的影响要低于在更广泛管理的土地上的生产同样数量的产品,而且由于这些种植园通常是在过去已经清理的地区开发的。因此,报告将生产的可持续集约化看作通过大豆和棕榈油贸易来解决生物多样性丧失问题的办法之一。

通过大型种植园生产的影响。① 最根本的问题在于，发达国家的进口商如何看待此类情况的发生，如果这种不可持续的发展方式还在继续，对发展中国家将会继续产生更严重的不利影响。这个问题不仅引发了发展中国家和发达国家的争论，而且突出了法律对生物多样性的影响可能通过贸易管制的方式发挥潜在的作用。

(二)"美国—金枪鱼—海豚案"

即墨西哥诉美国金枪鱼进口、营销和销售的措施案（DS381，"美国—金枪鱼—海豚案"）② 是典型的环境与贸易纠纷案。本案主要围绕海豚和金枪鱼亲密无间的关系（金枪鱼通常在海豚的下方进行游动），当用大型的拖网捕鱼捕获金枪鱼的时候会使海豚也卷入其中，并造成其损害。于是，美国以保护生物多样性为由，针对从墨西哥进口的金枪鱼及其产品采取了贸易限制措施，在这些措施中以贴有"海豚安全"的标识最为典型也最惹争议。贴有此标签的意义在于表明金枪鱼的获得是以不伤害海豚为前提的。墨西哥捕获的金枪鱼及其产品难以获得"海豚安全"的标识，严重影响了其在美国的销售市场。于是两国的纠纷开始了漫长的征程。

世贸组织认为这一标签制度与世界贸易组织的《技术性贸易壁垒协定》即《TBT协议》（"贸易技术壁垒"）有冲突：通过"海豚安全"标签制度，美国单方面对墨西哥渔民捕捞金枪鱼的行为实行贸易限制，以减少海豚捕获数量。根据世贸组织的观点，这一方案虽然有助于实现海洋生物多样性的保护，但其实质是对贸易的限制。如果按照美国的计划，在热带东太平洋以外捕捞的金枪鱼也可能被贴有"海豚安全"的标签，美国继而认为在东太平洋以外黄鳍金枪鱼与海豚几乎是自动关联的。但

---

① 研究提出将战略规划的人工林作为综合土地利用规划的一部分并结合林业认证制度，迫使主要木材企业采取可持续的生产模式。

② 自墨西哥 2008 年 10 月 24 日要求启动磋商程序后，专家组报告散发于 2011 年 9 月 15 日，上诉机构报告散发于 2012 年 5 月 16 日；关于第 21.5 条专家组报告于 2015 年 4 月 14 日散发；第 21.5 条上诉机构于 2015 年 11 月 20 日散发；诉诸第 22.6 条的仲裁报告于 2017 年 4 月 25 日散发；第 21.5 条专家报告（由美国追索）于 2017 年 10 月 26 日散发；对第 21.5 条的第二次诉求小组报告（墨西哥的第二次追索）于 2017 年 10 月 26 日散发。

专家组认为这种情况充满了不确定性,其并没有阻止在东太平洋外发生的与金枪鱼捕捞相关的海豚死亡。因此,专家组认为,美国方案在避免海豚流失方面法律效力不够充分,而且构成了对贸易的限制。

在 2015 年 4 月 14 日专家组散发的第 21.5 条报告中认为,作为《关税及贸易总协定》(GATT1994)第 20 条规定的例外条款,专家组支持美国通过禁止以拖网的方式捕捞金枪鱼并创设海豚安全标签制度。① 专家组认为,美国在 2013 年修改的海豚安全标签体系中所采取的认证和追踪及验证要求可以因为第 20 条第 g 款被视为合法,但在使用修改后的措施当中的方法构成了对墨西哥的不合理差别待遇,所以并不符合第 20 条例外条款中前言的规定。②

值得肯定的是,专家小组明确地提升了各国对进口产品施加限制条件的自主性,以保护国家管辖范围外的生物多样性。这些条件必须符合两个基本标准:第一个基本标准是为了实现生物多样性保护的目标;第二个标准是它们所提出的条件必须是有效的,并尽可能地不对贸易构成限制。保护生物多样性的目的无疑是正当的,《公约》将保护生物多样性确定为人类共同关切事项,这也意味着对生物多样性的保护最好置于多边合作机制的框架中,而非单边主义。如果美国的单边环境保护措施被采纳,这也意味着一国国内的法规可以将其环境标准强加于其他国家。

考虑到生物多样性具有全球范围内的实质意义,涉及多国的重大利益,在世贸组织框架中解决是符合实际的。让人深思的是,美国所主张的"单边主义"并不是完全没有理论根据。美国通过的《国际海豚保护法》,试图通过"美国—金枪鱼—海豚案"在国际公认的国际法标准中发展一项国际法习惯,即保护海洋哺乳动物是国际社会的义务和责任,而不论其是否濒临灭绝。无论如何,这项正在发展中的国际习惯法有其存在的理论依据,即国家对国际社会的整体义务。任何一个国家都负有根

---

① 2012 年在上诉机构裁定美国在首次创立的海豚安全标签对墨西哥构成不公平启示后,2013 年美国对该标签体系进行了修订。但墨西哥并不赞同,要求成立合规专家组重新审议修改后的标签体系是否符合要求。

② 美国—关于从墨西哥进口、营销和销售金枪鱼和金枪鱼产品的措施—墨西哥 DSU 第 21.5 条专家组报告。

据国际习惯防止在本国控制或管辖的范围内给全球公域带来严重损害的义务,但唯一遗憾的是至今这方面并没有形成强有力的裁判机构,或许美国这种富有"创造性"的单边主义可以为此提供一个契机。

欧盟在环境保护与贸易关系方面有相当多的经验。在《欧洲联盟条约》的运行背景中,根据货物自由流动的原则,贸易限制是禁止的。然而,保护生物多样性被认为是货物自由流通可能受到限制的原因。① 欧盟的成员国希望施加单边贸易限制的国家必须证明其所提议的措施对生物多样性的保护是必要的,且要尽可能较少限制商品自由流通并符合比例原则(对贸易的限制也必须满足生物多样性保护的领域,而不能成为对贸易的变相限制)。在欧盟贸易成员国之间这已成为欧盟内部协调贸易自由与生物多样性保护的示范。就欧盟对外贸易关系而言,《欧洲联盟条约》(*Treaties on the European Union*)② 指出,逐步取消贸易限制是欧盟对外政策的目标之一。对于欧盟来说,世界贸易组织法律规制的贸易之间的具体规则并不存在,对于世界贸易组织规则而言,迄今为止也没有为可持续利用生物多样性资源的贸易限制留下解释的空间。

(三)红松鸡案

欧盟在应对生物多样性损害方面不断推陈出新。除了上文提到的ELD 第 3 条第 1 款 b 项所谈及物种和栖息地损害之外,欧盟作为受外来物种入侵最严重的国家之一,2014 年 10 月 2 日欧盟议会和理事会颁布了关于《预防和管理外来入侵物种的引入和扩散的第 1143/2014 号指令》以应对生物多样性和相关生态系统服务的不利影响。在欧盟,联合关注的外来入侵物种被认为是优先处理的一部分。因此,建立和定期更新被认为是联盟关注的外来入侵物种的名单("联盟名单")实为必要之举。如果受影响的成员国生物多样性的损害重大,那么外来入侵物种应被视为

---

① 尽管《欧洲联盟运作方式条约》(Treaty on the Functioning of the European Union,简称 TFEU)TFEU 第 36 条只提到"保护人类、动植物的健康和生命"作为证明贸易限制的理由,因此没有明确提及生物多样性,欧洲法院(ECJ)在 Bluhme 的案件中决定这一条款将生物多样性保护作为理由。在此情形中,欧洲法院接受了丹麦关于禁止蜜蜂进口的要求,以保护蜜蜂的土著居民,Case C-67/97,[1998] ECR I-8033。

② Consolidated Version of the Treaty on the European Union (TEU) [2010] OJ 83/13.

联盟关注的问题,以便能够证明适用于整个欧盟的专门措施是合理的,这包括尚未受影响的甚至不太可能受到影响的成员国。列入联盟名单的标准是《预防和管理外来入侵物种的引入和扩散的第1143/2014号指令》适用的核心工具。为了确保有效利用资源,这些标准应确保目前已知的潜在外来侵入物种,列出最具有重大影响的外来物种。这些标准应包括根据世界贸易组织(WTO)有关协定对物种进行限制的风险评估。① 以下举案例试说明。

对鸟类的有效保护在欧盟属于典型的跨国界环境问题,为此欧共体内所有成员国应该以共同责任为依据。这是否意味着一个成员国可以保护另一个成员国内受到威胁的动植物?对这一问题的解读离不开与贸易限制的关联,关键的问题是解除贸易这一措施,是否又会构成对成员国内生物多样性的损害?红松鸡案是欧洲法院对于"共同责任"界定的判例。《欧洲野鸟保护指令》79/409/EEC中附件3列举了26种在一定条件下可以出售并运输的鸟类,红松鸡就是其中一种在一定条件下可以出售并运输的鸟类。② 因为79/409/EEC号指令明确规定,成员国可以在国内实施比指令更严厉的措施,于是荷兰规定禁止红松鸡在其国内销售,同样根据79/409/EEC号指令英国也符合在荷兰销售红松鸡的条件,于是英国依据欧共体177条向欧洲法院提起诉讼,请求法院做出判决红松鸡能否在英国销售?法院判决认为,附件3所针对鸟类采取更严格的措施是指此类的鸟类经常出没的国家,而红松鸡通常不会在荷兰出现,所以法院认为荷兰禁止销售红松鸡的决定缺乏法律依据。仔细琢磨不难发现,法院没有顾及79/409/EEC号指令第1条对整个鸟类保护的宗旨,因为如果同意英国对荷兰销售红松鸡,就意味着红松鸡数量的增加,红松鸡作为荷兰的非本地物种,它的引进是否会对本地物种构成威胁?这些都是法院所要考虑的问题,为此,针对"免除保护"的鸟类必须给予狭义的解释。

(四)与贸易有关促进生物资源可持续利用的相关实践

欧盟立法机构正在制定旨在促进欧盟领域以外可持续发展的生物资

---

① 参见REGULATION (EU) No 1143/2014。

② 参见Directive 2009/147,ANNEX III。

源规则。2012 年，欧盟委员会（EC）发布了一项题为《关于获取遗传资源和公平公正地分享其在欧盟范围内使用所产生的惠益的管理条例》的提案，通过该条例旨在欧盟范围内实施《名古屋议定书》。该提案规定，与获取或惠益分享遗传资源或传统知识有关的欧洲国家有责任尽职调查，确定发展中国家（出口国）根据所制定的获取和惠益分析立法能够获得这些资源，并按照出口国和进口国主管当局双方商定的条件公平分享。

欧盟于 2003 年发布了《森林执法、治理和贸易（FLEGT）行动计划》。《行动计划》为欧盟及其成员国提供了一系列措施来解决非法采伐世界森林的问题。2005 年欧盟又建立了一个所谓的《欧洲共同体进口木材的 FLEGT 许可计划》（简称《许可计划》）。[①]《许可计划》为进口木材建立了一个许可证发放计划，以打击非法采伐。虽然这个计划只是为了阻止非法进口的木材进入欧盟，而不是停止进口不可持续的木材，但它对保护生物多样性确实有着显著的影响。《许可计划》下的许可证制度是一项具有约束力的制度：没有 FLEGT 许可证，欧盟就不能进口木材。但是，许可证制度只适用于签署《自愿合作协议》（VPA）的欧盟进口国家。[②] 这样的协议已经包括了三个非洲国家（加纳、喀麦隆、刚果），而另外七个国家正在进行谈判，其中包括马来西亚和印度尼西亚等大型木材出口国。为了获得 FLEGT 许可证，运输国必须满足这些协议中所规定的实质性标准，并且制定一个可扩展的认证方案以保证森林的可持续利用。

以《喀麦隆协议》为例，许多标准都是针对可持续森林管理，特别是针对生物多样性的保护。[③] 该协议规定了，进口到欧盟的木材和木制品的标准；在喀麦隆建立了一个非常全面的认证计划，并且适用于一系列旨在可持续森林管理的国家法律以及《公约》和《濒危野生动植物种国际贸

---

① 2005 年 12 月 20 日《第 2173/2005/EC 号条例》：关于建立 FLEGT 进口欧洲木材进口许可证制度（FLEGT 法规）（2005）OJ L 347/1。

② 根据 2010 年 10 月 20 日《第 995/2010/EU 号条例》，规定了将木材和木材产品投放市场的经营者的义务（2010）OJ L 295/23。截至 2013 年，欧盟禁止所有非法采伐木材进口。相比较其他木材，FLEGT 覆盖的木材自动被认为是合法采伐，在欧洲市场上放置木材和木材产品的经营者必须能够证明他们在调查时已经进行了尽职调查义务。

③ 欧盟理事会《2010 年 9 月 27 日第 2011/200/EU 号决议》：关于欧洲经济共同体和喀麦隆共和国签订对森林执法、欧盟木材及衍生产品的治理和贸易的自愿性伙伴协定。

易公约》(CITES) 中所制定的规则；制定了以保护生物多样性等各种利益为目标的标准。欧盟通过对外贸易热带木材，试图打击喀麦隆森林中的偷猎活动。例如该协议规定禁止其工作人员参与偷猎、商业狩猎和交易或猎捕设备和手段的贸易，鼓励、支持和启动所有旨在确保适用有关狩猎条例以及在其场地保护动物的活动。这个例子说明欧盟的保护行动在生物多样性越境情况下的扩张程度，其在法律上可能已经从一个跨国的欧盟规范范围的蔓延至发展中国家。

美国也出现了类似的事态发展，于是在 2008 年通过了《雷斯法案》修正案。他们禁止从任何国家进口非法采购的植物和植物产品进入美国。除了欧盟的 FLEGT 倡议之外，美国对所有非法木材实行全面的全球禁令。[①] 这就意味着美国可以依靠所有国家现行的国家法律来确定是不是非法行为，这些国家的法律效力直接影响到禁令的实施。《雷斯法案》规定如果买卖违反本国以外的国家法律，那么采伐、运输或销售的木材制成的产品视为违反美国法律的行为，本国以外的法律包括秘鲁、俄罗斯、印度尼西亚、加蓬等生产国的森林管理法律法规。按照欧盟制定政策目标必须包括与所涉及每个特定国家的双边协议，欧盟确实在相当大的程度上影响了其他国家生物多样性政策和法律，喀麦隆的例子就是例证。虽然欧盟的这种方式耗时更长，但是在双边协议中讨论实质性规范，这些努力的结果可能更为显而易见：欧盟必须与每个出口发展中国家的当局进行谈判，就这些出口国的可持续森林管理达成协议。这样的会谈明确涵盖了出口国国内森林经营法的有效性。更重要的是，欧盟愿意为参与《自愿伙伴关系协定》，即《喀麦隆协议》所确定的森林管理体系的发展中国家提供技术和财政支持。这种双边的做法是以相互承认对方的利益为前提的。这种做法的另一大优势是，由于国内立法和行政当局做出最终决定，并最终将其规定在国内法律制度之下，并没有违反 WTO 法律，因此，与此相关的出口国不会认为这是进口国实行单方面的贸易限制。

发达国家正通过跨界贸易的方式潜移默化地对发展中国家的生物多

---

① 参见美国农业部《关于非法木材的全球禁令》，http://www.aphis.usda.gov/plant_health/lacey_act，2017 年 1 月 6 日。

样性产生损害。减少损害的途径并非依靠限缩贸易或对贸易进行变相限制，发展中国家通过发达国家资金、技术等关键性要素的支持以真正实现可持续生产方式是可行的途径。发达国家必须为发展中国家为可持续生产方式成本支付公平合理的价格。WTO对这些举措设立严格的界限：必须是有效的，不能不成比例地限制贸易。在欧盟的《许可计划》关于《进口非法木材的行动计划》中，在进口国与出口国相互合作的过程中防治生物多样性损害的举措，同样在美国受到了青睐。其通过依靠所有国家现行的国家法律来确定是不是非法行为的做法，彰显了以可持续的方式平衡贸易和生物多样性保护关系的重要性。这种做法，刺激了进口国和出口国生物资源贸易的发展。通过对出口国所需的技术取得和转让及所需的财政进行审查，从互惠方利益的角度相互承认为内在动力，真正促进了生物资源的可持续利用。这种互相承认的过程大大降低了利用WTO法律所带来的单方面的贸易限制，出口国利用自身条件与可持续利用生物资源相互结合，并通过发达国家的技术及资金支持来实现可持续发展。

三 科学不确定背景下的预防措施

预防性救济机制是一种比遭受生物多样性损害的受害国赔偿请求进行诉讼的方式更为复杂的国际执行机制，它必须确保各国对生物多样性损害产生的风险以及对损害的控制和各国合作能够遵守。仅在事后对于全球性问题的出现给予受害国赔偿，以及共同财产或共同利益的保护远远不够。针对生物多样性变异所产生的损害是渐进性的、逐渐积累的，需要一段时间才能体现，在这种情形下预防性救济机制能为此提供有效的解决方式。

"所谓预防措施是指跨界损害发生后，经采取措施的国家的法律所要求的主管部门批准，任何为了防止或最大限度地减少损害而采取的任何合理措施。"[1] 鉴于此，预防措施不仅适用于跨界损害发生之前，同样也适用于跨界损害发生之后。《关于危害环境的活动造成损害的民事责任》

---

[1] 林灿铃：《跨界损害的规制与赔偿研究》，中国政法大学出版社2014年版，第168页。

（又称《卢加诺公约》）。① 其中第 2 条第 2 款规定："预防措施"是指任何人在事故发生后采取的任何合理措施，以防止或尽量减少本条第 7 款第 a 至 c 款所述的损失或损害。② 针对改性活生物体（LMO）释放引起的生物多样性损害情况，"当某一成员获知出现了对其释放 LMO 引起的生物多样性损害的诉称，该成员应酌情调查并采取下列风险管理措施：在可行的范围内，采取一切合理必要的措施以预防"③。这类预防措施是在 LMO 引起的损害发生后采取的，该措施旨在消除如果 LMO 损害继续存在将会导致类似的损害。那么针对这类措施所产生的合理、有充分凭证的费用在计算契约性救援机制下适用的资金限额时应记入该成员账户。在环境影响评估各阶段的生物多样性划定范围中，将躲避方式（或预防方式）和补偿方式（通常在采取预防措施和减轻影响措施后与残留影响有关联）也列为预防措施的一种。当然这种补偿方式并非无条件可以利用的，只有当其对生物多样性造成不可逆转的损害或使之无可替代的针对损害的项目才有可能是适当的。

再者，当生物多样性损害发生时，必须有其减轻影响的措施，例如，及时和高度关注减轻和补偿措施并与社会进行互动，将在很大程度上减少负面宣传并降低公众反对和工程延误（包括相应的费用）的风险。专家可在启动法律所要求的环境影响评估进程前对生物多样性进行评估，以此作为项目提议的组成部分。"这种方法通过规划的最初阶段的鉴定、躲避、预防或减轻生物多样性影响来改善和优化正式的环境影响评估进程。"④ 在现有的生物多样性损害中，尤其针对遗传多样性的损害，通常是有限而且是叙述性的，用数据作为预测的依据会非常困难。这就需要

---

① 该条约于 1993 年 3 月 8 日制定，在 6 月 21 日由欧洲委员会成员国，其他国家和欧洲经济共同体在卢加诺签署。该条约旨在回应 1992 年《关于环境与发展的里约宣言》原则 13："各国应制订有关对污染的受害者和其他环境损害负责和赔偿的国家法律。各国还应以一种迅速的和更果断的方式进行合作，以进一步制订有关对在它们管辖或控制范围之内的活动对它们管辖范围之外的地区造成的环境损害带来的不利影响负责和赔偿的国际法。"

② 参见 European Treaty Series – No. 150 – Environment, 21. VI. 1993。

③ 《合约：改性活生物体释放引起的生物多样性损害情况下的契约性救援机制》，http://www.biodiversitycompact.org/wp-content/uploads/Compact-June-10-2014-Chinese-Final.pdf。

④ UNEP/CBD/COP/8/31,《公约》2007—2008 两年期工作方案预算。

为生物多样性损害的影响评估制定有关的标准来评价其受损害的程度。《国家生物多样性战略和行动计划》可以为生物多样性损害的评估标准提供指南，这就需要开发出针对风险不确定性的工具，包括使用风险评估技术的标准、预防手段和适应性管理等。[①]

对生物多样性损害的评估还存在一个重要的问题——不确定性。明确这一点有利于区分生物多样性损害中的风险（风险概率以及不同风险所造成的影响、损害程度和成本）与不确定性。这类与现代科学技术密切相关的新型损害，如气候变化以及外来物种入侵因素引起的，在科学上有时难以证实，但又不可能完全排除，这种不确定性呈现出与传统环境损害相迥异的特性。当生物多样性损害程度接近阈值，发生了不可逆转的变化，只有付出昂贵的费用才可逆转的情形下（需要花费诸多成本的情形下才能将风险降低为零），货币估值的局限性尤为明显。因此，在风险不确定的情形下，政策的制定应遵循"最低安全标准"和"预防方法"。

在科学不确定性的情况下，更应该采取预防措施，因为这种不确定性可能会给生物多样性带来极大的损害。当造成损害时，生物多样性需要靠更多的确定的科学证据来确定其所面临的风险和将要继续发生的危害，以防治损害的进一步蔓延。当然，在针对生物多样性损害采取预防措施时不应走极端，在风险很低的情形中应允许不确定性的存在。将预防措施看成生物多样性损害的一种救济，是根据生物多样性保护和自然资源管理准则中的"预防原则项目"的内容制定的。当因科学不确定性无法可靠地预测措施是否会对生物多样性造成损害时，"预防原则"要求决策者在采取措施时应更加小心谨慎。但也正因为科学不确定性的存在，针对所面临的风险难以评估，该原则面临着重大的挑战，特别是对外来入侵物种所带来的影响，更需要加深对生物多样性面临科学不确定性带来损害的理解。外来物种入侵的扩散是生物多样性丧失最大潜在风险源，甚至会带来生态系统的崩溃，如何预测外来物种入侵给生态系统带来的

[①] 参见《生物多样性规划支持计划国家生物多样性战略和行动计划编制指南》，http://www.undp.org/bpsp，2017年3月16日。

灾难是极端困难的事情。虽然生态系统具有一定的弹性，但一旦超过临界阈值就具有无法预测的特性，也很容易受到微小的变化带来的影响。

(一)"科学确定性"背景中预防措施的缺陷——以外来入侵物种为例

对生物多样性所造成的损害相当大的程度是由外来物种入侵造成的，国际贸易又是外来物种入侵的主要途径。针对生物多样性损害全球性的现实表征，从贸易这一原因行为进行拓展，可以证明生物多样性损害责任模式的归属应定位于全球性越境损害。

SPS 协定①的规定确保了所有有争议的外来物种被纳入 WTO 体系的 SPS 协定范围中。实际上，世贸组织已经采取了极其重要的司法管辖并正对其进行裁决，尽可能减少贸易限制，尽管外来物种入侵的规定表明，预防措施在某些情况下需要进行限制。SPS 协定规定了贸易部门的预防原则，在此情形中，各成员应寻求获得必需的补充信息，更加客观地进行风险评估，并在合理期限内对所采取的 SPS 措施进行审查。但 SPS 协定第 2.2 条的基本权利和义务规定：对 SPS 措施的实施宗旨是以科学的原理为依据，保护人类和动植物的生命健康，如果没有充分的科学证据，则不再实施，但第 5 条第 7 款除外。从这两条的规定来看，SPS 措施采用风险评估及技术合理性原则。这也是 SPS 措施的最大特点，即 SPS 措施必须以科学的风险分析为基础，并据此提出适当的风险管理方案，从而制定技术合理的措施，也就是 SPS 措施。第 5 条第 7 款针对在科学不充分的情况下，只是例外，而且还需要成员临时采取 SPS 措施。

在欧共体牛肉激素案例②中欧共体认为，预防原则已成为习惯法的一般原则，如果欧盟措施属于预防性质，则它们满足 SPS 协定的要求。根据 SPS 协定的第 5 条第 7 款似乎表明预防原则将取代任何习惯法，因为《国际植物保护公约》并没有宣布预警原则尚未成为习惯国际法原则。在坚持对第 5 条第 7 款的保守解释中，世贸组织的上诉机构强调，预防原则是为了处理未知的风险以应对外来物种入侵。针对"预警原则"的解释，世贸组织将其纳入到"科学确定"框架内，减损了国家

---

① 《卫生和植物检疫措施协定》是关贸总协定文件，MTN/FA II-AIA-4（15 December 1993）。
② DS26：European Communities—Measures Concerning Meat and Meat Products（Hormones）.

根据"预警原则"抵御外来物种入侵的能力。国际在应对外来物种入侵的能力建设中的不足之处在于，现有的知识储备无法预测外来物种入侵所造成的损害。针对这方面不足可以按照 SPS 协定第 5 条第 7 款的规定维持临时措施（维持这一措施需要在出口国的要求下进口国证明其实施该措施的不便）。

总之，在世贸组织体系中以科学确定性为风险评估的基础，使得预防原则在防范引入外来物种方面未发挥其应有的功能。针对科学不确定背景下的外来物种入侵，应以一定的科学基础为支撑，但究其本质乃是一种社会构建。基于国际贸易是外来物种入侵的主要途径，应当以探求科学确定性背景下预防措施是否合理为切入点，从而对其进行法律规制。

1. 从科学证据的确定性和风险评估角度

Japan-Apples 案[1]在世界贸易组织（World Trade Organization，简称 WTO）的决定中进行了讨论，这说明各国正试图拒绝潜在的破坏性物种入境（完全类似于外来物种入侵情况）。案件证实有三项要素需要适当的风险评定：其一，评估必须确定疾病进入所带来的潜在的风险；其二，评估必须证明建立或传播的损害可能性；其三，对 SPS 措施的适用评估必须能证明疾病的传播。从这些要素中可以看出，风险评估所确定的主题必须是来自检疫措施本身已知和确定的风险。这引起了人们对于如何看待科学的不确定性和差距的重视。[2]

这在与欧盟荷尔蒙案决定相关的事项中表现得尤为明显。在这个案例中，世贸组织的上诉机构同意美国的论点，即科学证据小组没有证明有关生长激素是致癌物的结论。世贸组织的上诉机构进一步推断因为激素的致癌作用无法充分证明并以科学的方式分析，所以存在未知且不确定的要素，这就需要风险评估的介入。欧共体禁止进口含有激素的产品措施违反 SPS 协定，这种做法不是谨慎对待未来可能发生的风险，而是

---

[1] Japan-Measures Affecting the Importation of Apples (Japan-Apples) WT/DS245/AB/R.
[2] 参见邵莉莉《防治外来入侵物种水葫芦对环境保护的研究》，《环境科学与管理》2017年第7期。

采用这种方法没有未知的风险或任何未知的风险超过贸易方式所带来的好处。那么这种推理又是否能直接适用于在检疫领域中以应对外来物种入侵呢？如果一个国家不能提供入侵物种的迹象，按照 SPS 协定就很难实施预防性措施，这也意味着预防性检疫措施面临着失效的困境。

2. 从适当的保护等级（ALOP）[①] 角度

虽然 SPS 协定以违反国际标准的措施为争议标的，但 SPS 协定的措施规定中却没有体现限制进口国接受低于国际的标准。事实上，在 SPS 协定中第 3.1 条在处理协调一致时具体提到了第 3.3 条[②]，其本身只需要科学理由和风险评估，从而导致比国际标准提供的保护水平更高的措施。毫无疑问，各国可能会因其他国际条约制度（例如《卡塔赫纳生物安全议定书》）中规定的条款，而承认国家对外来物种入侵的预防义务。但是，除了预防义务以外的是否与 SPS 协定能够兼容还需要考究。

必须注意的是，SPS 协定的反歧视规定被解释为一个国家必须对不同产品进行统一的法规和统一的 ALOP 比较。设立 ALOP 是成员国独立的权利，而不是通过一般条款鼓励的方式保留给成员国协调和遵守国际标准权利。虽然 SPS 协定并没有将要求成员国家确定其 ALOP 设立为义务，但是国家的检疫措施仍然受到 SPS 协定规定的限制。实施 ALOP 的国家措施必须以科学的确定性和风险评估为基础，并与 ALOP 建立合理的关系。

为协调一致，优先检疫措施要符合公认的国际标准。最重要的是，检疫措施并不构成对国际贸易的限制，因为其是以非歧视性的方式实施的。如果引入的措施导致 ALOP 被设定在比接受国国际标准制定的措施所达到的更高的水平，那么这些措施就暗示着 ALOP 需要科学的理由和风险

[①] 作为一个程序问题，世界贸易组织（WTO）成员国有权维持其认为的适当保护水平。在 SPS 协定中称为适当的保护等级（appropriate level of protection，简称 ALOP）。

[②] SPS 协定第 3.1 条规定：为尽可能广泛地协调动植物卫生检疫措施，各成员的动植物卫生检疫措施应以国际标准、准则或建议为依据，除非本协议，特别是第 3 款中另有规定；第 3.3 条规定：各成员可以实施或维持比以有关国际标准、准则或建议为依据的措施所提供的保护水平更高的动植物卫生检疫措施，但要有科学依据，或者一成员根据第 5 条第 1 款至第 8 款中有关条款规定，认为该措施所提供的保护水平是合适的。除上述外，若某措施所产生的动植物卫生保护水平不同于以国际标准、准则或建议为依据制定的措施所提供的保护水平，则一概不可违背本协议中其他任何条款的规定。

评估。欧盟委员会认为之所以将 ALOP 设为零，禁止进口美国牛肉是因为其合成致癌生长激素。上诉机构认为，由于欧洲共同体（European Community，简称 EC）建立的 ALOP 要高于相关《食品法典标准》中的 ALOP，欧洲共同体必须符合风险评估和适当的卫生与植物检疫保护水平的确定（SPS 协定第 5 条的规定）。上诉机构强调，第 5 条旨在作为一个反补贴因素，但就成员国设立自己的 ALOP 而言，更进一步的目的是旨在鼓励协调第 3 条所述的卫生和植物检疫措施。另外，SPS 协定第 5 条规定，如果这种差别导致歧视或对国际贸易的变相限制，这意味着一个成员的 ALOP 必须是能同等适用的。

在 Australia-Salmon 案中[1]，澳大利亚试图确定加拿大鲑鱼比国际标准高的 ALOP，但没有严格地将 ALOP 用于进口活鱼观赏鱼和诱饵等其他领域，因此变相地形成了更严重的威胁。在同一案件第三次裁决时澳大利亚修改了其检疫法规 Australia-Canada Article 21.5，以反映在该领域的进口都适用比国际标准高的 ALOP：不仅是鲑鱼，而且还有其他类似的产品。这意味着在 ALOP 中不再有任何任意或不合理的区别。SPS 协定第 3.1 条、第 5.1 条和第 5.5 条之后的理由是确保国家对不同程度的保护，不是作为限制贸易的变相的方式。然而，这种方式却降低了国家使用检疫手段免受外来物种入侵的能力。根据 SPS 协定成员国可以不以有关的国际标准为基础，自愿选择一种能够达到适当保护水平的措施。但这种选择有程序性的要求，例如成员国必须就类似的情况提供保护，而不能有国别歧视。但是国家不可能在各方面都制定法律和监管程序，在各方面都设置 ALOP。这意味着一个国家停止进口外来入侵物种的权利，可以通过具有一些共同特征的其他外来物种来确定。

此外，强调科学确定性和风险评估过程还引发了其他问题，这些问题源于科学数据的规模和结论，这些数据和结论必须是满足 SPS 协定需要的。然而科学知识数据往往是不完整的，关于外来物种入侵数据也不例外。外来物种入侵的有害影响具有潜伏性，其侵入的方式也因司法管辖权而异。

---

[1] Australia-Salmon WT/DS18/AB/R.

(二)"科学不确定"背景下对预防措施的修正

SPS 协定的采用导致预防性原则未能充分发挥其功能,削弱了旨在规范环境管理中不确定性的保护因素。但如果将所出现的问题都归咎于世贸组织和贸易原则所引发的问题,那么 WTO 可以按照其固有的原则来处理此类问题。然而,外来物种入侵问题与贸易对外来物种入侵的影响本身不同,贸易对外来物种入侵的影响主要是物种通过贸易故意或者意外而引进的,这个因果关系过程应该反映在 SPS 协定中,旨在大量消除伪装的贸易限制。采取防范措施如预防原则起到的是从属和非实质的作用,因此,SPS 协定在科学证据不充分的前提下对导致预防原则产生的缺陷进行修订是非常有必要的,这将需要重新评估风险评估中科学原理的作用,以确保在《公约》中提出的预防原则在处理信息差距方面发挥同样作用。

1. 基于物种方法的缺陷

针对外来物种入侵,不论是损害发生前还是损害发生后,都可以适用于物种的方法。WTO 上诉机构的解释中也加强了检疫监管的物种方法,并通过路径或载体进行调节,这在遏制外来物种入侵中非常重要。该方法不仅对外来物种入侵成立的可能性进行分类,而且对其发生损害后的后果进行分类。但在外来物种入侵的意外引入途径中却很难发现它们的存在,更不用说对它们进行足够的风险评估。

针对外来物种入侵最有效的方法是基于对物种调查、物种信息以及物种空间分布建立外来物种入侵数据库。例如全球入侵物种数据库(GISD)、美国农业部国家外来物种信息中心、欧洲外来入侵物种数据库、CABI 入侵物种百科大全等机构。随着 SPS 协定的出台,这些程序可能侧重于已知的疾病和病原体并对其进行评估,而不考虑该物种侵入性的潜力。SPS 协定通常不适合处理更广泛和更复杂的外来入侵物种的问题。基于以上出现的问题,应该通过监管机制来预防和引导以识别入侵途径,并确定已知物种是否可能成为侵入性物种、是不是污染物等。特别是,当基于物种的方法不能充分解决入侵途径与意外引入的关系时,这种监管机制就尤为重要。

迄今为止,针对不断涌现的诸如"顺带物"或污染物以及诸如包装材料、基质或食品等与外来活体物贸易相关的材料意外的引入、通过电子商务销售的与外来入侵物种的贸易相关的风险等入侵途径，通过物种的方法显然不能有效解决。

基于上述讨论，世贸组织采取的立场以及基于物种方法所存在的缺陷，预防原则几乎不可能有效得到实施。虽然预防原则在环境方面的运用足够广泛，包括由科学知识不足或科学证据引起的不确定性。《卡塔赫纳生物安全议定书》在处理转基因外来物种时，也表明由于信息不足或对潜在不利影响方面缺乏了解，预防原则应可适用于缺乏科学知识的方面。

实际上，按照 SPS 协定的规定，在外来物种入侵引进中将导致与预防原则相反的结果。如果需要科学证据证明需要满足 WTO 上诉机构预期能力，那么除了没有足够的科学证据来预测它会变成侵入性，否则该物种将被允许进入。这种做法会将举证责任转移到进口国而不是出口国。事实上，在日本苹果公司案中，上诉机构指出，一旦出口商做出了初步推断，负担就会转移到进口商，进口商就要证明为什么不应该拒绝这些做法。如果将此适用于释放到环境中的转基因生物，那么上诉机构所采取的立场将是值得质疑的。虽然这些物种可能是通过实验室获得的大量信息，但是预测这些物种如何在开放中行为的信息，可能存在很大的不确定性，进口商将会面临着非常困难的举证责任。如果采取预防原则，按照《卡塔赫纳生物安全议定书》，一个国家将能够谨慎行事，并拒绝基因修改的物种进入或设置进入严格条件。相反，世贸组织的做法将会制裁"尽可能平常"的做法，有利于在最不严格的贸易限制的基础上引入外来物种。

2. 基于生态系统的方式

迄今为止，通过国际运输所带来的外来物种，给生态系统带来了很大的不利影响，特别是对于侵入性的动物，通过贸易转移并没有设置约束力的标准。世界动物卫生组织作为 SPS 协定下动物认可的标准制定机构，其约束力只限于特定的动物疾病。外来入侵物种在联合国粮农组织的《负责任渔业行为守则》以及自然保护联盟和《生物多样性公约》发布的行为准则中虽然都有规定，然而这些守则和准则既不具有约束力，也不被 SPS 协定下的国际标准认同。此外，改性活生物体贸易方面存在着不可能通过追求现行国际标准解决的迫切争议。

《卡塔赫纳生物安全议定书》的规定适用于改性活生物体的越境转移。必须注意的是，议定书的标准并不代表世贸组织内一个公认的标准，而且目前在该组织内承认的那些标准并提供明确的指导意见，其目的是非常值得怀疑的。不管动物是否经过转基因，外来物种不存在业以承认的标准。即使在确实存在标准的情况下，例如针对植物性生物体，现行国际标准对遗传修饰物种的应用也许并不适用。一般来说，现有的植物国际标准是为"大规模高投入农业"而设计的，危险在于只有在风险大于当前农业经营的情况下，基因改造生物才被评估为不可接受。这可能导致对转基因植物材料对生物多样性可持续性的影响的初步的良性观点，而忽视潜在的或未来发生的对生物多样性的损害。

以上的这些缺陷本书将其归纳为：由于沿着政治界线划分检疫边界，而不是依据生态系统方式（Ecosystem Approach，简称 EA），这也是 SPS 协定突出强调的一个事实。《公约》指导原则规定了通过生态系统方式概念①实现环境保护的概念。"生态系统方法"的原则 3 强调，生态系统管理者需要考虑一个生态系统内的活动对相邻生态系统和其他生态系统的影响，从而突出了外来物种入侵复杂的事实，并涉及超越政治边界的一系列因果关系。

以下的例子可以说明为什么要用"生态系统方式"来考虑针对生物多样性所引起的损害。考虑生态系统跨越三个国家的情况：A 国引入了一种植物，它在 A 国不会成为侵入性的植物，但在相邻的 B 国和 C 国植物传播植物再次成为侵入性的。如果按照 SPS 协定及其所倡导的标准应是这种情形：将要求 A 国停止进一步进口该植物，以协助 B 国和 C 国。

---

① 生态系统方式是以公平、合理的方式促进综合管理的水、土地和生物资源的可持续利用。它是基于适当的科学方法论的应用，侧重于生物组织的水平，包括生物体及其环境的基本过程、功能和相互作用。它承认人类文化多样性应该作为生态系统不可或缺的组成部分。《公约》将"生态系统"规定为以植物、动物、微生物群落及其无生物环境作为一个功能单位相互作用而形成的一个动态复合体。正如缔约方大会所述，生态系统方式是"公约"下的主要行动框架。缔约方大会第五次会议认可了对生态系统方式和业务指导的说明，并建议适用生态系统方式的原则和其他指导意见《第 V/6 号决定》。缔约方大会第七次会议商定，目前的优先事项应该是促进执行生态系统方式，并欢迎为此制定更多的准则《第 VII/11 号决定》。

事实并非如此，首先在 ALOP 设立中并没有考虑到对生态系统的跨界影响。此外，由于检疫措施必须实施 ALOP，并且不能传播到 B 国，它已经成为侵入性的植物。一只鸟通过在 A 国进食植物的种子进一步帮助该植物的传播，并将其存放在 C 国，而且不能对 ALOP 要求进行贸易限制，因为不能将跨境影响纳入 ALOP，它们也理所当然不能反映在措施中。SPS 协定附件 A 中的 SPS 措施适用于作为"保护成员领土内动植物"的措施，或者是为了"预防或限制其领土内的其他损害"成员进入。这意味着除非保护的措施是位于成员国的领土内，否则实际上不能考虑跨界影响。[①]国际植物保护公约标准中"检疫有害生物"的定义得到了这种推论的支持。定义的标准是物种是否在成员国领土内造成损害，以防止外来物种入侵。如果该物种在该管辖区内不具侵入性，那么它在连续或相关司法管辖区是侵入性事实是无关紧要的（例如 A 国家引入植物的情形）。此外，一个禁止在其领土上进入"检疫有害生物"的国家，如 B 或 C，可能会发现它们的利益不断受到不能禁止国家（A 国）的预防和控制措施的不断损害。

综上所述，外来物入侵作为影响生物多样性损害的重要驱动因素，预防措施不仅仅可以适用于入侵之前，也可以适用于入侵之后所遭受的损害。针对 SPS 协定规定来看，从科学证据的确定性和风险评估的角度以及从适当的保护等级（ALOP）角度都可以说明，针对贸易部门的预防原则应该纳入"科学不确定性"因素，有必要针对科学不确定下对预防措施进行修正；对外来物种入侵管理应该沿着生态系统路线进行，辅之以应用预防原则。《公约》的指导原则和（International Union for Conservation of Nature，简称 IUCN）的行动纲领都是各国应对外来物种入侵的依据，例如预防原则和生态系统方法正在纳入外来物种入侵国际监管的框架。但是这些概念的有效运行，需要 SPS 协定及其标准对此进行扩张性解释和调整。当然，这也可以通过更密切的合作来实现，SPS 协定的标准

[①] 《植物保护公约》（IPPC）对检疫性有害生物（Quarantine pest）的定义：指对受威胁地区具有潜在经济重要性，尚未发生，或虽有发生但分布不广，且在官方控制之下，这种有害生物称为检疫性有害生物。

制定机构和环境组织之间,如生物多样性公约和自然保护联盟的联合。SPS 协定本身就需要对科学不确定性进行解释,以便能够吸收预防原则。

四 生物多样性损害赔偿的责任范式:公共责任

生物多样性损害赔偿应该是基于集体的全体行动,遵循着自身的逻辑方向。诚如上文所言,生物多样性损害赔偿发生了向全球性转移的趋势,此时的主体不单是国家或个人,而变成了由国家、国际组织、跨国公司、个人等组成的政治集合体,但需要强调的是,此时国家仍占主导地位,为解决全球共同关切事项提供公共责任。公共责任是国际社会治理运行的结果,对国际社会共治法律机制的构建应该从法律实施的角度去理解公共责任的类型、要素、成本以及对国家、国际组织、个人等产生的影响。生物多样性损害的公共责任,应着眼于对国家行为体和非国家行为体结构样态的解读,公共责任运行的国际社会背景以国家为主导的公—公关系和公—私关系理论为支撑。如此,我们既可以借鉴有关公—公关系的主权又可以通过将私人①利益纳入国家利益中,以作为国际法实践的最佳证据

(一)全球化、国家主权与跨界生物多样性

在以国家为主导的关系中,国家扮演着主导、促进和协调的作用,这与主权是国家的一个最重要的特征是密不可分的。自 1648 年以来,主权原则一直是威斯特伐利亚国家体系的核心原则,其与主权产生之前的政治权威与政治秩序密不可分。从主权的意涵来看,主权一直与国家、政治权威与秩序和领土范围相互联系、相互发展。可以说如果没有国家,就不能在社会中产生主权理念,跨境自然资源也应该属于国家主权的范畴。

全球化的发展从深层次上对当代世界政治经济格局及国家主权产生了深远的影响,行使国家主权是每个国家不可或缺的手段。然而,主权是一个变化的现象。国际社会越来越多地注意到超国家政治、国家机构

---

① 这里的"私人"是指与国家作为行为主体相对应的包括自然人、跨国公司、非政府组织等。

和国际组织、跨国公司和非政府组织参与环境治理的危险和困难，逐渐突出了国家、主权、政府责任和跨国合作的重要性。国家主权和有效保护包括生物多样性在内的自然环境的观念是否应被认为是不可逆转的矛盾？生物多样性的威胁是众所周知的，包括植物群和动植物的过度采集、物种引种、栖息地丧失和分裂、工业污染、旅游、全球化和气候变化等，这些因素也威胁到文化的可持续性。保护生物多样性的紧迫性无可争辩，鉴于国家管辖权在内的无处不在的压力，生物多样性及其组成部分不受主权限制，在主权制度下对跨境地区生物多样性的保护似乎是压倒性的。

尽管自然资源永久主权得到证实，特别是为了保护发展中国家免受发达国家的侵犯，国际法要求必须负责任地行使主权，应该在全球保护和恢复性生态措施中应对地球所面临的环境挑战。毫无疑问，各国应采取趋同化的应对措施。尽管自然资源的主权和权力得到证实，国际法也要求必须负责任地行使主权，在为了可持续利用的目的分享自然资源的同时保护生物多样性和土著人民的权利。因此，主权发生变化是无可争辩的。

对生物多样性保护的责任能否胜过国家主权？国家主权既满足代内公平也满足代际公平，既是对生态负责任的一个重要条件也是一个潜在的障碍。虽然主权国家不是唯一承担这一责任的实体，但它仍然是法律上最有力的制裁的机构。然而，主权国家的权利并不是绝对的和不受限制的。正如上文所述，现代主权理论已经逐渐由本质属性向能动属性过渡，主权对环境、经济和社会的考虑，包括对与人口、粮食和人类安全有关的考虑，这些都脱离不了国家责任范围内的主权治理。基于发达国家通过贸易的方式不断给发展中国家的生物多样性带来损害，以及外来物种不断侵入本地的野生物种，使得一国的环境主权已经突破了"国界"，一国对其本国主权的控制不容易自愿放弃，因此必须找到合适的方式引导行使主权权利来实现环境责任。

鉴于国际法在执行方面存在的弱点，试图构建国际法律强制措施并不是最佳解决途径，将法律作为实现国际合作的手段仍然是重要的。从长远来看，生态损害所带来的挑战实际上对各国政府有效执政并继续执政构成威胁。因此，在需要政治支持的情况下，各国及其政府不应先验地等待气候变化所带来的损害而不受控制地减少主权，而是迫切需要发展合作的解决办法。这就涉及国家对其领土的资源等客体的实际掌握、控制的各种权力或能力。当国际法向各国施加环境损害责任的能力时，增强国家责任的重要性越发显得重要。即使各种重大问题仍然不明确，国家并不总是做正确的事情，它们只做最符合它们最大利益的事情。因此，只要国家惯例仍然是制定习惯国际法的主要影响，国际法仍然是在缓慢中继续进步。由于全球环境损害难以通过传统的主权行使权力来管理，非国家行为主体被认为是合法性和权威性的替代来源。类似由于气候干扰事件（如飓风、洪水和干旱）造成的入侵物种扩散的可能性增加，国家对解决这一跨国问题普遍缺乏应对措施。生物多样性的损害是一种全球性的越境损害，国家应该为与此相对应的"全球责任"提供帮助，国际法应该在促进合作机制方面发挥越来越大的作用。

（二）公私协力机制

诚如上文所言，面对全球化的发展趋势，需要基于集体的全体行动。如何构建集体的全体行动？基于对国际法认识论的认识：从公—公关系过渡到公—私关系的趋势，但基于主权是一国国际法实践的典型例证，即使出现了主权实际权能和使用权能的分化，国际法仍是以公—公关系为基础和前提的。在主权的使用权能开始分化后，私人参与国际事务的范围不断拓展，此时的国际法发展是在一国主权使用权能范围内塑造公—私关系的过程。基于生物多样性的损害越来越出现"复合型"特点，"公私协力"的构建也应该呈现不同的机制特征。

即使在公—私关系中，国家仍占主导地位。在公共责任中，国家应主导与非国家行为体的整合工作，结合国际组织、跨国公司、个人等力量发展一种"藏诸正式结构之下的结构"。国家对国际社会的义务分为双边义务和多边义务，其作为国际关系中最主要的主体，必须承担基于国际关系产生的国际义务。这些义务共同构成了国家环境义务的国际法依据。[①] 国家对于国际环境义务的违背，直接导致国际环境保护领域内国家责任问题的产生。随着国际环境法不断蓬勃发展，各种条约法、习惯法的实体性规定层出不穷，但国家对环境义务的履行却不能使人满意。面对跨境损害不断涌现，大量区域性条约和双边条约显得束手无策。其本质原因在于，国际环境法中国家责任制度的不完善，国际法委员会从成立之初就开始对国家责任问题进行编撰，可见国际社会对国家责任问题的重视。国际法委员会分别在 2001 年第 53 届会议和 2004 年第 56 届会议通过了《关于预防危险活动跨界损害的条款草案》《关于危险活动造成的跨界损害案件中损失分配的原则草案》。前者强调对国家在跨界危险活动中应承担的适当注意义务方面的习惯法规则进行编纂；后者强调对危险活动造成的跨界损害的国际赔偿责任规则的编撰，重点是"责任"，但其更强调对私人规则的编撰。与国家责任规则的发展困境形成鲜明对比的是，跨界环境领域的私人救助形成了比较完备的救济制度。例如关于核设施的和平利用所致损害的国际民事赔偿责任、海洋石油污染所致损害的国际民事赔偿责任等。尽管如此，从国际环境法的功能和价值看，与国际责任制度相比较，私法的救济方法始终处于次要地位。因为国际环境法其最本质的目的是保护全人类共同的环境，要想实现此目标取决于国际环境法最重要的主体国家在多大程度上愿意承担国际环境义务，无论赔偿的主体是国家还是私人。

就跨界环境损害赔偿而言无论法律规定得多么完善，它只是一种"事后救济"，核心是损失分担问题。从国际环境所具有的公益性以及国家所承担的环境义务角度看，这种具有私法性质的"事后救济"的跨界环境损害赔偿注定不能成为国际环境法重点发展的领域。国际环境法所体现的价值位阶要求我们必须从国家公法的角度重点强调国家对具有跨界特征的自然资源的"现状保持义务""危险防御义务""风险预防义务"。但是，从国际公法的角度解决跨界环境污染问题存在着缺乏普遍强制管辖权的争端解决机构，这也是国际法委员会在国际责任方面裹足不前的原因。所以，针对跨界环境损害领域可以存在两种不同的法律属性，

---

① 参见林灿铃《环境法实施的立法保障》，《比较法研究》2016 年第 1 期。

国家承担着不同的角色：一个是国家对其行为需要履行传统的国家责任到国际不法行为的国家责任，再到跨界损害的国家责任，又到跨界影响的国家责任（补偿责任）①；另一个是在私法领域，国家可以承担国际民事赔偿义务并承担担保责任和赔偿责任。

---

① 参见林灿铃《国际法的"国家责任"之我见》，《中国政法大学学报》2015 年第 5 期。

第四章 生物多样性损害赔偿的实现

第一节 生物多样性损害赔偿的求偿主体

从对生物多样性损害原因行为多元化的分析来看，造成生物多样性损害的原因主要有外来物种入侵、公共工程、转基因、气候变化等。国家、国际组织、个人从理论上来说应该是求偿主体，但生物多样性损害属于特殊的生态损害，环境资源与生物资源并不能完全等同。再者就资源的分类看，储存性资源和流动性资源也存在性质上的差别。生物资源大多作为流动性资源的一种，对其所造成的损害若按照"污染者付费"的原则可能不能对损害进行全面的救济。所以本书认为，就生物多样性求偿而言，不应将其嵌入传统的环境侵权体系，也不应以国际民事诉讼为生物多样性公益诉讼的制度载体。本书将从国际公法的角度探讨国家和国际组织的求偿主体。

一 国家的求偿主体地位

（一）国家求偿理论基础——自然资源永久主权

1. 自然资源永久主权的内涵

关于自然资源永久主权，早先的决议集中在发展中国家增强经济独立和维护国家主权的需要上。[①] 其确定了人民和所有联合国会员国有自由开发自然财富和资源的权利，并呼吁各国在协助不发达国家中，始终要

---

① 《综合经济发展和商业协定》明确"欠发达国家有权自由决定使用自然资源……并提出若干建议来促进与这些国家的商业协定，以协助它们开发国内使用和国际贸易的资源"。

尊重他们的主权，并在国与国之间安全和互相信任的条件下维持资本的流动，避免直接或间接妨碍任何国家行使对其自然资源主权的行为。① 各国有自由开发自然财富和资源的权利，即承认人民和所有联合国会员国自由地"利用和利用其自然财富和资源"的权利，呼吁各国在协助不发达国家的努力中，"一贯地适当注意他们的主权，维持国家之间在安全、相互信任和经济合作条件下的资本流动的必要性"，并且"不采取直接或间接的行为，阻止任何国家行使其主权资源"。1962 年 12 月 14 日联合国大会第 1803（XV22）号决议通过《天然资源之永久主权》承认"人民和国家自决的权利，包括对其自然财富和资源的永久主权……"，并建议"适当考虑国际法下各国的义务以及鼓励在欠发达国家的经济发展中开展国际合作的重要性"。

正如上面提到的几个决议所证明的，多年来，联合国决议中并没有确定对自然资源享有永久主权的主体。有时权利归属于"欠发达国家""人民""人民和国家"，有时则更明确地归属于"国家"。比较上述决议和最近的决议，《各国经济权利和义务宪章》关于在"公正合理地发展国际经济关系"，提出了《宪章》中更加具体地关注"国家"权利的各项条款，并在第 2 条中肯定地说："国家有并自由地对所有财富、自然资源和经济活动行使充分的永久主权，包括拥有、使用和处置所有财富自然资源和经济活动。"② 关于建立新的经济秩序的行动纲领在第七部分（1）（b）中提到"发展中国家"的权利："对其自然资源享有永久主权的不可剥夺的权利。"③ 在论述被占领的巴勒斯坦和其他阿拉伯领土上对自然资源的永久主权时强调"其领土在以色列占领下的巴勒斯坦和其他阿拉伯人民享有充分有效的永久主权和控制的权利，对其自然和所有其他资源、财富和经济活动"④。1986 年联合国大会通过《发展权利宣言》第 1 条第 2 款中肯定"人民的权利，包括在不违背国际人权两公约的有关规

---

① 参见 General Assembly resolution 626（VIII）of 21 December 1952。
② General Assembly resolution 3281（XXIX）of 12 December 1974.
③ General Assembly resolution 3202（S－VI）of 1 May 1974.
④ General Assembly resolution 38/144 of 19 December 1983.

定的情况下，行使对其所有主权的不可剥夺的自然财富和资源的权利"①。1958 年大会设立了自然资源永久主权委员会，并责成其调查自然财富资源永久主权作为"自决权基本要素"的状况。② 1962 年大会《第 1803（XVII）号决议》才大力推动这一原则作为非殖民化进程的国际法原则。大会在该历史性决议中宣布，"人民和民族"有权对他们的自然资源行使永久主权，侵犯对自然资源行使永久主权就是违反《宪章》的宗旨，妨碍国际合作的发展。这项原则的成立之初是殖民地半殖民地人民通过掌控自己领土内的资源从而控制自己经济和政治的诉求，到了 1966 年发生了转变，自然资源永久主权被列为两项人权国际公约第 1 条，成为国际法的一项普遍原则。③《公民权利和政治权利国际公约》第 47 条和《经济、社会和文化权利国际公约》第 25 条进一步申明，公约的规定不得剥夺人民对其自然资源享有的固有权利。

国际经济合作可以被理解为，限制国家自由处置它的自然财富和资源而任意和不作补偿地对外国财产实行国有化或予以没收的能力。但是，第 47 条和第 25 条的规定似乎旨在通过同时确保国家不援引第 2 款来实行或支持"旨在控制发展中国家的经济……从而破坏它们政治独立的帝国主义政策和做法"，以求得平衡。④ 该项原则已经被纳入多边条约体系。由此可见，针对自然资源永久主权主要强调的是：各国在处置其领土内的自然资源主权权利应该受到国际法的尊重和保护；发展中国家的民族自决权利；各民族在行使自然资源权利时，应该规定国有化的权利和条件。

---

① General Assembly resolution 41/128 of 4 December 1986.
② 委员会由大会于 1958 年 12 月 12 日《第 1314（VI）号决议》设立，"关于尊重人民和国家的自决权"，由 9 名成员组成并被指示必要时要加强对自然资源的永久主权。虽然委员会不复存在，但目前还有一个非殖民化特别委员会，也称为"24 国特别委员会"，仍然处理有关非自治领土人民自决权的类似事项。General Assembly resolution 1654（XVI）of 27 November 1961.
③（1）所有人民都有自决权。他们凭这种权利自由决定他们的政治地位，并自由谋求他们的经济、社会和文化的发展。（2）所有人民得为他们自己的目的自由处置他们的天然财富和资源，而不损害基于互利原则的国际经济合作和国际法而产生的任何义务。在任何情况下不得剥夺一个人民自己的生存手段。
④ 参见 Matthew C. R. Craven, *The International Covenant on Economic, Social and Cultural Rights, A Perspective on its Development*, London: Clarendon Press, 1995, p. 147.

2. 自然资源所有权的本质是主权

前文论述了自然资源永久主权在联合国系统内的发展历史，不难发现，自然资源永久主权与民族自决权密不可分。不论是国际法还是国际惯例，一个非常明显的发展趋势是，自决权并不是一个独立的权利（除特殊情形外），其包括了一系列的权利（与一国主权的行使相关的权利，下文将详细论述）。为使这一权利具有现代意义，从法律逻辑角度看，它必须与自然资源永久主权的基本权利相互结合，其必须符合国际主权的发展趋势。博丹（Jean Bodin）在《国是六书》中提出"绝对"主权。于是学术界将博丹定义为国家理论和学说发展的早期人物，并将其视为"绝对主权"论的构想者。17世纪以前主权的意义是主权不可分割，这种情形在18世纪后发生了变化，卢梭在《民约论》一书中首次为主权的不可分割性作辩护。

但是到了20世纪，随着认识全球化、全球治理、国际环境保护等开始突破国家界限，国家主权遭受挑战已是无法避免的事实。[1]"人们日益意识到，国际法如何才能使国家接受新的义务或在情形变迁中对一个不愿意接受的国家的权利进行限制，是以各国对国家主权自主有限让渡为必要与可能的前提。矛盾的是，主权既然具有完整的特性，那又如何看待国家主权自主有限让渡、新兴的国际环境法以及国际人权法对国家主权的限制？"[2] 针对上述出现的主权让渡及主权限制的现象，根源在于对现代主权的发展趋势没有精确的把握。从主权构建的视角研究主权可以对主权的内涵进行语境上的划分，这有助于我们更加辩证地理解主权。20世纪以来，绝对主权遭遇到前所未有的挑战，面对层出不穷的主权现象，传统主权理论已经不能做出具有说服力的解释，我们亟须对主权的构成理论进行重新审视。"依据主权本身的所有与执行的二重权能以及主权内涵的历史演变，将主权从构成上分为主权所有权与主权行使权两大

---

[1] 参见邵莉莉《国家主权视阈下跨界水资源冲突与合作法律理论的重构》，《国际论坛》2017年第2期。

[2] 邵莉莉：《国家主权视阈下跨界水资源冲突与合作法律理论的重构》，《国际论坛》2017年第2期。

部分。"① 伊恩·布朗利（Ian Brounlie）将主权描述为国家通常的全部权利即法律能力的典型情况，简言之，"主权"是某种法律人格的法律速记，或国家地位的法律速记。② 马尔科姆·N. 肖（Malcolm N. Shaw）认为，领土主权的实质包括在所有权的概念中，所有权与将领土视为属于这个或那个法律当局所依据的事实和法律条件有关。③ 综合以上各学者的观点，本书将所有权概括为主权的一种存在状态，国家身份的象征。值得注意的是，国际公法领域的"所有权"并非等同于私法领域的所有权，公法领域的"所有权"来源于主权但并非等同于主权。从时间维度来考察，"在国家发展的早期阶段主权的所有权和行使权都集中在君主手中，随着社会政治历史的变迁，主权理论由布丹的'君主主权论'到洛克的'议会主权论'再到卢梭的'人民主权论'以及现在的马克思的'社会主义人民主权观'，主权所有权和使用权随着君主制下的合一走向了民主制下的分离。任何一个国家的主权都具有所有权和使用权两种属性"④。

这种使用权表现在全球化压力下，国家主权的命运发生了改变，主权领域发生了一个涉及多个领域的动态过程。这种动态过程除表现为传统的政治主权和军事主权之外，还不断涌现出了环境主权、网络主权等。所有权和使用权共同构成了主权理论的发展脉络，所有权和使用权是主权的内质外相，二者不是非此即彼的关系，而是相互补充。所有权是形成动态主权的前提，使用权是主权的能动体现。在全球化时代背景中，所表现出来的"超国家组织""全球治理"等看似是国家主权衰落的表征，实则是主权的使用权的体现。未区分国际公法领域的"所有权"与私法领域的"所有权"是导致对这一理论认识上的偏颇所在，这一状态应当改变。

---

① 邵莉莉：《国家主权视阈下跨界水资源冲突与合作法律理论的重构》，《国际论坛》2017年第2期。

② 参见［英］伊恩·布朗利《国际公法原理》，曾令良、余敏友等译，法律出版社2003年版，第122页。

③ 参见［英］马尔科姆·N. 肖：《国际法》，白桂梅等译，北京大学出版社2011年版，第385页。

④ 邵莉莉：《国家主权视阈下跨界水资源冲突与合作法律理论的重构》，《国际论坛》2017年第2期。

通过对主权理论的演变动向进行分析，可以对自然资源永久主权的发展脉络有更清晰的认识。自然资源永久主权不能与领土主权分割开来，与此同时，也证明了国家主权意蕴不能仅仅按形式化的方向去理解，还应该赋予其具有实质性的内涵并被自然财富与资源的新范式证明为正当。①"由自然资源永久主权所派生的权利主要包括自由处置自然资源的权利，恢复对自然资源的有效控制权和要求损害赔偿的权利，按照国家环境政策来管理自然资源的权利，平等地分享跨境自然资源惠益的权利，对外国投资实行征收或国有化的权利等。"②自然资源永久主权作为主权的重要组成部分，应当符合主权理论的发展趋势。自然资源永久主权由自然资源所有权和使用权共同构成，自然资源所有权是来源于国际法领域中的自然资源永久主权，但并不能等同于自然资源永久主权，其是对主权本质属性的宣示，它为自然资源使用权的行使创造了行使载体和概念装置。

3. 生物资源的本质是资源主权

自然资源永久主权的内涵也包括平等地分享跨界自然资源的义务。自然资源分为两大类：一类是储存性自然资源，另一类则为流动性自然资源。③储存性自然资源主要指以固定、静态的方式所存在的自然资源，主要有森林、矿产、土地等；而流动性自然资源主要指以非固定、流动的方式存在的自然资源，主要有生物资源、水资源等。储存性自然资源从物理学角度无论处于静止还是运动，但都不会超出一国主权管辖或控制范围之外。流动式的自然资源若在物理上处于运动状态，那么就存在超出一国主权管辖或控制范围之外的可能。

生物资源属于流动性自然资源（本书特指超过国界的生物资源），这意味着对其管辖和控制必然超过一国政治范围界限。生物资源作为自然

---

① 参见邵莉莉《国家主权视阈下跨界水资源冲突与合作法律理论的重构》，《国际论坛》2017 年第 2 期。

② 杨泽伟：《论国际法上的自然资源永久主权及其发展趋势》，《法商研究》2003 年第 4 期。

③ 参见［英］丽丝《自然资源：分配、经济学与政策》，蔡运龙等译，商务印书馆 2002 年版，第 25 页。

资源永久主权的组成内容，属于领土主权的一部分。然而，基于生物资源的流动性，尤其是当其活动的范围超越一国界限，所对应的主权需按照语境和层次辩证地理解。特别是针对跨界水域、跨界鱼群这些特殊的自然资源，对其造成的损害已成为各国之间发生争端的主要原因。然而，对这些跨界性资源的拥有权存在着争议。我国学者将跨界水权界定为物权制度中的所有权，"所有权是完全物权，是最全面最充分的物权，是他物权得以产生的前提和基础"[①]。本书认为这是用国内物权法中的"所有权"这种私有性质的权利与国际法中的"所有权"相互混淆，是对主权概念发展的忽视和遮蔽。由于流动性资源与储存性资源不同，很可能超出一国管辖和控制范围，所以对于这类资源所产生的权利并不能排除其他主权国家对其的管辖权或共同的管理权。如此，在这类具有跨界性自然资源中所体现出的主权的本质属性是所有权，具有绝对性不受限制；而体现出的使用权是主权能动性的表现，则是要受到其他国家对主权的一定限制。以海洋的跨界生物多样性为例，跨界海域生物多样性是指跨越一个国家或多个国家的领土界限、管辖界限或者控制界限的生活在海洋中的所有的生物，或是超越国家政治权利关系范围的海洋中的所有的生物。由于经济全球化的发展所引发的一系列跨界环境生态问题已经超越了国家和地区界限，这些问题给海洋生物多样性带来的影响正逐渐演变成国家间冲突的重要因素。

由于海洋生物无法遵守社会活动的界限，国际海洋的划界也不能截然分割海洋生物资源的养护问题。各沿海国基于对各自的自然资源主权、对属于各自的跨界生物多样性进行决策和管理的过程中，并不像储存性的资源体现着主权的绝对性，不能以本国主权的意志主导对自然资源的利用，而是需要受到"平等地利用"。那么，是否就意味着这种流动性的资源无法确立明确的权属？流动性的资源其所有权是主权，是其他权利得以产生的前提和基础，没有所有权的依据，其他权利无法行使。例如，在没有所有权国家同意的基础上，针对跨界鱼群的获得是对其资源的竞争性利用，也是对具有所有权国家的侵害。所以，针对这种"共享资源"

[①] 王志坚：《国际河流法研究》，法律出版社2012年版，第177页。

达至的协议所取得的使用权，可以细分为多种权种，例如水资源的水能使用权和水资源水量使用权，以及渔业资源的配额制度等，这些都是主权行使的体现。但需要明确的是这些使用权不能相互矛盾，必须明确限制条件、权利和义务、有限顺序，使之不发生冲突。

通过主权理论的发展脉络，我们得知生物资源应作为自然资源永久主权的组成部分，生物资源所有权的本质是主权，其并不是民法意义上的"所有权"（即便可以针对某些资源客体成立"资源物"国家所有权，但也仅限于具有国家授权的"公共法人"才能成立）。综上所述，从国内法中的准物权、使用权等自然资源建构理论的角度去界定"自然资源所有权"本身就是个悖论。将生物资源所有权界定为主权，可以实现将生物资源国家所有权与使用权的剥离。在国际法中，国家作为自然资源所有权的主体只是身份属性的象征，如何对生物资源进行占有、使用、收益和处分才是关键。

无论这种资源具有多么浓烈的公益性质，对于生物资源的利用来说，其主体只能是具体的社会成员。在针对生物资源的利用的权利建构上，社会成员享有的是对生物资源的利用权，国家享有的是对生物资源利用和决策的权力。尤其对超越国界的生物资源而言，更应该强化国家对生物资源利用的"积极干预权"。当生物资源遭受损害时，应将其看成全球性的威胁，而不应将注意力只集中于地区和区域性的空间尺度上。国与国之间应该在明确自然资源所有权归属的前提下就其损害进行协作。尽管造成生物多样性损害的原因具有多元性，但最根本的原因还在于人类的各种行为给其造成不可逆的损害，这种损害的性质属于国家利益的范畴，故此，国家作为求偿权利人，无论从法理上还是从受侵害的原因性行为上都具有理论依据。

（二）生物多样性损害求偿国的确定

求偿国确定的关键是如何定义受害国。在国际公法范围内，要解决谁有权进行求偿，必须考虑到国家所承担的不同义务。这些不同的义务可能存在于双边关系中，也可能存在于多边关系中（对整个国际社会的整体义务也包括在其内）。这就意味着并不是只有"受害国"才能追究责任。2001年《国家对国际不法行为的责任条款草案》二读条款的第42条①延续了《维也纳条约法公约》第60条第2款的规定,将受害国做了狭义的界定。在责任制度中如何确定受害国是核心的问题。责任的履行是受害国享有的一项权利,因此,如何确定受害国需在加害国的义务承受范围内谈论。二读通过的国家责任条款第42条可以看出,受害国可以针对上述三种情况援引责任,将其概括为被违背的义务是在双边条约中发生的和在多边条约中发生的。显然,第42条a款是针对双边条约的违背情形,而b款的后两项,是针对多边条约违背的情形,即由于违背集体义务而造成受害国利益受损的情形。

针对b款的第一种情形,即违反了包括该国在内的集体义务而受到影响,这些受影响的受害国有权援引该责任。最为典型的是发生在2010年4月20日的"深水地平线溢油"案件。除了对经济造成巨大影响之外,还有对墨西哥湾整个生态系统的影响乃至蔓延到整个海洋生态系统。为了制止溢油产生的危害,美国等十多个国家进行合作,采用了$6.6 \times 10^6 L$的消油剂喷洒在井口和海平面上。因为消油剂会促使油溶解在海平面上,故对整个海洋的生态系统都造成了危害。墨西哥湾溢油对整个海洋系统产生了深远影响,例如对水和浮游生物、深海沉积物、湿地生态系统、贝类、迁徙海鸟、珊瑚群落等。② 由于墨西哥湾的地理位置复杂,加上海水本身的循环流动,泄漏的原油及消油剂分解所产生的对生态系统的危害会继续蔓延至美国海域以外的地方。由此看出,区域性的跨界损害会逐步向全球性损害拓展,区域海洋系统被溢油及消油剂污染,这些区域相邻国家的近海渔场也会遭受巨大的损失。那么在这种情形下,这些受到影响的沿岸国家应被视为受害国。

针对b款的第二种情形影响到每一缔约国的义务。"这一情况必须是

---

① 一国有权在下列情况下作为受害国援引另一国的责任:(a) 被违背的义务是个别地对它承担的义务;(b) 被违背的义务是包括该国在内的一国家集团或对整个国际社会承担的义务。而对此义务的违背:(1) 特别影响该国;(2) 彻底改变了由于该项义务受到违背而受到影响的所有其他国家对进一步履行该项义务的立场。

② 参见包木太、皮永蕊、孙培艳、李一鸣《墨西哥湾"深水地平线"溢油事故处理研究进展》,《中国海洋大学学报》(社会科学版) 2015年1月。

在多边条约规定了'整体义务'（Integral Obligation）或'互相依存的义务'（Interdependent Obligation）时才发生。"① 例如 A 国、B 国、C 国都是《伯尔尼公约》缔约国，这些国家都有保护物种和栖息地的义务，并有义务促成这种合作，包括对濒危和易受伤害的物种，特别是对迁徙物种的保护。如果 A 国实施了对迁徙物种造成损害的行为，B 国和 C 国都有权对 A 国违背义务的行为援引责任。在此情况中，除 A 国之外，B 国和 C 两国都有单独对这一违背义务的行为做出反应的权利。

《国家对国际不法行为的责任条款草案》在第 42 条基础上增加了第 48 条规定，描述了当个别地受到违背义务行为伤害的国家追究责任的权利，列举如下：（1）这些国家属于某一国家集团，为该集团的集体利益而确立的义务被违背；（2）各国就违背对整个国际社会承担的义务之行为追究责任。如同第 1 条中对国际责任的定义，第 48 条也避免通过将受益人限定为各国本身而限制承担普遍义务的范围。从这个意义上讲，与第 48 条相关的国际社会概念就意味着该社会不仅包括国家，也包括其他实体，例如联合国、红十字国际委员会。②

第 44 条规定，一国追究责任的可能性还取决于关于求偿当事方国籍的任何可适用规则以及是否用尽当地救济。国际法委员会 2006 年通过的外交保护条款涉及了这些要求。从该条的规定可以看出，国家惯例并不支持私人对一国家求偿，若支持，除非求偿者有求偿国的国籍。支持这一规定的理由是，一国管辖范围内的国民受到损害连带该国也受到损害。在这种情形中，只有该国家可以要求求偿。即使存在利益受损的第三国，造成损害的国家，通常也只受损害国家的控诉约束。

第 45 条规定了丧失追究责任权利的两种情况：第一种情况是受害国已放弃该权利，包括针对违背义务行为本身或违背义务行为产生的部分或全部后果，而且放弃决定必须清晰明确；第二种情况较为复杂，即受害国"基于其行为应被视为已有效默认求偿时效已过"。对追究责任并无

---

① 贺其治：《国家责任法纪案例浅析》，法律出版社 2003 年版，第 285 页。
② 参见 2001 年 11 月联合国国际法委员会第 53 届会议通过的《国家对国际不法行为的责任条款草案》。

明确的时间界限，决定性因素是被要求方是否能合理预期不再会有求偿，从而使求偿方拖延求偿显得不合常理。

《国家对国际不法行为的责任条款草案》还涉及针对相同的行为或业务往来提出，但牵涉多个国家的求偿。包括数个国家追究责任国的责任，或针对数个国家追究责任。国际法对此的立场很明确：各国对与其自身国际义务相关的自身行为负责，各受害国有权针对任何责任国行为造成的损失向该国提出要求。第47条第2款规定了本规则的两个注意事项：受害国不得取回多于所受损害的补偿（防止双重赔偿规则），而且当不止一国对相同的伤害负责时，国家间会出现责任归属问题。

二 国际组织的求偿主体地位

本书虽然将国际组织列为求偿对象，但并不论述其在国际民事诉讼中的求偿资格。诚然，国际组织在国际民事诉讼中作为原告进行诉讼的地位在目前的实践中大大提高。[①] 国际法院在1949年"损害赔偿案"咨询意见中肯定了国际组织的国际求偿权。但本书侧重于国际组织与国家之间的争端和国际组织之间的争端，并探寻国际组织在全球性越境损害中尤其是生物多样性损害中的作用。将国际组织作为求偿对象，不可避免遇到传统国际争端解决办法的局限性，其也遇到对国际组织提出诉讼请求，在可受理方面的障碍（毕竟国际组织不是国家）。最明显的是，在针对国际法院的抗辩性案件中，国际组织既不能作为请求人也不能作为被告人。基于在诉讼和仲裁方面的困境，借助多边政治力量依靠谈判或组织内部的机制可以解决国家组织作为当事方的冲突。

《国际法院规约》第34条第1款将法院的出庭权限于国家。尽管第2

[①] 例如在"埃克森·瓦尔迪兹号"邮轮案中，三家环境机构作为信托原告对埃克森提出损害赔偿诉讼，三家环境机构将自身定义为保护信托基金的集体，代表被石油污染的威廉王子海湾的生态环境、野生动物。它们认为政府方面违背了公共信托人的信托责任和诚信，故而该地区法院最终支持了信托原告的诉讼请求。邓海峰：《海洋油污损害国家索赔的理论与实践》，法律出版社2013年版，第178页。

款和第 3 款对法院和国际公共组织之间某种程度的合作做了规定。① 各种专门机构可以凭借法律问题经过授权,以请求国际法院发表咨询意见,但是国际组织仍然不能在国际争端案件中作为当事人出庭。《国际法院规约》第 65 条以及《联合国宪章》第 96 条都对国际法院的咨询管辖权做出规定。② 在一些协议中也对咨询意见中争端解决机制中起到相当于法律约束力的效果,例如 1946 年的《联合国特权和豁免公约》。③ 此外,咨询意见也是仲裁法庭予以考虑的因素。④

值得思考的是,这种向法院咨询的权利所产生的效果能替代国际组织直接诉诸法院吗?从《国际法院规约》第 65 条和《联合国宪章》第 96 条规定来看,只有联合国和它授权的专门机构有提供咨询意见的权利,也就意味着如果要利用咨询征询解决涉及国际组织的争端,将主要限于

---

① 第 2 款规定法院得依其规则,请求公共国际团体供给关于正在审理案件之情报。该项团体自动供给之情报,法院应接受之。第 3 款规定法院于某一案件遇有公共国际团体之组织约章,或依该项约章所缔结之国际协约、发生解释问题时,书记官长应通知有关公共国际团体并向其递送所有书面程序之文件副本。另见 2005 年增加的法院规则第 43 条第 3 款和第 2 款。尤其需要注意的是,第 34 条第 2 款中对国际组织提供情报的行为并不能理解为第 63 条的参加制度,两者有其本质区别。

② 《国际法院规约》第 65 条规定:(1)法院对于任何法律问题如经任何团体由联合国宪章授权而请求或依照联合国宪章而请求时,得发表咨询意见;(2)凡向法院请求咨询意见之问题,应以声请书送交法院,此项声请书对于咨询意见之问题,应有确切之叙述,并应附送足以释明该问题之一切文件。《联合国宪章》第 96 条规定:(1)大会或安全理事会对于任何法律问题得请国际法院发表咨询意见;(2)联合国其他机关及各种专门机关,对于其工作范围内之任何法律问题,得随时以大会之授权,请求国际法院发表咨询意见。

③ "如联合国与一个会员国间发生争议,应依照宪章第 96 条及法院规约第 65 条请法院就所牵涉的任何法律问题发表咨询意见。当事各方应接受法院所发表的咨询意见为具有决定性效力。"《联合国特权和豁免公约》(1946 年 2 月 13 日,纽约)第 8 条第 30 节,联合国《条约汇编》第 1 卷,第 15 页。

④ 联合国和美利坚合众国之间的总部协定,在有约束力的仲裁方面设想了一个大体类似的程序,该协定规定:任何一方均可请求大会对仲裁过程中产生的法律问题提出咨询意见。《联合国和美利坚合众国关于联合国总部的协定》(1947 年 6 月 26 日,成功湖村)第 8 条第 21 节,联合国《条约汇编》第 11 卷第 12 页:"(1)联合国及美国关于解释及实施本协定或任何补充协定之争执,如未能由磋商或其他双方同意之办法解决者,应提交三仲裁人组织之法庭取决。仲裁人之一由秘书长提名,另一由美国国务卿提名,第三人由秘书长及国务卿一同抉择,如双方不能同意第三仲裁人时,则由国际法院院长指派之。(2)秘书长或美国得就此项程序引起之法律问题请大会征询国际法院之咨询意见。于接获法院之意见以前,双方应遵从仲裁法庭之临时裁定。其后,仲裁法庭得参照法院之意见作成最后裁定。"

这类国际组织。若符合条件的国际组织与国家之间发生了争端，按照规定只有该国际组织能向法院提出咨询管辖权。这就造成了国际争端解决机制的不平等：将咨询管辖权提交给法院由国际组织决定，除了国际组织外的当事方不能把握整个程序。即使争端的当事方也能请求具有资质的国际机构向国际法院进行咨询管辖权，但也充满了不确定性因素。毕竟他们无法确定将确实需求咨询意见，或者以他们所希望的方式寻求咨询意见。①

（一）受害国际组织援引责任的情形

发生下列情形时，受害国际组织援引责任有权作为受害国或受害国际组织援引另一国际组织的责任：（1）被违反的义务是单独地向该国或该组织承担的义务；（2）被违反的义务是向包括该国或该组织在内的国家集团或国际组织集团或向整个国际社会承担的义务，而对此义务的违反：其一，特别影响到该国或该组织；其二，因其性质在进一步履行义务方面，根本改变了作为义务对象的所有其他国家和国际组织的地位。②这里特别提到了被违反的义务性质显然具有多边性质，特别注意的是，多边性质包括了国家对整个国际社会承担的义务和国际组织或国家集团所承担的义务。

正如上文所述，生物多样性损害模式应确定为全球性越境损害，其所损害的依据是国家对国际社会的整体义务。针对多边条约体系内的整体义务，受害的国际组织完全可以援引该国际组织的责任，并将求偿的要求通知该组织。如果受损害的性质属于国际不法行为，受到侵害的国际组织可以要求其停止其将要采取的行动。损害赔偿的方式可以采取恢复原状、抵偿和补偿的方式。如果数个受害的国际组织因同一国际组织的不法行为而受到损害时，该国际组织的不法行为责任，每一受害国或国际组织都可以援引。同时，在被援引的责任中分为主要责任和次要责任，两者有优先顺位的要求，对次要责任的援引只有在主要责任未赔偿

---

① 在这方面，参见《关于国家和国际组织间或国际组织相互间条约法的维也纳公约》（1986年）第66条第2款中复杂的争端解决条款。

② 联合国第六十六届会议2011年12月9日大会决议根据第六委员会的报告（A/66/473）通过。

的情形中才可以援引。当受害的国际组织所援引的责任是选择损害赔偿的补偿方式时，不能获取多于其所受损害的利益，也不能阻碍求偿对象的国际组织或国家对其他责任国或国际组织的追索权。

（二）受害国或受害国际组织以外的国家或国际组织援引责任

受害国以外的国际组织可追究该国际组织的责任有两个前提：一是被违反的义务是向包括援引责任的组织在内的国家集团或国际组织集团承担的，并且是为了保护该集团的集体利益而确定的；二是受害国际组织以外的国际组织有权在出现下列情形时，援引另一国际组织的责任：不法行为并没有停止；违反了整个国际社会所应该承担的义务且要对受害的国际组织或受益人提供赔偿义务。针对以上情形，受害国际组织可以对该国际组织采取合法措施，以确保停止该违反义务行为，并使受害国或受害组织或被违反的义务的受益人获得赔偿。

援引责任权利的丧失，在下列情况下不得援引国际组织的责任：（1）受害国或国际组织已有效地放弃要求；（2）受害国或国际组织基于其行为应被视为已有效地默认其求偿要求失效。与国家的求偿资格不同的是，国际组织如何通过各种途径将其与国家或国际组织的争端提交仲裁。目前来说，并没有国际条约将国际组织接受仲裁这一途径设置为义务。

三 求偿当事者

侵权法中的赔偿责任主要是根据个人的损害来衡量。但是，在生物多样性损害中，可能个人或其他法人并不适合提起民事诉讼。将生物多样性保护界定为人类共同关切事项，这意味着不能以个人名义占有。通常来说，对遗传多样性的损害不会即时地反应，个人没有合适的法律救济途径，这就要求发展非政府组织的诉讼主体资格。即使有可能提起私人诉讼，也是针对生物多样性损害给其带来的个人损失而非针对生物多样性损害本身。在"埃里卡号"溢油事件中，卢瓦尔大西洋的一个牡蛎种植者就一项索赔提出了35000欧元（24000英镑）的诉讼，涉及2000年10月至2001年4月由于Erika事件而导致的牡蛎生长活动的终止而导致销售减少。由此可见，私人诉讼无法与生物多样性受到的损害相提并论。在船舶碰撞发生的损害赔偿责任或海洋油气开发污染损害赔偿责任中，受害人因漏油或油气开发致使海域的水产养殖、近海捕捞、旅游业所遭受的损失，可以以单独名义到法院起诉。但这种受害人提起的个体诉讼，不利于节约司法成本，最适宜的方法是选择受害人的群体诉讼。当然，以上提到的诉讼并不在本书的研究范围之内。

第二节 生物多样性损害赔偿的范围

上文将生物多样性的价值纳入总经济价值（TEV）中考虑，即生物多样性的损害应考虑对其使用价值和非使用价值的损害。生物多样性损害赔偿的范围应该包括生物多样性损害所产生的各种费用，即对生物多样性各个组成部分所造成的损害、其所提供的生态系统服务在质量或数量上所造成的损害以及生物多样性损害的非使用价值（未使用或因消费而产生的损害）的各种费用。就生物多样性使用价值所产生的费用而言，则应包括预防措施所产生的费用、清除措施所产生的费用、修复性措施所产生的费用等。同时，对生物多样性存在价值造成损害所产生的费用应该包括未使用或消费生物多样性及其所提供的服务而留存的价值而产生的费用。本书针对生物多样性损害赔偿的范围，即从对其使用价值和非使用价值所产生损害的费用为研究起点，结合欧盟部分国家为响应《指令》对生物多样性损害所进行的立法研究，以及最典型的海洋油污损害案例所涉生物多样性损害内容进行类型化，以期构建并完善生物多样性损害赔偿的范围。

一 对生物多样性使用价值损害的相关费用

针对生物多样性损害的相关司法判例并不多见。即使存在，也是在环境损害赔偿的案例中，尤其是在海洋油污损害赔偿的实践中。虽然海洋的遗传多样性相比陆地更为丰富，但是人们很少关注海洋中的遗传多样性的损害以及对生态系统服务的损害。微生物在生态系统运作中发挥了重要作用，它是遗传多样性的海洋有机体并且是海洋生物链的主体，包括调节气候、在甲烷释放到大气之前将其吸收，以及生态修复等。人们也较少注意到生物多样性和遗传多样性之间的微妙关系，由于人文因素和自然因素的关系导致的物种的灭绝，极有可能导致对遗传多样性的侵蚀。为此，在生物多样性损害方面应该重视对遗传多样性的损害。

虽然在 1969 年《国际油污损害民事责任公约》和 1977 年《关于海底矿物资源勘探开发引起的油污民事责任公约》中规定了污染损害的定义，但也并不当然意味着，受损害的海洋生物多样性损害应根据这些条约予以赔偿。在 Antonio Gramsci 油轮漏油案件中，苏联提出要求由溢油事件对海洋环境本身所造成的损害给予赔偿，但被 IOPC（国际油污损害赔偿基金）拒绝，其声称苏联提出的损害性质属于非经济环境立场的损害或根据理论模型抽象量化的损害。由此，对生物多样性的损害根据以上公约不予赔偿。

1992 年《国际油污损害民事责任公约》议定书和 2001 年《国际油污污染损害民事责任公约》（简称 CLC）明确海洋污染环境赔偿仅仅限于恢复措施和预防措施所产生的费用。那么对生物多样性的损害是否包含在"合理"的恢复措施和预防措施中？衡量的标准由基金委员会建立以报销索赔手册①中关于"合理"的恢复措施所产生的费用，目的是加快损害环境的自然恢复过程，以尽可能拯救导致退化的其他生境或其他不良后果的自然资源。不过，因为索赔手册是无法律约束力的，这些标准提供的也只是参考条件。

那么对海洋生物多样性造成什么样的损害在 CLC 制度下实际可以赔偿？在谢德兰群岛的 Braer 事件中，1971 年基金执行官委员会决定对志愿团体保护野生动物清理被污染的鸟类和其他动物形成的费用可以得到报销，这些措施有效地并有助于减轻动物所受到的损害。基金执行官委员会也承认在 Erika 轮原油泄漏事件中，已经包括了清理因为油污而产生的

---

① 国际油污损害赔偿基金组织在《2013 年索赔手册》中为补偿恢复措施的费用确定的标准如下：(1) 措施应有可能显著加快自然恢复过程；(2) 措施应设法防止事故造成的进一步损害；(3) 措施应尽可能不导致其他栖息地退化或对其他自然或经济资源造成不利影响；(4) 措施在技术上应该是可行的；(5) 措施的费用不应超出损害程度和持续时间以及可能实现的利益。

清理野生动植物的费用。① 所以我们可以得出结论，清理因漏油而对野生动植物、鸟类和其他海洋动物遭受损害的费用在 CLC（油污民事责任公约）制度下可以得到补偿。Erika 事件也进一步揭示了所谓的因果关系应该是基于发生的事故和造成的损害之间的联系，根据 1992 年《国际油污损害民事责任公约》和 1992 年设立的《国际油污损害赔偿基金国际公约》，基于恢复受损生境所耗费的成本应该得到报销。

CLC 制度不排除这种恢复受损的海洋生物多样性是以货币计算而不是依据抽象的未知价值。② 理论上而言，损害了海洋生物多样性的组成部分，如受伤栖息地或受损物种，应该属于 CLC 制度调整，但出现了一些案例，对于后溢出的成本研究，如对后续损害的检测，在某些情况下，清理行动也可以报销。③ 不论是从条约的规定，还是从案例的发展看，关于对海洋生物多样性的损害，预防措施可能包括清理行动，例如清理受污染物种，以及采取措施保护易受石油影响的资源（如敏感的沿海生境）。以合理的成本从沉没的船上清除任何可能因石油泄漏而发生的损害的风险费用将予以返还，这可能有助于减轻对深海海域生物多样性的直接损害和潜在的渐进性损害。为防止因漏油事件对海底物种的进一步伤害，有必要清理该地区的石油，采取此类措施的费用可以得到赔偿。在多大程度上可以清理受影响的深海海底地区，以有效防止对该物种的进一步损害，可能需要进一步对受影响地点进行科学研究，如深水地平线溢油事件。有效清理受影响地区可能被视为恢复措施的一部分，因此，有必要采取预防措施作为应急响应，以减轻损害，并在一定程度上防止进一步的

---

① 在 Erika 事件中，1992 年基金执行委员会指出，保护鸟类的组织所清理鸟类的费用已经由法国政府、道达尔菲纳埃尔夫（石油）公司和个人赔偿。由于这个原因，索赔被拒绝。

② 这反映在 2008 年 Volgoneft 案件中，在 2008 年 5 月的一次会议上，俄罗斯当局通知了 1992 年成立的基金自然资源部并提交了一项 604860 卢布（1.33 亿英镑）的环境损害赔偿。基金秘书处通知俄罗斯当局，这项索赔是不可接受的，因为这种索赔是对环境损害赔偿的抽象量化。最高法院 2011 年 4 月的最终决定认定，船东限制资金为 300 万特别提款权。

③ 在 Nissos Amorgos 案件中，根据大会规定的标准，《1971 年基金公约》可能会对环境研究或审计的成本做出赔偿，但条件是研究或审计涉及类型的损害属于《1969 年民事责任公约》和《1971 年基金公约》基金所解释的合理范围之内，包括合理恢复措施。此外，这些研究或审计所得出的损害应该是实际的，并且可能提供所需的数据，规模不应与污染程度和可预测的影响不成比例。审计或研究的程度及相关费用无论从客观角度还是发生的费用来看应合理。

损害。

从海洋生物多样性造成的损害地理范围审视，1969年CLC适用于造成的污染损害领海，除此之外，1977年《关于海底矿产资源勘探和开发造成石油污染损害的民事责任的伦敦公约》适用沿海国家拥有主权的大陆架上的自然资源，那么在针对国家管辖范围以外的地区（公域环境）造成的损害，显然在这些公约中找不到赔偿的依据。此外，针对战争造成的石油污染，敌对行动叛乱或自然灾害造成的生物多样性损害也无法从这些条约中找到赔偿的依据。2001年《国际燃油污染损害民事责任公约》和1992年《国际油污损害民事责任公约》中，海洋生物多样性损害也只是在当已被采取或将要采取恢复措施时才可以得到赔偿。当对栖息地或物种发生严重损害以致不能恢复到基线状况时，可能不能采取恢复措施，因此这些损害也不能通过公约予以追回。此外，这些公约也不适用于因海洋石油泄漏造成的对生物多样性、渐进性的损害，以及基于变异而产生的损害。此外，根据诸如此类的事件造成的生物多样性的损害，一般在损害发生之日3年以内提出诉讼，或者在事故发生之日起6年内提出，如果超过规定的期限，也不会得到赔偿。

在Patmos原油泄漏事件中，上诉法院已经给意大利国家赔偿了，由于污染造成的一定数量的鱼类损失和浮游生物和底栖生物的损害，大约1亿2千万泰铢（约合10万欧元），法院在判决中指出，专家并没有考虑部分污染物已经影响到国家领土以外的区域，据统计法院认定，国家领土以外的区域已经占到20%的污染物。法院不接受法院专家的意见，即只会考虑对现有的鱼类的用于评估目的的赔偿金额，法院认为，应该基于鱼类损害所涉及的生态系统，并且对平面和底栖生物也应构成评估的基础，因为索赔涉及所遭受损害的整个生态系统。上诉法院还评估了因污染而遭受损害的未知价值的一定数量的鱼类，价格为Llt8 000/kg。法院也可能会考虑到平面和底栖生物的损害，然而，判决中并没有指出赔偿金额是如何计算的。[①] 在Erika事件中，上诉法院根据法国法律在其判

---

① 参见71FUND/EXC.38/2，paras 3.2.9－3.2.11。

决中接受了环境资源使用价值的损害赔偿①，这种损害包括不能以货币形式估值的功能性物种、生态系统或栖息地。

二 对生物多样性非使用价值损害的相关费用

以上两个案例说明，对海洋生物多样性及其组成部分的损害可以得到补偿，事实上，某些不能用市场估值的海洋生物资源的损害也是可以得到赔偿的，这反映在 Erika 事件中。针对因海洋污染而导致的不能用市场估值的生物资源的损害的索赔在美国也是予以采纳的。② 这也意味着，对生物多样性的损害，不仅仅局限于其所体现的使用价值，还应该包括其非使用价值，在实践中，应逐渐建立起关于生物多样性非使用价值损害赔偿的惯例。

由于海洋石油污染损害条约关于"污染损害"并没有排除对海洋生物多样性的损害，对海洋损害的赔偿，以通过在事件发生后恢复预防措施的费用来实现，虽然预防措施可能包括从污染场地或含油物种中去除污染物，以防止进一步的损害，但至今还没有关于海洋石油污染损害的条约，规定合理的恢复措施的程度，使得海洋生物多样性受到损害后无法得到有效赔偿。这种做法表明，只有在缔约国的领海和专属经济区内的海洋生物多样性的组成部分，特别是清理受污染场地和含油野生动物和可能受损的栖息地的费用，才会在 CLC 制度下予以赔偿。这可能导致对该制度下的海洋生物多样性损害的赔偿不足。例如，在一个污染严重的海域，只有经过一段时间，受影响的海洋物种或栖息地自然才能恢复去除污染物，在这种情况下就需要采取进一步的措施，例如恢复措施使受损害的海洋生物多样性达到基准状态。

此外，对海洋生物多样性的非使用价值损害并非全部可以用货币计算，因为对这些以非货币形式衡量的生物多样性损害给予赔偿，有必要采取其他方法（如恢复受损的生物多样性的生态系统服务方法）来衡

---

① 参见 IOPC Funds, Incidents involving the IOPC Funds 2011 (IOPC Funds 2011) p. 10 – 11.
② 美国内政部制定了两种评估自然资源的程序，其中 A 类程序就包括针对不能体现市场价值的自然资源的估值。参见 CERCLA 42 U. S. C. A. §9651 (c) (2)。

量对生物多样性的损害。另外，油污事件可能影响国家管辖范围以外的地区（如公域环境），这要求损害赔偿也要考虑到对公域环境的损害，即对生物多样性的损害确定明确的责任。通过以上的论述，针对生物多样性损害的解释应扩大到，对生物多样性各组成部分，及其提供货物和服务的潜力长期或永久地在质量上的退化或在数量上的减少，其赔偿应该不限于实际或将要进行的合理恢复措施和预防措施所产生的费用。在针对生物多样性损害方面，除了要赔偿生物多样性组成部分，还要顾及生态系统的完整性、生态系统产品和服务以及生物多样性的非使用价值。各国有义务保护海洋环境可持续发展对其所造成的损害赔偿，作为 CLC 的大多数国家也是《联合国海洋法公约》的缔约国，负有对海洋生物多样性造成损害赔偿的责任。此外，随着 ELD 的生效，欧盟成员国已经制定了对受保护物种的损害的责任制度。

基于生态系统的方法，出现在国家管辖或控制范围之内的生物，其跨界影响的因素可能出现在国家管辖范围以外的区域。根据生态系统总经济价值（TEV）对国家管辖范围以外的海洋遗传资源，也存在直接使用价值、间接使用价值、选择价值、遗产价值和服务的其他非使用价值。综合以上的论述，本书认为生物多样性损害的范围应该包括对 TEV 产生的损害，但现实是，对生物多样性非使用价值的长期忽视导致其不能进入市场为生态系统服务付费。从地理范围看，生物多样性损害与环境损害最大的特殊性在于对海洋遗传资源的损害。运用 TEV 的价值模式可以涵盖这一损害的范畴，值得借鉴。

三 欧盟关于预防和补救措施费用的规定

（一）《欧盟环境责任指令》的规定

《欧盟环境责任指令》考虑到未来对环境造成损害的威胁性，以及消除任何重大的损害风险需要采取预防措施。预防措施是为应对事件、作为或不作为而造成环境损害的迫在眉睫而采取的任何措施，以防止或尽量减少这种损害。当预防措施不足以应对损害，经营者应该将此情形通知主管机关。无论是损害发生前还是发生后，经营者有义务通知主管机关，采取措施控制损害的发生或继续发生，以防止对生物多样性服务的减损。这些措施称为紧急补救措施，需要与预防措施区分开来。补救措施包括减轻或临时采取措施，来恢复或取代受损的自然资源或服务，或为这些资源或服务提供同等的替代方案。如果经营者不履行这些义务，不能确定或不需要承担损害费用，主管机关本身可采取补救措施作为最后手段。

通过将受损害的自然资源恢复到基准状态，可以抵御受保护物种或自然栖息地的环境破坏。在确定应采取哪些补救措施时，主管机关应特别考虑到"有关环境损害的各种情况的性质、程度和严重性""自然恢复的可能性"和对人体健康的风险。ELD描述了三种补救措施：将遭受损害的自然资源或服务修复至基线状态的主要补救措施；主要补救措施未能使自然资源或服务完全修复至基线状态时采取的其他与自然资源或栖息地相关的补充补救措施；自损害发生日起至主要补救措施充分发挥作用期间对自然资源或栖息地暂时性损害的补偿性补救措施。在确定主要补充和补偿补救措施之间，运营商可以考虑实施成本、成功可能性、恢复生效的时间长短等，具体到当地的相关社会、经济和文化关切等。经营者需要首先进行初步修复，因为ELD中附件2规定"如果初级补救并不能导致将环境恢复到其基准状态，那么将进行补充性补救"。补充措施是针对采取主要补救措施不能完全恢复受损的自然资源或服务。主管部门有义务要求经营者采取补救措施，但是如果经营者不遵守，不能确定或不需要承担补救费用，则有权自行决定。ELD允许经营者停止补救行动，如果主管当局确定：不再有重大风险，以及成本与环境利益不成比例。因此，根据成本运营商可能会被允许采取主要的补救措施，以确保不再有重大的损害，而不是达到基准条件。

（二）欧盟各国的国家实践

《欧盟环境责任指令》规定：涵盖预防和补救行动费用的经验——

ELD 第 8 条规定。① 关于例外情况的法律框架和实际执行，承担根据 ELD 第 8 条第 3 款和第 4 款②所采取的预防和补救行动的费用。金融安全工具和市场的法律框架实践经验，第 14 条③关于受保护物种和自然栖息地情况的财政担保规定：在经营者破产的情况下承担责任的财务担保。

保加利亚有关生物多样性方面的法律是《预防和修复环境损害赔偿责任法》（Liability for Prevention and Remediation of Environmental Damage Act，简称 LPREDA）。关于费用的规定，载于 LPREDA 规定的预防和补救措施类型，以及保加利亚共和国《第 96/2008 号条例》规定的关于这些措施的最低费用。在保加利亚，按照的规定，经营者（执行 ELD 附件 3 所列的职业活动）通过从以下金融工具中选择至少一种金融工具（保险、银行担保、质押、抵押），从财务上确保法律的规定。在分析的案例中，由于运营商没有财务担保，由主管机关支付的费用大概率不会开始收回成本的程序，因为回收费用将超过将要追回的数额。

爱沙尼亚关于 ELD 的第 3 款和第 4 款在国内的适用表现为，在《环

---

① 第 8 条关于预防和补救费用第 1 款规定经营者应承担本指令规定的预防和补救措施的费用。第 2 款、第 3 款和第 4 款，主管部门尤其应通过造成破坏或破坏紧迫威胁的经营者的财产担保或其他适当的担保来收回其因根据本指令采取预防或补救措施而承担的相关费用。但是，若采取上述措施所需费用高于可收回的费用金额或当无法认定经营者时，主管部门可决定不收回全部费用。

② 第 8 条第 3 款规定，当经营者可证明环境损害或环境损害的紧迫威胁为下述情况时，不应要求该经营者承担根据本指令采取预防和补救措施的费用：（a）环境损害或环境损害的紧迫威胁由第三方造成，或在适当的安全措施已到位的情况下仍出现了环境损害或环境损害的紧迫威胁；（b）环境损害或环境损害的紧迫威胁是因遵守公共机构发布的强制命令或指示而造成的，上述命令或指示不包括经营者自身活动导致排放或事件发生后发出的命令或指示。上述情况下，成员国可采取适当措施使经营者可以收回所承担的费用。第 4 款规定：若经营者证明其不存在过错或过失且环境危害是由以下原因造成的，各成员国可允许经营者不承担本指令规定的采取补救措施的费用：（a）在排放或事件发生当日，排放或事件得到了附录 3 中所列实施欧共体所采纳立法措施的国家法律法规的明确授权且完全符合其各项条件；（b）经营者证明，根据排放或活动发生之时的科学和技术知识状态判断，某一排放、活动或某一活动中使用某一产品被认为不可能导致环境损害。

③ 第 14 条第 1 款规定，成员国应采取措施鼓励合适的经济或金融从业者开发财政担保工具及市场，包括在破产情况下的财务机制，旨在帮助营业者利用财务担保履行本指令规定的各项责任。第 2 款规定委员会在 2010 年 4 月 30 日前应提交报告，说明本指令对环境损害修复的效力，以及针对附录 3 规定的活动采取成本合理的保险或其他财政担保措施的可行性。该报告还应包括与财政担保相关的如下内容：渐进式方法、财政担保上限以及低风险活动的排除。根据该报告以及包括成本利润分析在内的影响评估，委员会可提议建立统一的强制性财务担保制度。

境责任法》(The Directive was transposed by the Act on Environmental Liability，简称 AEL) 中，主管当局可以允许损失的费用分期付款。在这种情况下，适当的安全性，可能会要求抵押贷款。根据规定，一个可选的财务担保体系需要运作，以提供可用的保险产品。爱沙尼亚主管当局认识到，在不符合"生物多样性损害"标准的情况下，如何支付评估费用需要重点关注。在运营商没有遵守颁发许可证要求的情况下，那么环境责任制度就适用于这种情况。专家评估支出由环境委员会，即主管当局支付，金额为1330欧元；造成损害的经营者在包括专家评估在内的预防和补救措施方面的总支出为2950欧元。

在德国，经营者需承担预防性损坏限制和补救措施的费用。①《环境损害法案》(Environmental Damage Act) 规定了实施的细节，包括费用豁免、报销和付款期限的规定。但德国尚未建立有关环境责任的强制性金融安全制度。保险是金融安全最重要的手段，保险用户可以自由决定将保险业风险转移到保险业的程度，保险公司可以自由决定接受保险的条款和条件。在德国140家责任保险公司中，大部分都提供ELD政策。但目前没有关于运营商是否有保险单的信息。

波兰在针对ELD第8条的规定，将其国内的法律体系《预防和补救环境损害法》(Act on the prevention and remedying of environmental damage，简称 APRED) 进行了转化，APRED 第21条规定了费用。执行预防和补救措施的主管当局有权收回造成损害的运营商的成本②，波兰也没有强制性的金融安全制度。在所分析的情况下，主管当局都不会承担任何费用，采取的补救措施的成本由运营商支付。

第三节 生物多样性损害赔偿的法律途径

20世纪中期，尤其是20世纪90年代以来，私人参与或影响国际关系的能力获得了实质性提高，国际法的公—私关系认识论得以形成，据

---

① 参见《德国环境损害法案》第1条第9款第1项。
② 参见《波兰预防和补救环境损害法》第23条。

此，国际法发展应当被理解为，包括国家和国际责任在内的，国际公法人与私人进行多维度、多层次、多形式以及多主体间的互动过程。那么，由生物多样性损害所导致的责任与义务，也相应分为国家责任与民事责任两套不同的法律体系，前者涉及一个国家对另一国家所承担的责任，后者则基本上仅涉及私人之间的关系。前者研究的侧重点为国家在生物多样性损害中的法律责任、防止生物多样性损害的国际合作机制以及跨界环境争端解决机制等；后者研究的侧重点则是生物多样性损害中的民事责任以及生物多样性损害民事诉讼的管辖权与法律适用问题。本书研究的着重点在前者，所以本书尝试从诉讼途径解决生物多样性损害赔偿并不包括通过国际民事诉讼途径。

一 国际环境公益诉讼

对政治国界的划分往往会造成生物多样性的保护在不同国家之间自然的割裂，因此需要在国家主权政治边界之外，解决共享自然资源所面临的挑战。随着气候变化对世界粮食、能源和基础设施的需求日益增加，由此造成问题的复杂性，为生物多样性保护提出了一系列新的挑战，需要主权国家之间的协调应对。基于"全球共同物品"的基本属性，对生物多样性损害影响到国家之共同体的整体利益。诉讼主体资格的问题，影响到共同体的整体利益的行使，那么对其权益的维护是通过公共利益代表诉讼解决，还是以国家为主导提出赔偿请求？

针对"共同关切事项"结合全球环境责任的对世义务（国家对国际社会的义务），从国家责任角度，就要考虑违反整体义务将会产生什么样的法律关系和法律后果。但除人权法以外，实践的案例很少。

2000年《国家对国际不法行为的责任条款草案》，考虑了5种诉请主体：当违反对一国的义务时，受到损害的国家可以提出诉讼；一国的国际社会之整体义务被违反时，受到特别影响的国家可以提出诉讼；若一义务的违反影响了所有国家享有的权利和义务，任何国家都可以提出诉讼；若一行为违反了包括请求国在内的国家集体利益，任何国家都可以提出诉讼；若一义务是对国际社会整体的，任何国家都可提出请求。可以看出，前两种主体是针对受害国而言的，必须是受害国的权益受到了违反义务的影响;后三种主体是出于对公共利益的维护,国家提出的诉讼请求是在执行对世义务。

《草案》第49条考虑到了全球环境的保护,共同关切事项保护的数量日益增多的多变条约和习惯法,它们创设了以国家之国际社会共同体作为受益人的义务,这已经在生物多样性公约中得到了承认,在这些条约的实施中,所有缔约方都有集体利益与个别利益,对这些共同关切事项既负有在本国范围内关系的义务也负有对国家管辖范围之外的生物多样性保护的义务,但这并不意味着采取行动的第三国能获得全额的赔偿。第三国获得赔偿的程度与遭受生物多样性损害的利益方所承担的责任有关。第三方为了履行自己的监督义务而采取的对抗措施并不是无限制的。例如针对某国外来物种入侵的引进,也要受到WTO义务的限制,即受害国可以选择在国际法院以提起诉讼的方式援引责任,但并不是被援引责任的所在国必须同意接受国际法院的管辖,即使同意也存在执行难的问题。

二 国际海底管理局模式

《联合国海洋法公约》第145条[①]授权国际海底管理局(International Seabed Authority,简称ISA)为海洋环境保护制定规则、章程和相关程序,以确保区域内的活动不对海洋的资源造成损害。

该条文将海洋环境中的动、植物作为环境的组成部分,管理局负有责任保证区域内的活动不使动植物受到损害。ISA代表公约缔约国负责管理"区域"内的矿物资源,包括对这些资源的勘探、开采活动。作为其责任的一部分,管理局负责采取必要措施,确保有效保护

---

① 《联合国海洋法公约》第145条规定,应按照本公约对"区域"内活动采取必要措施,以确保切实保护海洋环境,不受这种活动可能产生的有害影响。为此目的,管理局应制定适当的规则、规章和程序,以便除其他外:(a)防止、减少和控制对包括海岸在内的海洋环境的污染和其他危害,并防止干扰海洋环境的生态平衡,特别注意使其不受诸如钻探、挖泥、挖凿、废物处置等活动,以及建造和操作或维修与这种活动有关的设施、管道和其他装置所产生的有害影响;(b)保护和养护"区域"的自然资源,并防止对海洋环境中动植物的损害。

海洋环境免受这些活动可能对生物资源造成的有害影响。实现这一目标需要采取综合性办法，将保护海洋环境纳入 ISA、承包商、赞助国、会员国的所有与采矿有关的活动，并由科学家提供专家意见和民间社会的参与。"保护"一词同时也反映了"各国有保护和保全海洋环境的义务"[①]。根据《联合国海洋法公约》，"区域"及其资源是人类的共同继承财产，管理局负责代表全人类管理"区域"内资源，对"区域"的深海采矿需要高度的尽职调查，以确保有效的保护。

国际海洋法法庭海底争端分庭咨询意见应确保作为"有效义务"采取适当手段。海底争端分庭指出，"尽职调查的标准对于风险较高的活动必须更加严格"，并强调需要"统一适用最高标准的海洋环境保护"。国际海洋法法庭海底争端分庭还认识到，预防原则有助于确保保护海洋环境，因此形成"尽职调查"应该作为有效保护海洋环境义务的组成部分。"有效保护"的定义应更加全面，包括但不限于对生物多样性的保护，还应该拓展至对独特性、脆弱性的海洋生态系统平衡的保护，并通过环境管理和监测计划控制和限制开采活动的累积影响。

"区域"内活动所造成的损害不仅仅包括对法人和自然人所造成的损害，同时也包括对国家、国际组织和整个国际社会所造成的整体利益的损害，这种损害除了包括人身损害、财产损害、经济损害之外，还包括对生物多样性的损害。《"区域"内多金属结核探矿和勘探规章》附件 4 第 16 条规定体现了针对海洋环境的损害应该负有赔偿责任。同样的规定也体现在国际海底管理局大会有关《"区域"内多金属硫化物探矿和勘探规章》和国际海底管理局大会关于《"区域"内富钴铁锰结壳探矿和勘探规章》中。从这些规定可以看出，在区域内违反规章制度的行为，如果没有履行尽职义务，无论是国家，还是国际组织、承包者的责任，海底管理局都可以代表全人类在国际海洋法法庭海底争端分庭提起诉讼。

---

① 《联合国海洋法公约》第 192 条。

三 常设仲裁法院模式

《公约》第 27 条规定了争端的解决方式，缔约国面对争端首先要考虑用谈判的方式予以解决。如果无法达成协议则可要求第三方调停。在以上两个方法都没能解决时，应采取强制性办法。

其中之一规定按照《公约》附件 2 第一部分规定的程序进行仲裁。国际组织作为求偿方时，仲裁是避免其在国际法院诉讼资格方面不适合的有效手段。在 1964 年国际法协会在国际仲裁决议中规定：提请所有国家注意利用国际仲裁解决各种国际性冲突，包括（a）不能提交国际法院的国际冲突……（c）国家与国际组织之间的冲突。联合国国际法十年的工作组在 1992 年也提出了一项建议，敦促更广泛地利用常设法院和法庭解决国家间的冲突和国家与国际组织之间的冲突；当一个组织违反了对整个国际社会承担的一项义务时，另一个国际组织可以对其援引责任；除了受害国际组织之外，其他的国际组织有权要求该国际组织停止国际不法行为，并向受害国际组织或被违背义务的其他国际组织赔偿。由于缺乏中央机构，国际社会作为一个整体不能自行采取行动，而只有国际社会各成员，方可为国际社会的利益代表国际社会针对违法人采取行动。

在欧洲联盟委员会看来，这一权利在原则上属于国际社会所有成员，包括作为国际法主体的国际组织。[①] 然而，国际组织只能实施特定职能，如果被违背的义务超出了不属于该组织的职能范围时，受害的国际组织通过何种途径采取强制性行动？例如很难想象在一个军事同盟违背可能对整个国际社会承诺的对国际人道主义法的一项根本保障时，让一个技术性运输组织去制裁该军事同盟。因此，应当将一个国际组织对另一个国际组织采取反措施的权利限制于前者有保护后者所违背义务的相关利益的法定职能的情况。[②] 从某种程度来说，受害的国际组织主张的可受理性是基于职能保护。

然而，与国家不同的是，目前没有对国际组织开放的一般性条约，

[①] 参见 A/CN.4/593，国际法委员会第六十届会议《国际组织的责任》。
[②] 参见国际法委员会第六十届会议《国际组织的责任》。

使国际组织能够接受将这类冲突提交仲裁的义务，当然可以肯定的是，一些双边协定中载有此类条款，但是没有对国际协定中有关国际组织作为当事方如何提交仲裁的条款，或根据这类条款作出仲裁的情况进行过普遍调查。到目前为止，在公共领域，似乎只有4件国际组织与国家之间的仲裁。①

常设仲裁法院（Permanent Court of Arbitration，简称 PCA）作为双边和多边条约、合同和有关自然资源和环境的其他文书的争议解决论坛，并为这些争端提供仲裁和调解的专门规则。② PCA负责管理根据一系列双边和多边投资条约、合同和其他文书所产生的国家与非国家行为者之间的争端，其中一些争端涉及与国内环境管理框架有关的法律问题以及东道国根据国际环境法承担的义务。例如，PCA就《京都议定书》的清洁发展机制管理了若干争端，并在多边环境框架中引用了其他一些著名文书。以"契约"的形式出现的有：《改性活生物体释放引起的生物多样性损害情况下的契约性补救机制》是一个关于1992年《公约》引起的责任问题的私营部门倡议，规定了一个国家和一个签署公司。黄金标准基金会是一个为《京都议定书》清洁发展机制和其他碳交易计划下的合格项目提供优质碳信用额认证机制的机构，其中包括PCA可选规则的修改版本以及违反认证决定。绿色气候基金是一个新的多边基金，旨在帮助发展中国家限制或减少温室气体排放并适应气候变化不可避免的影响，在2012年有关主权财富管理办法已经纳入一些与绿色气候相关的文书。

---

① 向在法国定居的教科文组织退休官员支付的退休金税收制度（法国—教科文组织），联合国《国际仲裁裁决汇编》第25卷，第231—266页；欧洲分子生物学实验室（EMBL）诉德意志联邦共和国，《国际法案例汇编》第105卷，第1—74页；另一个最新的案例未作出裁决结案，是拉蓬塔市区（秘鲁）诉联合国项目事务厅（PCA Case No. 2014 – 38）；还有在《联合国海洋法公约》第15部分下提出的 The Atlanto-Scandian Herring Arbitration（丹麦王国因法罗群岛诉欧洲联盟）（PCA Case No. 2013 – 30）也在没有作出裁决的情况下结案。

② 根据各种法律文书，包括1992年《保护东北大西洋海洋环境公约》、1982年《联合国海洋法公约》、1960年《印度河水域条约》和1976年《莱茵盐公约》等多边条约，根据双边条约和特别仲裁协议，PCA管理的洲际环境纠纷也已经出现。此外，PCA已经被列为指定机构和仲裁由多个多边环境条约（下文所列）引起的争议的论坛。PCA也是《环境与发展国际公约》草案中建议的争端解决办法之一，这是非政府组织为了促进环境部门的条约谈判而制定的示范协议。

PCA《关于环境和自然资源争端的仲裁规则选择规则》（以下简称《环境规则》）于2001年通过，本规则由环境法和仲裁专家工作组及专家委员会起草，以解决环境纠纷的主要空白问题。2002年通过了PCA《关于调解与环境或自然资源有关的争端的任择调解规则》，PCA的仲裁为调解环境规则提供了目前可用的最全面的环境裁决争议解决程序规则，PCA的《环境规则》已经在一些条约和合同中被提及。《卡塔赫纳生物安全议定书》以及根据《议定书》建立的拥有和分享利益制度都以此为参照解决争端，与生物多样性有关的《濒危野生动植物国际贸易公约》《养护野生动物中移栖物种公约》及《关于环境保护的南极条约议定书》等多边环境协定都有规定用常设仲裁法院解决争端。可以看出，气候变化、生物安全领域等环境问题的频繁发生，其争端解决的方式正在吸收《环境规则》的内容或者以建立协议的方式独立使用规则。

《环境规则》适用于处理发展中国家和发达国家涉及的环境或自然资源方面的争端。《京都议定书》规定的排放量交易合同、清洁发展机制、联合执行的东道国协议中多次利用到该规则。常设仲裁法院的环境方案特别适合于处理发展中国家的环境和自然资源方面争端。规定建立一个被认为具有这方面专长的仲裁员专门名单和一个根据《环境规则》可以被任命为专家证人的科学和技术专家名单，争议各方可自由选择这些小组的仲裁员、调解员和专家证人。但仲裁员、调解员或专家的选择并不限于PCA专家组。PCA可以为参与设计和管理新的专门的环境争端解决程序的国家、国际组织和私人团体提供咨询和援助。如今发生的很多与环境争端有关的案例都在常设仲裁法院秘书处处理，常设仲裁法院还专门为发展中国家设立了"财政援助基金"以帮助发展中国家解决争端。

PCA还积极推动和参与国际环境法律和治理的发展，它与联合国环境规划署合作召集了一个联合咨询小组来审议环境纠纷解决领域的发展，其参加了根据《公约》和《卡塔赫纳生物安全议定书》政府间委员会制定赔偿责任和补救机制的谈判，还为《联合国防治荒漠化公约》秘书处提交了关于条约的《环境仲裁和调解程序》的报告，还参加了《联合国气候变化框架公约》（UNFCCC）的多边谈判，并就气候变化纠纷解决问题提出了意见。

第五章　生物多样性损害国际监督机制

明确而全面的生物多样性损害国际监督机制可以弥补损害赔偿的功能性缺陷，为生物多样性损害补救机制提供重要基线，这是解决生物多样性和生态系统损害的关键。除此之外，它还引导非国家行为体参与进来，促使责任方对损害行为负责，并采取相应的补救措施。所以，生物多样性损害国际监督机制在本书中起到了承上启下的作用。从环境多边主义的一般性进展来看，全球性环境法与政策出现了新的进展，伴随着跨界生态问题的频发，已经形成了大量应对全球性越境损害问题（气候变化的损失损害、生物多样性损害等）的国际协议。

面对这些全球性问题，任何一个国家都不能单独对其负责任，但这又关系到每个国家的利益。显然，在国际范围内的损害赔偿责任并不是解决此类全球性损害问题的最佳途径，全球性国际监管机制的构建为国际法和国际关系一体化的发展提供了新的领域。生物多样性损害赔偿的"全球化"，表明其逐渐偏离与政府有关的某种传统治理模式，当然这并不意味着国家责任和义务的减少，这种新型的损害赔偿模式将更加分散和多样化。

以国家为中心的威斯特伐利亚政府概念不是一切，在这种新的赔偿救济中，我们看到缓慢地（暂时地）出现的新的全球环境法和损害赔偿理念，这种"新损害赔偿模式"，涉及私人、公共和非政府利益相关者之间的合作，这些利益相关方共同努力达成（或相互协商）目标，它在很大程度上依赖于参与式对话和审议，具有相当的灵活性和包容性。由此，新形式的生物多样性损害赔偿机制将其重点放在以国家为主导，以非国家行为者为补偿。后者在全球生物多样性法律制定和损害赔偿工作中基于一系列复杂的法律，其范围从条约法到监管安排（如行为准则、最佳做法和自我规范）。

值得注意的是，若按照传统的区域性或双边性的跨界生物多样性损害赔偿，在连通性保护概念中不符合实际，理想情况是为了使人类对生物多样性的救济更加及时有效，采取措施必须具有包容性，是自下而上的。虽然这种形式的损害赔偿机制包括更多非正式和包容性的，但这也意味着各国不得不放弃与生物多样性事项有关的法律和治理方面的一些绝对权力，为非国家行为者在全球生物多样性法律和损害救济机制中提供更多的决策任务。与此同时，非国家行为者在公共权力范围以外会面临资源不足的情形，将不得不与国家合作，承担起生物多样性损害赔偿的责任。

第一节　生物多样性损害国际监督机构的作用

国际环境法所签订的条约大多属于多边性质，包括全球性和区域性条约。为了促进这些条约的发展及其实施，大部分协议都建立了监督机构。就生物多样性而言，考察这些关联性机构的运作方式以及协同履行实践，对挽救生物多样性损害不失为有效的救济路径。当生物多样性产生损害后，对其未来将发生的这种渐进式的损害（例如针对遗传资源的损害），国际诉讼和仲裁显然并不是救济这种损害的最优策略。

其一，在义务的遵守方面，国际监督机构所提供的监督形式比诉诸司法机构等更具有对抗性的方式更加有效。通过考察与生物多样性相关的公约机构的运作方式，并促进这些机构搜集数据和信息进而建立独立的监督和核查机制，那么与之对应的国际机构就具有了解决法律争端的功效。这种监督通常要求各国之间进行谈判和制定详细的规则来完成，不仅促成了条约的实施，还会对不断涌现出的新问题给予回应。例如《联合国气候变化框架公约》和《公约》通过定期的缔约方会议、附加议定书的方式来颁布修正案以及各种决定。气候变化损失损害和生物多样性损害是典型的全球性越境损害，加强各机构的合作显得尤其重要。特别是《联合国气候变化框架公约》和《公约》项下的国际机构规制和监督职能应该相互结合。

其二，应对公域环境生物多样性所造成的损害，国家应履行对国际社会的整体义务，国际监督机制方式更为可行。对全球性公域的生物多样性损害而言，各国缺乏提起诉讼的资格，在这样的情形中，通过国际监督机制来实施责任，促进各国合作才是问题得以解决的主要路径。南极生物遗传资源就是例证，虽然没有关于此方面的规定，但是相关的《保护南极动植物议定措施》《保护南极海豹公约》《南极矿产资源活动监管管理公约》等相关的监督管理机构和南极条约协商会议论坛这种监管和规则的方式，是一种比国家间诉讼更为重要的争端解决方式，尤其是对国际社会的整体利益的保护。即便实质性地违反了上述条约，也不可能轻易搁置条约或废止条约，因为这损害的是国际社会的整体利益而不是每个国家的利益。

一 生态整体主义的角度

诚如上文所言，生物多样性应作为生态系统的整体加以考虑。从空间结构来看，国家的陆地、淡水、河口、沿海和海洋生态系统以及动植物群落的演变和发展，体现了整个连通性保护区的规划要求。对于陆地地区而言，对连通保护区的规划需要考虑在多个空间和时间尺度上运行多个生态过程。这些包括：（1）整个水文生态过程；（2）营养关系和功能上的相互作用（特别是对于高度洄游的物种，对自下而上的捕食者控制种群，对于种子传播和授粉的物种）；（3）分散物种，特别是迁徙游牧和喷发物种；（4）疏散动力学（特别是对于大范围的动物物种）；（5）涉及大规模流动的物种对气候变化的响应；（6）生态避难所，战略性生物多样性；（7）火灾。①

---

① 参见 Mackey Brendan, Hugh P. Possingham, Ferrier Simon, "Connectivity Conservation Principles for Australia's National Wildlife Corridors", in James Fitzsimons, I. Pulsford, Geoff Wescott, *Linking Australia's Landscapes: Lessons and Opportunities from Large-Scale Conservation Networks*, CSIRO Publishing, 2013, p.168。

连通性保护认识到原生植被完好区域（包括保护区）之间景观矩阵的重要性。矩阵需要管理，以促进更完整的植被之间的自然水平的连接。矩阵管理对于许多大规模的演化和生态过程，如火灾和引进物种都是必不可少的。保护海洋保护区（MPA）内的物种和栖息地本身是不够的，只能限于 MPA 周围的水域以可持续的捕捞方法和确保 MPA 之外良好的区域（如 ACCs）也是至关重要的。ACCs 互连保护区，可帮助将这些区域整合到更广泛的海景、淡水和景观中。

保护区之间的连通性，有助于减轻对被隔离的地区以及物种所造成的损害，对于延伸多个纬度（例如沿着山脉链）的大型 ACCs，这种互联式的连通保护区所体现的作用，有助于因气候变化损失损害而使物种遭受的损害减轻。大型 ACCs 是对因气候变化导致生物多样性损害问题的回应。自然和半自然的陆地 ACCs 除了为物种的养育提供帮助之外，也有助于保持气候变化对景观多样性的自然抵御能力。"生境碎片化在被隔离后会导致物种的丧失，因为这些岛屿不再是自然系统的一部分……对生物多样性的保育不仅仅是保护，还取决于连接。"[①]

ACCs 对生物多样性损坏修复起到了关键作用，尤其是对因气候变化引起的生物多样性损害起到了关键性作用。ACCs 将其所保护区域从半自然生态系统、自然系统、淡水系统连接到海景，并注重这些系统中栖息地和物种的保护，包括陆地地区，鸟类和非鸟类飞行迁徙路线、淡水河流、湖泊和河口以及海洋环境等。

连通性是一个地理环境框架上的关于空间维度的概念，包括了尺度模式以及更广泛的景观组合的自然、半自然和景观转移矩阵。连接保护领域（包括连通性保护走廊）已成为保护生物学和实践的基石。

自从 20 世纪 40 年代引入野生动物作为项目管理策略以来，认识到连通性是 20 世纪 90 年代景观机构的一个基本构成要素。[②] 在此期间，栖息

---

① TE. Loveioy, EO. Wilson, "The Opinion Pages: A Mojave Solar Project in the Bighorns Way", *The New York Times*, 2015, p. 28.

② 参见 Philip D. Taylor, Lenore Fahrig, Kringen Henein, Gray Merriam, "Connectivity is a vital element of landscape structure", *Oikos* 68, 1993, pp. 571–573。

地丧失和分裂已被广泛地认为是构成全球生物多样性丧失的最大威胁。①气候变化的作用会更加剧生物多样性丧失的速度。② 孤立地研究物种所造成的威胁并不足以解决问题，必须通过一系列机制，将物种和其生态功能与其周围退化的生态系统相结合。由气候变化所造成的生物多样性损害后果必定是"跨界"性的，"生物走廊"可以通过生物资源与人口之间的移动来缓解气候变化的影响，并且针对某些局部物种的灭绝提供救援措施。

据研究显示，生物走廊的建立对维持基因多样性的转移也具有重要作用③，最重要的是它能够应对因气候变化所带来的损害。但作为保护策略的生态走廊也是有局限的，连通性保护是否可以承载在保护区之外的人类改造景观中保持生物多样性，尤其是旨在维持或恢复栖息地之间连通性的生物多样性，现在被认为是面对未来景观变化的关键。④ 虽然在发展走廊和连通性概念和科学基础方面走了漫长的道路⑤，但景观连通性的重要性现在已被广泛接受。连通性的尺度在空间上和时间上都有所拓展，这与明确的景观结构性要素密不可分。随着气候变化的因素影响，人口和社区的长距离移动就是很好的例证。具体而言物种迁移的尺度体现在：在南半球和北半球之间迁移数千公里的鸟，在整个海洋范围内迁徙的海洋哺乳动物，迁徙到大海的鱼以及迁徙到大陆大部分地区的昆虫，哺乳

---

① 参见 Rodolfo Dirzo, Peter H. Raven, "Global state of biodiversity and loss", *Annual Review of Environmental Resources*, 28, 2003, pp. 137 – 167。

② 参见 OE. Sala, FS. Chapin 3rd, eds., "Biodiversity-Global biodiversity scenarios for the year 2100", *Science*, Vol. 287, 2000, pp. 1770 – 1774。

③ 参见 ML. Hale, PW. Lurz, eds., "Impact of landscape management on the genetic structure of red squirrel populations", *Science*, Vol. 293, 2001, pp. 2246 – 2248。

④ 参见 Gretchen C. Daily, Gerardo Ceballos, eds., "Countryside biogeography of neotropical mammals: Conservation opportunities in agricultural landscapes of Costa Rica", *Conservation Biology*, Vol. 17, 2003, pp. 1814 – 1826。

⑤ 走廊和连通性的概念基础在过去几十年中取得了巨大的进展。1991 年，走廊被简单定义为线性景观要素，便于在生境斑块之间移动。早期走廊研究的重点是监测野生动物使用事实上的走廊。理论工作的重点是二元景观格局（栖息地和非栖息地）对人工景观连通性的影响。Gustafson 和 Gardner 证明了基于景观结构的基质和物种特异性响应的异质性对超越连通性概念的重要性。他们通过复杂的非二元景观模拟了一个具有复杂的栖息地偏好的典型物种的运动，并揭示出"走廊往往是弥漫的，难以从景观的结构特征中识别"。

动物迁移的范围随季节性而移动,从一个区域或栖息地又到另一个地区的行为。

基于上述生物学理论,鉴于目前生物多样性丧失的规模和潜在的协同效益,有必要以连通性科学知识为基础,探讨生物多样性损害的地域范围。为了更好地澄清与连接相关的各种主题,明确区分四种类型的连接。[①] 首先,栖息地连接可以定义为,个体物种适宜栖息地的斑块之间的连接性,它与栖息地隔离相反(适合于特定物种的栖息地被细分);其次,景观连通性可以从人类的角度定义,一个特定景观中植被覆盖度格局的连通性,通常需要在两个物理隔离的植被块之间自然植被的物理连接;最后,生态过程连通性可以定义为生态过程在多个尺度上的连通性,包括与高度分散物种、高度互动物种、干扰体制和水文生态流动有关的过程。[②]

二 协同增效的角度

全球命运共同体的构建离不开主权国家的参与,行使主权是国家不可或缺的手段。然而,主权是一个扑朔迷离的概念,环境理念的不断涌现直接冲击着主权的绝对性。国际社会越来越注意到国家、国际组织和组织、跨国公司与非政府跨国组织合作的重要性。

那么一国的国家主权与生物多样性保护的自然环境观念是否被认为是不可逆转的矛盾?生物多样性的损害引起因素主要有外来物种入侵、栖息地丧失和气候变化等,这些因素也威胁到文化的可持续性发展。介于物种及生态系统的各个组成部分的损害不应遵循主权国家的界限,国际社会在这方面也一直在和正在做出努力,其核心是1992年通过的《生物多样性公约》,实际上保护缔约国主权,意味着世界其他地区必须依靠

---

① 参见 DB. Lindenmayer, J. Fisher, *Habitat Fragmentation and Landscape Change: An Ecological and Conservation Synthesis*, CSIRO Publishing Journals, 2006, p. 66。

② 参见 Mackey Brendan, Hugh P. Possingham, Ferrier Simon, "Connectivity Conservation Principles for Australia's National Wildlife Corridors", in James Fitzsimons, I. Pulsford, Geoff Wescott, *Linking Australia's Landscapes: Lessons and Opportunities from Large-Scale Conservation Networks*, CSIRO Publishing, 2013, p. 168。

个别国家的礼让才能遵守《公约》，这就产生了一个问题，对生物多样性的保护是否被看作对主权国家的削弱。

基于生态整体主义视角，需要一个全新的全球生物多样性损害的救济新范式，即建立生物多样性损害监管模式，以应对跨界生物多样性损害。生物多样性损害已经由局域性向全球性蔓延，并成为跨国环境监管的一部分。跨界生物多样性损害为更广泛的监管机构提供了一个范例，生物、景观、生态系统应被视为一个整体纳入国内区域、国际（跨国）的法律和治理机构的监管权力中。

生物多样性损害的救济对监管问题提出了新的挑战：生态系统方式和国家主权边界相互限制，缔约国和非缔约国在生物多样性保护方面的责任义务，气候变化对跨界生物多样性的威胁，还有诸如此类的人权、贸易、能源等。针对以上问题，监管机构在面对未来发生的和已经发生的生物多样性损害的治理范式中，需要考虑生物多样性损害的全球性和连通的跨国性。强有力的监管和生物多样性治理体系，对于建立生物多样性补偿机制至关重要。

通常来说，环境监管主要分为直接授权式或限制某些对生物多样性损害行为的禁令，以及强制性要求、标准和程序。监管通过限制人们对生物多样性损害的行为制定严格的法规。例如针对"区域"内采矿活动给生物多样性所造成的损害，基里巴斯政府颁布国家立法，执行一项管理深海采矿的监管框架并将其作为欧洲联盟资助的深海矿产项目的一部分，秘书处可以就拟定监管制度提供咨询意见。① 对于基里巴斯政府来说，其始终贯穿可持续开发海洋资源新理念，一向致力于维护生物多样性。该国制定了各种保护海洋环境的监管框架，例如《1999 年环境法》（2007 年修订），该法规定，在开展海上活动之前必须提交环境影响评估。

造成物种损害和栖息地大面积丧失的根本驱动原因是不受监管的贸易（通常表现为对木材、野生动植物以及药材、海洋鱼类需求的增长）。国际监管的最重要作用是多边环境协定与生物多样性有关的组织是否存

---

① 参见 ISBA/18/LTC/L.6，国际海底管理局法律和技术委员会第十八届会议：马拉瓦研究与勘探有限公司请求核准"区域"内多金属结核勘探工作计划的申请书。

在协同增效的可能性，以阻止生物多样性损害的蔓延。具体而言，在因气候变化导致的生物多样性损害中，有必要在保护生物多样性缓解，并适应气候变化之间建立必要的联系。

就全球性条约而言，生物多样性一直被视为人类共同关切事项。例如《特别是作为水禽栖息地的国际重要湿地公约》即《拉姆萨尔公约》和《濒危野生动植物种国际贸易公约》。其中《拉姆萨尔公约》是关于对移栖水鸟湿地生境日益丧失的法律保障；由于通过国际贸易的方式会威胁到本地物种的存活，针对此种情形，通过了《濒危野生动植物种国际贸易公约》；1992年通过的《公约》强调不能只注重对物种的保护，还应该强调从基因和生态系统两个维度对生物多样性的保护。此外，关于全球生物多样性保护的公约还包括《粮食和农业植物遗传资源国际公约》《关于保护世界文化和自然遗产的公约》。需重点关注这些条约之间协同增效所累积的经验，通过国际机构的监督作用可以促使这些条约的协同作用。在以往的经验中，创建了联合联络小组①和生物多样性联络小组②等。但这六大公约之间的协同增效还有很大不足，需要缔约方大会、全球部长级环境论坛、联合国环境规划署、联合国大会促进探索协同增效。

第二节 生物多样性损害国际机构监管的模式

针对生物多样性全球问题的出现，需要一种对国际法遵守、执行适当的共同体的反应，仅在事后承认赋予"受害国"权利的方法对于保证

---

① 2001年8月，《生物多样性公约》《联合国气候变化框架公约》和《联合国关于在发生严重干旱和/或荒漠化的国家特别是在非洲防治荒漠化的公约》（里约各公约）之间建立了一个联合联络小组，作为交换信息、探索协同增效活动以及加强协调的非正式论坛。该小组由各公约附属科学机构官员、执行秘书和秘书处成员组成。

② 为加强合作，2002年根据《生物多样性公约》缔约方大会《第Ⅶ/26号决定》，成立了一个生物多样性联络小组，由六个生物多样性有关公约（《生物多样性公约》《濒危野生动植物种国际贸易公约》《养护野生动物中移栖物种公约》《粮食和农业植物遗传资源国际公约》《特别是作为水禽栖息地的国际重要湿地公约》《关于保护世界文化和自然遗产的公约》）的行政首长组成。

区域性、全球性标准实施的目的或对于"共同关切事项"来说是远远不够的。再者，许多环境问题涉及的损害是微妙的、逐渐积累的，不会很明显地表现出来。依靠政府间委员会和生物多样性缔约方会议形式的制度机制，提供一种协调政策、发展法律、实施法律监督、对各国实施共同体压力以及解决利益冲突的手段，比传统双边争端解决方法和司法更加有效。这些多边治理机构称为"国际机制"，主要依赖条约、议定书来提供一种灵活的、能够变化演进的规制体制。"国际机制"的地位和作用，更加有利于形成"共同体"。问题的关键是，如何看待"共同体"，是否能替代"双边性"或"多边性"争端解决机制？跨界生物多样性损害的跨界损害赔偿范式应该是超越国家的新的全球损害赔偿范式。生物多样性跨界损害赔偿最好通过全球方式来实现，国家和非国家行为者扮演同样重要的角色。

一 国际机构托管模式

"公信原则"是美国过去40年来环境法中最成功的创新之一。该原则意味着某些自然资源即使是当成私人用途，也是公共的组成部分。具体而言，托管是国际监督的主要方式之一。公共托管在对生物多样性跨界治理方面也产生了一定影响，对生物资源公共托管的概念，在美国已经通过判例法和宪法制定扩展到其他法律制度，它是指各国（作为全球环境的受托人）、公民（作为公共信托的最终受益人），通过联合等工具和机制得到承认（如可以通过《在环境问题上获得信息、公众参与决策和诉诸法律的奥胡斯公约》，以下简称《奥胡斯公约》）。每个公民作为"信托的受益人"，可以援引其条款，使受托人承担责任，并获得司法保护以抵制侵犯或损害赔偿。罗马法是公共信托理论的起源，它将个人财产所有权的客体分为财产物和非财产物，共有物和公有物作为人法物的非财产物的组成部分。从划分的种类来看，其公共信托理论还是起源于私法领域。共有物是指人类共同享有的物；公有物指罗马全体市民共同享有的物。[①]

[①] 参见周枏《罗马法原论》，商务印书馆1994年版，上册，第280页。

到了 18 世纪，英国法院将公信原则不仅排除了潮汐和通航水域的私有财产权，而且还赋予了主权的托管权和义务，以确保公众享有人民的利益。在 19 世纪，美国法院将英国皇室的托管权归属于海滨地区，并已经赋予给美国殖民地，从而将国家政府指定为"公共受托人"，以确保可航行的海域和内陆水域以及下层土地的有益使用。①

20 世纪的美国立法逐渐将公共托管的范围扩大到更广泛的自然环境资源，从密歇根环境《1970 年精神保护法》到新的宪法规定，如《宾夕法尼亚宪法》第 1（27）条（1971 年 5 月 18 日修订）：自然资源是所有人的共同财产。作为自然资源的受托人，英联邦应保护和维护这些资源，造福于人民。特别是对于生物资源（渔业、森林和野生动物）而言，国家和联邦权力之间必须取得平衡（"共同受托人"）。② 在瑞典，自然保护委员会自 1964 年以来担任保护自然区的公共受托人③；乌干达 1995 年《宪法》规定政府"要信任人民，保护天然湖泊、河流、湿地、森林保护区、野生动物保护区、国家公园和任何土地，为了所有人的共同利益，为生态和旅游目的保留给公民"。厄立特里亚 1996 年环境公告指定该国为"协调统一管理和保护国家环境和自然资源可持续利用的管理者"④。

从这些规定可以看出，国家是所有自然资源的受托人，其本质上是为了公共使用和享受。公众是海岸、水域、空气、森林和生态脆弱的土地受益者。作为受托人的国家具有保护自然资源的法定义务，用于公共使用的资源不转化为私人所有。

过去 40 年来，已有众多的"国际信托基金"使用益格鲁 – 撒克逊信

---

① 参见 Harrison C. Dunning, "The Public Trust: A Fundamental Doctrine of American Property Law", *Environmental Law*, 1989, pp. 515 – 525。

② 参见 Michael J. Bean and Melanie J. Rowland, *The Evolution of National Wildlife Law*, 1997, p. 14。

③ 参见 Thomas Hillmo, Ulrik Lohm, "Nature's Ombudsmen: The Evolution of Environmental Representation in Sweden", *Environment and History*, 1997, p. 19。

④ Elmarie van der Schyff, "Stewardship Doctrines of Public Trust: Has the Eagle of Public Trust Landed on South African Soil?" *South African Law Journal*, 2013, p. 369, citing the Gauteng High Court in HTF Developers v Minister of Environmental Affairs and Tourism, ZAGPHC 132, 2006, para 19.

托法律模板进行企业财务管理，根据这些安排，指定的"受托人"通常是国际组织，如联合国及其专门机构、世界银行和其他多边金融机构以及非政府组织（如世界野生动植物基金）。突出的例子是1972年设立的世界遗产基金，即"符合教科文组织财务条例的信托基金"；环境规划署特别环境基金于1973年在其框架内设立了90多个"特定用途信托基金"[1]。世界银行赞助的环境基金，包括1991年全球环境信托基金（全球环境基金的基本资源），1992年的雨林信托基金和1999年的原型碳基金（PCF）有关的执行国家信托基金。然而，尽管一般信托原则适用于这些创新的财务机制早已被假定[2]，需要强调的是，这些所谓的资产信托基金不是真正公共信托的受托国对受益人负责保护的"自然资本"（环境资源），而是仅从为这些资金的捐款提供的金融资产受托机构对捐助者负责的管理。

1893年的太平洋海豹仲裁案是真正将公共信托原则应用于政府间环境下保护自然资源中，美国声称有权保护白令海的海豹，它应作为"为人类受益的受托人"。针对跨国生物多样性托管而言，这一领域的各种国际法律制度范围从治理特定的生物资源到保护特定地区的生态系统，再到保护抽象的知识产权，再到对遗传资源的惠益分享，最终达到对生物多样性内在价值及其组成部分的保护（主要是保持进化的能力）。

2001年11月3日通过的《粮食和农业植物遗传资源国际条约》是生物多样性领域跨国环境托管的典型代表，该条约在第31届会议上予以通过。主要规定了农业和植物遗传资源相关的特殊需要，为保障农民权利为农民选育了千种不同的植物遗传资源。对于这些资源《条约》缔约方在行使其植物遗传资源主权的同时，同意在多边系统的基础上方便获取，这就避免了每次交易不得不采取双边谈判形式。缔约方为可持续利用粮食和农业植物遗传资源建立了一个框架，并创立了监督实施《条约》条

---

[1] 包括支持环境署赞助的环境公约和议定书的47个"一般信托基金"以及支持发展中国家参与的类似数量的技术合作基金；见《执行主任关于信托基金和专用捐款管理的报告》。UNEP/GC.27/11/Rev.1（15 February 2013）。

[2] 参见 Joseph Gold，"Trust Funds in International Law: The Contribution of the International Monetary Fund to a Code of Principles"，*American Journal of International Law*，1978，p.856。

款的运行机制。该《条约》为其设置了管理机构，它由所有缔约方组成，其职能是促进该《条约》的实施，必要时建立适当的机制，如信托基金账户，为实施本《条约》接受和使用这种机制得到资金。条约附件1所列的多边系统中包括的作物清单中被指定为信托资料库，根据标准材料转让信托协议（国际贸易法委员会），东道国和机构（作为委员会）同意"为国际社会，特别是发展中国家的利益，以信任方式持有指定的种质资源"。

由此可以看出，国际机构的托管模式代表了对国际社会整体负责的模式，利用该模式可以形成内在的制约机制，每个缔约国都应对此负责任。生物多样性损害的后果可能需要很长一段时间才能显现，尤其是对遗传生物多样性的损害尤为明显，故此针对这一特性，国际机构的托管模式可以对损害发生后缔约国不履行义务的行为进行公开审查和曝光，并通过联合国大会和联合国理事会就托管机构的不履行义务行为发布意见，以增强其公信力。《联合国海洋法公约》肯定了这种模式的发展意义，在海洋环境的保护和保全中做出了规定①，并向有权限的国际组织做出规定。国际机构的托管模式尤其适合公域环境中对生物多样性造成损害的情形，使其在某种条件下获得国际审查的必要手段。

二 《公约》缔约方会议模式

近几十年来，由于人类活动的增加，导致地球生物圈的骤然转变，世界各地的生物多样性大大减少。科学家们预测，人类世界的特征之一是，人们活动在多大程度上影响地球上的生物多样性。有证据表明，人们将四分之三以上的陆地生物圈转变成了人为的生物群落。陆地生物圈

---

① 《联合国海洋法公约》第204条规定对污染危险或影响的监测：1. 各国应在符合其他国家权利的情形下，在实际可行范围内，尽力直接或通过各主管国际组织，用公认的科学方法观察、测算、估计和分析海洋环境污染的危险或影响；2. 各国特别应不断监视其所准许或从事的任何活动的影响，以便确定这些活动是否可能污染海洋环境。第205条规定：各国应发表依据第204条所取得的结果的报告，或每隔相当时间向主管国际组织提出这种报告，各该组织应将上述报告提供所有国家。第206条规定：各国如有合理根据认为在其管辖或控制下的计划中的活动可能对海洋环境造成重大污染或重大和有害的变化，应在实际可行范围内就这种活动对海洋环境的可能影响做出评价，并应依照第205条规定的方式提送这些评价结果的报告。

的这些人为的变化是"由于本地物种正在快速地被外来物种替代",造成生物多样性前所未有的全球变化。生物多样性的变化是人类使用土地以及全球气候变化互动影响的必然结果。由人为变化引起生物多样性损害,就环境法和治理而言,我们必须对其进行赔偿和补救。生物多样性损害最好通过全球方式来赔偿,国家和非国家行为者扮演着同样的重要角色,两者共同努力,更好地实现生物多样性损害救济机制。根据"有损害即有赔偿"的原则,国家在生物多样性损害赔偿中占主导作用。国家作为国际法的主要主体,其行为享有全面的合法性,并承担要求生物多样性损害赔偿的主要责任。与此同时,非国家行为者(如非政府组织),将发挥越来越重要的作用,并被纳入全球环境监管工作中。

《公约》创新性地将生物多样性作为"人类共同关切事项"。虽然针对"人类共同关切事项"范围及其确切的含义难以把握,但它却为国家负有保护生物多样性的义务奠定了基础,同时也为当生物多样性遭受损害时提供了国际法方面的依据。它要求无论是缔约方还是非缔约方,当生物多样性遭受损害时都负有责任,不管损害发生的地理范围是在国家管辖内还是在国家管辖外。除了缔约方和非缔约方,在生物多样性领域的国际组织以及拥有资质的国际组织及非国际组织都负有监督的义务,这也明确揭示了生物资源不仅仅是在局部范围内具有跨界特征的鱼类、迁徙动物等共享资源,从整体利益来衡量,它应具有全人类共同关切事项的基本属性。生物多样性损害影响国际社会之整体利益,应将其作为全球整体来看待。

基于生物多样性损害具备"跨界"的基本特征,国家通过强有力的政权所建立的政治边界对具有"跨界"的生物多样性损害并不产生影响。尽管从国内法实施的视角也会弥补生物多样性损害,但对生物多样性所产生的损害的有效监管,却需要采用全球和国际组织联合的方式。在全球一级,1982年《联合国海洋法公约》第196条规定,双方将控制有意或意外引入可能对环境造成重大损害的外来物种或新物种以防止生物多样性损害。但是LOSC并没有提供任何关于生物多样性损害如何赔偿和补救的指导。2004年2月13日在国际海事组织(IMO)主持下通过《国际船舶压载水和沉积物控制和管理公约》,该《公约》旨在鼓励发展标准,以防止压载水在全球范围内转移水生外来物种入侵。

在跨界生物多样性损害的赔偿范式中，国际机构的监督模式属于其中一种，就生物多样性损害而言缔约方的定期会议是大多数环境条约里的一种模式。例如《生物多样性公约》《联合国气候变化框架公约》《联合国防治荒漠化公约》《控制危险废物越境转移及其处置巴塞尔公约》《关于在国际贸易中对某些危险化学品和农药采用事先知情同意程序的鹿特丹公约》《关于持久性有机污染物的斯德哥尔摩公约》等都规定了缔约方大会的监督模式。就《公约》而言，缔约方会议定期审查《公约》的实施情况以及以后将要采取的措施，并在特殊情形下可以设立其他执行问题的附属机构。缔约方大会的主要职能工作有：审查《公约》的具体落实情况并审议其通过的各项议定书、审议并通过对本公约及其附件的修正。

缔约方大会对执行问题附属机构具有根本性的指导作用，执行问题附属机构是缔约方大会具体决定的执行机构，两者共同构成了国际构建监督和规则的一部分。具体而言，执行问题附属机构承担由缔约方大会或各议定书缔约方会议所赋予的属于其职权范围内的任务，并向这些机构提出工作报告；在缔约方大会的指导下，执行问题附属机构应酌情协助执行缔约方大会的决定以及解决在执行战略计划中遇到的障碍；制定如何加强各种机制以支持实施《公约》及其通过的任何战略计划的建议；审查《公约》下现有各进程的影响和效率，查明提高其效率的途径和方法，促进以整合方式执行《公约》及其各议定书，包括在资源调动、对财务机制的指导、能力建设、国家报告、技术和科学合作与信息交换机制，以及宣传、教育和提高公众意识等领域；履行缔约方大会可能确定的其他职能。

执行问题附属机构应酌情考虑缔约方大会所涉期间的多年工作方案，并酌情考虑来自科学、技术和工艺咨询附属机构的意见；执行问题附属机构与科学、技术和工艺咨询附属机构在执行各自职能时应铭记各自的作用和职能，以确保其工作的互补性并避免重叠；执行问题附属机构在处理作为议定书缔约方会议的缔约方大会赋予它审理的事项时，关于此事的决定只能由议定书缔约方做出，不是议定书缔约方的公约缔约方可作为观察员参加会议进程。①

三　非政府组织的参与模式

国际社会越来越注意到国际机构和组织、跨国公司和非政府组织参与环境治理的协同作用，逐渐突出了国家、主权、政府责任和跨国合作的重要性，在全球范围内开展合作，并采取行动避免生物多样性损害是十分必要的，将保护生物多样性作为"人类共同关切"其本身并没有具体的规范和义务，而是为国际社会采取集体行动提供一个整体行动框架。必须与"共有物"和"人类共同遗产"相互区别，即使这三者的关系从某种程度上来说有交叉的范围，但后两者不能为全球环境提供一个充分的法律框架。人类共同关切事项，无论是缔约国还是非缔约国，都要履行各自的义务和责任，无论这种义务和责任是属于国家管辖或控制范围内还是属于全球公域。这也意味着在主体上非缔约国、国际组织，以及具备资质的政府和非政府组织都拥有这种权利和义务。

重要的是，纯粹的以国家为主体的环境治理的概念也被非国家行为者的参与大大削弱，国际监管中非政府组织发挥着越来越重要的作用。这体现在缔约方大会中非政府组织以观察员的身份参加缔约方大会。例如《公约》第 23 条第 5 款规定联合国、其各专门机构和原子能机构以及任何非本公约缔约国的国家，均可派观察员出席缔约国会议。政府机构和非政府机构只要在与保护和可持续利用生物多样性有关领域具有资格，并通知秘书处愿意以观察员身份出席缔约国会议。②

从条约的规定来看，赋予它以观察员的身份并提出意见，例如，欧洲生态思考与行动网络和德国科学家联盟就重点强调合成生物学对生物多样性的影响。非政府组织还能促进公众参与，例如 1998 年《奥胡斯公约》就认可了非政府组织在这方面的重要性。非政府组织委员尤其应尽量确保来自发展中国家的非政府组织的参与（跨界贸易中发达国家频繁

---

① 参见《生物多样性公约》第 12 次会议通过的决定：《提高〈公约〉结构和进程的效率：附属履行机构》。

② 参见《生物多样性公约》第 23 条第 5 款。

向发展中国家生物多样性输出"污染"),以期协助实现世界上所有区域和地区的非政府组织公平、均衡、有效和真正地参与。非政府组织是多边环境协议中的重要利益代表者,其代表了保护生物多样性是人类共同关切事项;如果非政府组织积极参加与生物多样性有关的多边进程谈判,多边决策的执行就能够得到更有效的贯彻落实。

非政府组织与民间社会之间的伙伴关系并不是一种奢侈品,而是一种必需品。非政府组织和所有相关利益攸关方通过参加联合国可持续发展会议,可以将维护生物多样性和生物多样性各组成部分所产生的社会经济影响和惠益纳入可持续领域,包括与遗传基因有关的传统知识,切实纳入国家政策、立法和行政措施的制定工作和国际合作,以防止任何滥用、挪用或不当开采这些生物资源的行为。[①]

四 政府间机构的模式

政府间机构也具有行使规制和监督的功能,为成员国争端的解决提供正式的和非正式的方式。这种方式可以称为"避免争端"的方式,而不是将争端纳入司法或仲裁途径中去解决。尤其是对条约的解释以及条约的不适用等争端,该途径有着比诉讼和仲裁更好的优势。例如在《国际捕鲸管制公约》中,被指控的关于条约的解释就被缔约方会议处理。在《防止倾倒废物和其他物质污染海洋的公约》,即《伦敦倾废公约》中,就条约的解释问题通过国际海事组织达成了协议。这种方式处理的优势在于,能把条约的解释控制在成员国手中,这与交给独立的第三方的效果是完全不能等同的。

除了针对条约的解释外,政府间国际组织还有调解的权限。在《北美环境合作协定》中所设立的环境协作委员会就被给予解决争端的权力,并就争端进行调查、调解,以达到双方满意的效果。联合国环境规划署也能起到调节或调停的作用,不仅如此它还有权应所有缔约方的请求,就环境领域提出意见。这种情形也体现在联合国环境规划署与多边环境

---

① 联合国大会第六十六届会议第二委员会决议,发展方面的业务活动:南南合作促进发展。

协定之间的关系中，由执行主任提供秘书处服务或履行秘书处职能。与生物多样性有关的主要有：《濒危野生动植物种国际贸易公约》、《养护野生动物中移栖物种公约》、《关于持久性有机污染物的斯德哥尔摩公约》、《关于汞的水俣公约》（简称《水俣公约》）、《保护地中海海洋环境和沿海区域公约》（《巴塞罗那公约》）、《保护和开发大加勒比区域海洋环境公约》（《卡塔赫纳公约》）、《控制危险废物越境转移及其处置巴塞尔公约》、《生物多样性公约》等都指定环境署负责履行公约秘书处的职能，确保了秘书处履行其职能的自主权。

生物多样性与生态系统服务政府间科学政策平台，是一个面向联合国全体成员国开放的独立政府间机构。解决与生物多样性和生态系统服务的多边环境协议（The Intergovernmental Science-Policy Platform on Biodiversity and Ecosystem Services，简称"IPBES"）需求并建立各国之间的互补机制和协同增效。IPBES 提供一个被科学界和决策层共同认可的机制，用以综合、考察、评估、批判性地评价全球范围内政府、学术机构、科学团体、非政府组织和土著群体生成的相关信息和知识。

IPBES 的独特之处在于，它增强各级别决策层在有效利用科学能力方面发挥作用。IPBES 应建成评估地球生态系统、生物多样性和他们为社会提供的基本服务的政府间领导机构。从主体运作来说，主要包括政府间、政府和非政府利益攸关者；从程序运作来说，主要包括制定合法与生物多样性有关的多边环境协定。IPBES 作为一个政府间实体和非政府实体的机构，虽然独立于现有的政府间组织，但与生物多样性秘书处或行政事务处有体制上的联系。生物多样性及其所提供的生态系统服务正以前所未有的速度被消耗，世界各国政府的政策无时无刻不影响着生物圈，对生态系统服务和人类福祉有着深远的影响，各国政府的政策差异性导致不能完全获取相关科学数据。生物多样性和大自然对人类惠益几乎支撑了人类生活的各个方面，也是可持续发展目标成功的关键。生物多样性调控着人们生产食物、清洁水源、调节气候，甚至控制疾病。然而，它们正面临被耗尽的危机，并且比人类历史上其他任何时候都更快地退化。

IPBES 是独一无二地利用来自所有科学学科和知识社区的最佳专业知识，提供政策相关的知识，促进政府、私营部门和民间社会各级实施知识型政策。其通过提供科学界和政策界共同认可的机制来弥合这一差距，根据决策者的要求，利用科学界和其他知识控制社区的力量，从而加强这些社区之间的对话，增加提供与政策相关的知识，并最终制定与生物多样性相关的政策。为支持 IPBES 的职能以开展科学工作，成立了科学咨询组，以监督平台的科学可靠性。除此之外，IPBES 还设置了秘书处，该秘书处由多个国际组织提供，就 IPBES 问题与参与的政府和国际组织进行联络。

第三节　生物多样性损害国际机构监管的程序

国际监管和控制技术是适合于生物多样性损害赔偿的最佳机制，其促进了开放、公众知情和参与，在必要的情况下诉诸司法机构的评审，这些监管和技术会更强有力。这些技术不应被看作对私法解决方式的替代，而是一种潜在的、更有效的实行国际环境信托责任的方式。

一　监督报告

物种的灭绝和种群的消失使全球遗传多样性减少，这便导致物种适应生态系统的能力下降，并且降低其受到损害后的恢复能力。所以，针对生物多样性损害发生后相关的监测制度应该放在比预防更重要的位置。

在大部分的条约中都载有要求缔约国定期或不定期对条约的履行做报告，就其所做的报告，国际机构可以针对该条约的有效运转进行评估。例如 1980 年的《南极海洋生物资源养护公约》（Convention on the Conservation of Antarctic Marine Living Resource，以下简称 CCAMLR）规定了一些具体的监管与观察制度，以及缔约方向 CCAMLR 报告制度。CCAMLR 为监督缔约方履约专门设置了实施与遵守委员，每年向 CCAMLR 报告。在落实该制度相关方面，CCAMLR 还采取了具体的措施，例如规定的养护措施和缔约方对本国船舶的许可证与检查义务，以及采取的 IUU（illegalitarian, Unregulated and Unreported fishing）船舶名单的做法，禁止 IUU 名单中没有达到 CCAMLR 的养护措施的国家进入。在与司法程序的衔接方面，明确规定受 CCAMLR 指派的观察员的报告应当作为国内诉讼程序的一部分，效力与国内检查员报告等同。不仅如此，CCAMLR 还规定报告的强制使用规则，要求缔约国需和 CCAMLR 的观察员进行合作，并将检测出的报告作为证据规则使用。如此规定，就国内诉讼程序而言，不仅增加了可操作性，也增加了审判者的自由裁量权。

《伯尔尼公约》第 9 条规定，缔约方应每两年向常设委员会报告。第 13 条规定，为本公约之目的，应设立常务委员会。欧洲委员会的任何成员国，即使不是该缔约方成员国也可以作为观察员出席委员会会议，常务委员会可以一致决定邀请任何非会员国（不是公约缔约方的欧洲委员会）观察员参加会议。《濒危野生动植物种国际贸易公约》规定，其宗旨是为了避免通过国际贸易的方式给野生动植物标本造成损害。每一缔约方应就本公约的执行情况编写定期报告，并应向秘书处转交：年度报告和为执行本公约规定而采取的立法，监管和行政措施的两年期报告。从这些条约的规定可以看出，报告的根本目的在于，监督缔约方对条约的实施状况。

在外来物种入侵方面，欧盟议会和理事会《预防和管理外来入侵物种的引入和扩散的第 1143/2014 号指令》中，关于早期检测和快速消除外来入侵物种的第 14 条规定：联盟名单通过后 18 个月内，成员国应建立联盟关注的外来入侵物种的监测系统，或将其纳入现有制度，收集和搜集通过外来侵入环境事件的相关数据，监测或建立其他程序防止外来入侵物种扩散到联盟内部。本条第 1 款所述监视系统为：（1）覆盖会员国的领土，包括海洋领海以确定外来入侵物种的存在和分配情况；（2）将发现一个会员国的领土内的以前未知的外来入侵物种；（3）在联盟法律或国际协定规定的基础上，建立兼容和避免重复相关的评估和监督规定，并利用现有的监测系统提供的信息；（4）尽可能考虑到有关的跨界影响和跨界特征。①

二 查明事实和调查研究

国际机构的结论并不一定限于缔约国提供的监督和报告，它本身具

---

① 参见欧盟法规 No 1143/2014。

有主动查明事实和调查研究的职能。在《公约》第 25 条规定设立科学、技术和工艺咨询附属机构（以下简称科咨机构）的不限成员名额的政府间科学咨询机构，以便向缔约方大会和适当情况下的其他附属机构及时提供有关执行《公约》的咨询意见。

作为缔约方会议的附属机构，科咨机构定期向缔约方会议报告其工作的各个方面。科咨机构由所有缔约方多学科开放参与，由相关专业领域的政府代表组成，其具体功能是：提供关于生物多样性状况的科学和技术评估；根据本公约的规定，对所采取的各类措施的效果进行科学和技术评估；并就促进发展和转让这类技术的方法和途径提供咨询意见；查明与保护和可持续利用生物多样性有关的新的和正在出现的问题；就保护和可持续利用生物多样性的科学计划和国际研究与开发合作提供咨询意见；回应缔约方大会及其附属机构可能提交给该机构的科学、技术、工艺和方法问题。[①]

针对生物多样性损害发生后，科咨机构的技术评估是关键，并对损害发生的具体情形提出咨询意见。在某些特别的情况下，能够加强生物多样性和生态系统服务政府间的科学政策水平在重新确定评估可持续利用生物多样性的范围方面的协同作用。正如上文所述的造成生物多样性损害的原因具有多元性，例如野生动物的持续减少，其原因有：对生境的破坏和退化，对景观的连通性破坏，给野生物种的生存、再生及可持续发展与人类福祉带来不利影响的非法开采，野生生物非法贸易，野生生物产品以及资源的不可持续的利用，气候变化，非法改变土地用途，污染和外来入侵物种等。

《公约》强调，该领域的可持续利用与其他部分相互交叉，需要采取战略性的广泛办法解决这些问题，如不采取进一步紧急而有效的行动减轻生物多样性所受压力，防止其继续退化，这些进展不足以实现各项指标；对各项指标的进展情况进行一次科学评估可有助于这些行动，科学、技术和工艺咨询附属机构在提供咨询意见方面的作用，科学、技术和工艺咨询附属机构与执行问题附属机构的任务相辅相成，执行秘书在资源

[①] 参见《生物多样性公约》第 8 次缔约方大会通过的关于《〈公约〉运作的决定》。

允许的情况下,与生物多样性指标伙伴关系成员和其他相关伙伴达成协作的关系。

三 环境标准的设置

大部分的环境条约都有设置规章及指南,对具体的物种确立其独特的保护方法。针对环境标准设置的不同,对其生物多样性所造成的损害也是不同的。

《伯尔尼公约》序言中认识到,野生动植物具有美学、科学、文化、娱乐、经济和内在价值,需要保存和交付子孙后代。在其第2章第4条第3款中规定,缔约方承诺特别注意保护地区,对附录2和附录3所指定的迁徙物种具有重要意义,适合于迁徙路线,如越冬、分期、喂养、育种或蜕皮区域,对每个区域所造成的损害,应更加注重各国的合作。很显然这里对生物多样性的损害进行了较为细致的分类,对迁徙物种的越冬、分期、喂养、育种或蜕皮区域每个环节造成的损害,都能认定为对生物多样性所造成的损害;对某些渔业资源确立了季节性封闭或针对捕获方法的限定所采取的保护方法。

总的来说,在生物多样性和生态系统方面,采取监管方式不一样,所设立的标准也是不同的。第一种是涉及排放标准的,这主要体现在污染控制和环境质量与技术方面,相应地要制定如空气质量或农业领域方面的排放法规。第二种是有关产品使用的限制标准(对濒危物种的破坏以及非法采伐树木)。第三种是对土地的空间规划、对生态系统服务和栖息地的影响标准。例如针对能源生产燃烧排放的二氧化硫导致的酸雨,破坏森林的生物多样性,通过对二氧化硫排放的标准的调整,弥补了生物多样性的损害。监管本身并不需要太多财力的投入,国家应作为监管工具的决策者,如监管到位会产生非常好的效果,这种以"命令+控制"为核心的模式,通过直接授权或间接授权、强制性要求,发挥对造成损害者的威慑。一套较为完善的监管体系可以实现对生物多样性损害的矫正,对于这种监管体系的定位,它不仅存在于事前的损害,针对事后的损害同样更应该适用。然而针对环境标准的设置不一,有时可能会加大环境争端。

作为欧共体成员的各区域渔业组织所规定的技术和监测措施也已经或即将纳入欧共体的法律中，这些组织包括美洲热带金枪鱼委员会、国际大西洋金枪鱼养护委员会、印度洋金枪鱼委员会和东北大西洋渔业委员会。1994 年加拿大和西班牙的"比目鱼战争"就是由于欧盟滥用其权力反对《西北大西洋渔业公约》所设立的限额造成的。为克服以上矛盾，1995 年《联合国鱼类种群协定》要求如针对此类事情达成不了协议，就会依据协议采取强制性争端解决条款。对环境标准的差异，不仅仅会对参加该条约的国家引发争端，对非缔约国也会产生影响。《公约》及其议定书采取了发达国家向发展中国家提供新的资金方式、转让技术及其他方面的能力建设以鼓励发展中国家参加。

"共同但有区别责任原则"在这方面发挥了应有的作用，使发展中国家承担了较少的负担。但是这里的区别应该是资金来源的方式及能力建设等方面的区别，对此发达国家应和发展中国家区别开来，但是就保护环境责任方面来说，应该是共同的。在这方面，林灿铃教授就提出"共同责任"原则，林教授认为"共同责任首先强调责任的共同性，其次共同责任并不意味着平均主义"[①]。

本书赞同"共同责任"的学术观点，基于生态系统具有整体性的特点，不论是发展中国家还是发达国家在全球环境保护中的责任是共同的。上述"共同责任"理论的运用，不仅仅适用于生物多样性损害领域，同样也适用于气候变化损失损害领域。发达国家之所以要承担比发展中国家更多的责任和义务，并不是基于历史责任，也不是因为发达国家更加富有，而是从发达国家自身的角度出发，为了其本国效用的最大化，必须重视将来对生物资源的利用。

值得强调的是，生物多样性的损害也会使人权受到影响。故此，必须将人权与环境标准结合起来。国家负有制定和实施法律框架，防止环境损害可能干涉人权享受的实质性义务。[②] 设定严格的空气质量、水质、

---

① 林灿铃：《国际环境法》（修订版），人民出版社 2011 年版，第 171—172 页。
② 人权理事会第二十五届会议：《与安全、洁净、健康和可持续环境相关的人权义务问题独立专家约翰·诺克斯的报告》。

有毒物质排放标准或其他环境标准的所有环境法律，都是保护人权与健康环境有关的重要良好做法，包括在环境决策和执行中采用人权规范，或利用环境措施来界定、执行和（最好）超越按照人权规范设定的最低标准。最佳做法必须在人权和环境保护角度具有示范性，应该有证据证明这一做法正在实现或设法实现其预期目标和成果。① 许多国家通过公众参与环境法制定了示范法规。例如，智利的《环境框架法》规定，环境部应鼓励和促进公众参与政策、规划和环境标准的制定。

四　不遵约程序

（一）不遵约程序的概念

不遵约程序是解决执行问题的程序和体制机制，为了尽量保证遵约，应建立不遵约机制。"必须遵守协定"是任何一个国际条约的根本原则。全球性的多边环境协定是应对生物多样性损害的最佳途径，因为全球性问题靠单个国家或区域无法完全解决。根据缔约方所在国的具体经济发展情形及其对协定所涉及的生物多样性的贡献，各缔约方可承担不同的责任。设计完善的不遵约程序，可以增加各缔约方之间的信任，并完成多边环境协定所设置的目标。不遵约程序和机制应该是评估遵约情况和促进遵约，基于缔约国在遵约方面的困难，向具有全面控制权的缔约国会议建议各种可促进缔约国遵约的适当办法。不遵约程序应当是非对抗性、非政治性的，而且应具有前瞻性。这一机制不会妨害争端解决程序，它是一种避免争端的其他争端解决方式，该机制的特点是有效、可靠、成本低。如此，可以将不遵约程序界定为，缔约方在多边环境协定制定的规则、程序和机制下应履行义务。

（二）不遵约程序相关条约实践

《关于消耗臭氧层物质的蒙特利尔议定书》（以下简称《蒙特利尔议定书》）成立了不遵约程序下的执行委员会，该委员会充分肯定了《蒙特利尔议定书》在数据报告义务方面取得的显著进展，《卡塔赫纳生物安全

---

① 人权理事会第二十八届会议：《与享有安全、洁净、健康和可持续环境相关的人权义务问题独立专家约翰·诺克斯的报告》。

议定书》成立的遵约委员会需要缔约方会议加强对其信任。

缔约方会议决定，缔约方就其自身遵约情况提交报告的，遵约委员会应考虑只采取便利和支持措施：即向有关缔约方提供咨询或援助，或就提供资金和技术援助、技术转让、培训及其他能力建设措施向缔约方会议提出建议；建立一个由缔约国会议负总责的遵约委员会；在《控制危险废物越境转移及其处置巴塞尔公约》（《巴塞尔公约》）中遵约和履约问题由促进执行和遵守《巴塞尔公约》机制管理委员会负责。

在《国际贸易中对某些危险化学品和农药采用事先知情同意程序的鹿特丹公约》（《鹿特丹公约》）中，第17条规定了处理不遵约情况的程序和体制机制，以期通过这些程序和体制机制。缔约方大会在《RC-4/7号决定》附件所载案文草案中充分强调了不遵约机制的重要性，它是条约履行完整性的重要组成部分。《关于持久性有机污染物的斯德哥尔摩公约》（《斯德哥尔摩公约》）第17条规定，缔约方大会应制定并批准用以确定不遵守该公约规定的情势和处理已查明不遵守该公约规定的缔约方的程序和体制机制。

从联合国欧洲经济委员会关于在《环境问题上获得信息、公众参与决策和诉诸法律的公约》（《奥胡斯公约》）第15条的规定看，其本身并没有确立审查遵约情况的制度，但是在实践方面却要求缔约方会议做审查遵约情况的任择安排，其中的一项原则肯定了审查机制将具有非对抗性、非司法性和协商性质。这意味着遵约审查的目的，不是指责违反《公约》的缔约方，而是发现和评估缔约方的不足，并在建设性的氛围中开展工作，协助它们遵守条约；另一项原则是提出让公众参与。

从以上关于不遵约规定各个条约的实践可得知：解决执行问题的任何程序或体制机制均应是促进性的，而非对抗性的；这种程序和体制机制应协助缔约方履行它们在各自领域的义务。不遵约程序是独立于争端解决和责任的解决方式，在《生物多样性公约》的《卡塔赫纳生物安全议定书》中，自缔约方第一次会议开始就制定了责任和赔偿规则，以区别于不遵约程序。

（三）多边环境协定遵约审查信息

全球性的多边环境协定无疑是应对生物多样性损害的有力武器，这些问题单靠国家或区域合作无法解决,不遵约机制是国际环境援助的强化和补充。① 基于生物多样性损害属于全球性越境损害,各国之间的集体行动才是最佳的解决途径。

当生物多样性损害发生之后,首先,应就所涉条约进行不遵约审查。审查此类条约的一个重要信息来源就是缔约方的监督和报告。在多边环境协定中,可以通过国际机构的监督和报告获得。而在非多边环境协议下,可以通过对所提交的数据以非遵约的方式来审查。这些信息主要包括,各缔约方就生物多样性变化所产生的数据交换以及与此相关的基线进行比照以确定是否发生了可估量的变化。

《卡塔赫纳生物安全议定书》第7条至第13条规定了对"事先知情同意程序"的应用:拟直接用作食物或饲料或用于加工的改性活生物体的程序,以及批准进口改性活生物体的简化程序所包含的信息并不能用于不遵约审查。就第三方监测而言,少数多边环境协定规定了使用由非缔约方提供的遵约情况补充信息。例如《濒危野生动植物种国际贸易公约》所成立的两个独立组织——野生动物贸易监察组和国际野生动植物贸易研究委员会的监测及核查功能。两个组织都对动物和植物贸易进行监测,并在国家一级与广泛的非政府组织进行合作,当两个组织查明潜在的不符合《濒危物种公约》所列野生动物贸易规定的情况时,则向《濒危野生动植物种国际贸易公约》秘书处报告,秘书处可提交给该公约常设委员会。②

当缔约方由于无法履行条约的义务而造成了生物多样性的损害,应遵守多边的不遵约机制。其所适应的程序就公约的规定来看,没有正式的遵约程序,而是使用"反应性监测",由公约缔约方、秘书处、政府间委员会以及其他利益攸关方合作查明生物多样性受损状况,然后与相关缔约方共同商定解决该问题的步骤。

---

① 参见林灿铃《国际环境条约之不遵约机制——走出国际环境法发展困境的破冰船》,《中国社会科学论坛论文集——国际法治与全球治理》2015年10月31日—11月1日,北京。
② 参见《濒危野生动植物种国际贸易公约》秘书处和国际野生动植物贸易研究委员会的谅解备忘录(1999),《濒危野生动植物种国际贸易公约》第《Conf. 14.3号决议》,附件"《濒危野生动植物种国际贸易公约》遵约程序指南"。

《濒危野生动植物种国际贸易公约》的遵约程序已从一个特设办法发展成一个更为正式的办法。在 1973 年通过该公约之前，该公约并没有规定建立正式的遵约程序，仅在第 13 条中做了规定，指导秘书处应在收到其认为表明某缔约方没有遵守公约的信息时，开始与该缔约方进行通信。缔约方大会随后可根据从通信中得到的信息做出建议。根据这种特设办法，秘书处经各缔约方核准在遵约事项中发挥了较大的作用。这些年来，缔约方大会已通过许多遵约决定，使得一个结构更完备的办法逐渐形成。海洋生物多样性损害则不同，其并没有正式的遵约程序，采用的是对抗性的争端解决办法和责任机制以及相关的政治办法。① 因为这些协定并不是单纯的针对环境保护的，而是涉及了大量的海商法的内容，针对这种情形，可能采取损害赔偿的方式比较合适。

（四）多边环境协定下不遵约程序

多边环境协定的不遵约程序是促进性、非对抗性的。即使存在强制程序也是非惩罚性的。其目的是，协助缔约方避免不遵约行为，并尽快恢复遵约。除了大气和有害物质污染的多边环境协定已通过正式的不遵约程序以外，其他多边环境协定采用的都是非正式的办法。因为就损害程度而言，不遵约其他多边环境协定所引起的损害远比大气污染和有害物质可能引起的越境损害程度要小。正式的不遵约程序都规定了启动遵约程序运作主体；审议信息的来源；委员会可能使用的决策规则；委员会和各公约理事机构在遵约问题上进行最终决定时所发挥的作用。启动不遵约程序的模式主要有"自我启动"模式，即根据多边环境协定理事机构所通过的规则有资格启动不遵约情事程序的实体；也包括"缔约方对缔约方启动"模式，即涉及缔约方与其他缔约方有关的遵约问题。当然除了缔约方能启动之外，在多边环境协定中也可以由秘书处启动，尤其是秘书处在督促缔约方履行报告义务方面存在相当的责任。

---

① 这些协定包括《国际捕鲸管制公约》《防止倾倒废物及其他物质污染海洋公约》、经 1978 年有关议定书修正的 1973 年《国际防止船舶造成污染公约》（《73/78 防污公约》）、《联合国海洋法公约》以及与执行 1982 年 12 月 10 日《联合国海洋法公约》有关养护和管理跨界鱼类种群和高度洄游鱼类种群的规定相关的联合国协定。

（五）多边环境协定下的应对措施

促进性应对措施。在多边环境协定中规定了不遵约相关的应对措施，一旦遵约委员会确定某缔约方未能履行某些条约承诺，则该委员会或理事机构可以采取行动协助或引导该缔约方恢复遵约。应对措施主要指为某缔约方提供解决其不遵约困难的建议和咨询意见，并帮其获取技术和财政资源有关的咨询意见和援助。《濒危野生动植物种国际贸易公约》《巴塞尔公约》《卡塔赫纳生物安全议定书》的不遵守应对措施中要求或建议处于不遵守状况的缔约方编制一份遵约行动计划，其中可包括基准、目标、遵约指标和实施的时间表，并安排缔约方就执行这一计划的进展情况进行报告。

惩罚措施。少部分的多边环境协定允许采用更强有力的措施来解决缔约方不遵约情形。此类措施可分别由常设委员会和强制执行处实施，典型代表主要有《濒危物种公约》和《京都议定书》的相关规定。这些措施主要分为公开不遵守行为和暂停条约特权。"公开"可包括由理事机构正式查明不遵约行为、向相关缔约方发出正式警告或在某一具体清单或报告中公开某缔约方的不遵约行为。[①] 例如，《生物安全议定书》的执行秘书处可将不遵守案例公布在生物安全信息交换中心，《濒危野生动植物种国际贸易公约》的秘书处则将不遵守的缔约方清单公布在其网站上；暂停条约特权的办法常见于一些多边组织和文书中，《保护世界文化和自然遗产公约》的某缔约方有不遵守行为，则它可能被取消世界遗产委员会的成员资格，《蒙特利尔议定书》的不遵守情事程序规定允许暂停缔约方根据《议定书》享有的具体权利和特权，包括与工业合理化、生产、消费、贸易、技术转让、财务机制和体制安排相关的权利和特权。[②]

---

① 联合国环境规划署"拟定一项具有法律约束力的全球性汞问题文书"政府间谈判委员会第一届会议：《可能与今后汞问题文书有关的国际贸易法，包括所选公约中关于贸易的规定》。

② 关于消耗臭氧层物质的《蒙特利尔议定书》缔约方第4次会议。

第四节　与外来物种入侵有关的国际监管框架

在生物多样性损害中，外来入侵物种（Invasive alien species，以下简称IAS）是对其造成损害的主要因素。外来物种指其过去和现在自然分布区之外引进的一个物种、亚种或低级物类，包括可能存活和随后繁殖的此类物种的任何部分、配子、种子、卵或繁殖体。① 据统计IAS会对本土生物多样性、生态系统服务和人类福祉产生不利影响，是物种灭绝和生态系统退化的最重要驱动力之一。其也会对农业、粮食安全和人类健康，以及许多其他生态系统服务，包括经济活动和文化完整性造成全球性威胁。

IAS造成的社会经济成本损失巨大，占全球GDP的5%。由于世界各地贸易的不断频繁往来以及气候变化的协同效应，生物入侵的问题越来越严重。虽然发达国家将预防IAS视为生物安全的首要任务，但新兴经济体则是世界上最贫穷也是生物多样性最丰富的地区。引入的物种一旦建立并传播，则难以根除，那么减轻IAS的影响将是唯一的选择，这也使得预防成为迄今为止最具成本效益的措施。然而对于跨境边区的国家来说，这可能是具有挑战性的。IAS准则受到气候变化的影响。气候变化促进了许多外来物种的传播和建立，并为其创造了新的机会。IAS可以减少自然栖息地、农业系统和城市地区对气候变化的抵御能力，而气候变化降低了栖息地对生物入侵的适应能力。IAS必须纳入气候变化相关政策框架，这包括，防止由于气候变化而将IAS引入新区域的生物安全措施，以及监测和根除由于气候变化而可能侵入的外来物种的快速反应措施。

全球化的发展增加了人口和货物的流动，这直接导致了引入自然范围之外地区的物种数量的增加。部分外来物种已经被归为带有"侵入性质"，成为业已建立并对本地生物物种和生态系统，以及人类赖以生存的生态系统服务产生消极影响的物种。IAS将对社会和环境产生不同的影响，它是全球粮食安全和生计的主要威胁，其中发展中国家是最容易受

---

① 参见《生物多样性公约》缔约方大会第6次会议通过的决定。

到影响的国家,这些生存和小农经济水平高的国家往往缺乏预防和管理生物入侵的能力。

2010年,世界几乎所有各国政府都通过了《公约》缔约方会议第10届《2011—2020年生物多样性战略计划》,其中包括对IAS(爱知目标9)的承诺:到2020年外来入侵物种需确定优先次序,并采取措施管理通道,以防止其引入和建立。此后,该战略计划得到了其他生物多样性相关公约和联合国大会的认可。此外,通过2030年"可持续发展议程",对IAS规定的具体目标是:到2020年,采取措施防止引进,大幅度减少外来入侵物种对土地和水域生态系统的影响和控制或根除优先种。但从总体的经济和生态成本来看,IAS的速率并没有减缓的迹象。事实上,目前只有3%的国家正在履行这些国际承诺。大多数国家,特别是发展中国家的行动能力有限,因此,他们需要紧急支持制定措施,防止未来IAS。例如,在夏威夷,土著居民对自然环境和物种有着深刻的理解和关怀,IAS的到来和扩散破坏了这种关系。因此,必须让当地社区和土著居民参与到处理IAS的努力中,特别是通过将其具有的传统的生态知识运用于决策、参与、评估和管理IAS的立法中。

一 与外来物种入侵有关的国际监管机构

(一)国际海事组织

《国际船舶压载水和沉积物控制与管理公约》(简称《压载管理公约》)于2017年9月8日生效,海洋环境保护委员会第70届会议(2016年10月24日至28日,英国伦敦)对压载水管理相关的主要成果进行了概述。

(1)海洋环境保护委员会通过了修订的《压载水管理系统认可导则》(简称G8导则)。[①] G8的修订更新了《压载管理公约》的批准程序、测试和性能规格以及形式认可报告、控制和监测设备等方面更详细的要求。

---

① 《压载管理公约》第D-3条规定了有关压载水管理系统认可的要求,根据第D-3.1条,为符合公约要求而使用的压载水管理系统必须按照国际海事组织制定的《压载水管理系统认可导则》(简称G8导则)予以认可。

形式批准程序对附件中列出的陆基、舰载和其他试验有详细的要求。每个方面都满足本指南要求的压载水管理系统，可以由主管机关批准装配在船上。批准文件应采用压载水管理系统的形式认证证书，具体说明压载水管理系统的主要内容和任何限制性工作条件。

（2）海洋环境保护委员会建议，尽快但不迟于2018年10月28日应用经修订的导则（G8），并同意于2020年10月28日或在此日期之后安装在船上的压载水管理系统应按照G8修订准则。在此日期之前安装的系统可以使用现有的指导方针或修订的指导方针进行批准。还同意批准过程应当是强制性的，海洋环境保护委员会指示国际海事组织秘书处编制《压载水管理系统认可规范》，并制定《压载管理公约》的修正草案，使准则具有强制性。

（3）海洋环境保护委员会还进一步讨论了实施《压载管理公约》的商定路线图，并同意指示一个通信组织制订一个结构化计划，收集和分析在执行《压载管理公约》方面取得的经验。

（4）请海洋环境保护委员会第71届会议制定《压载管理公约》应急措施指南和《压载管理公约》（G7）第A-4条《风险评估准则》修正案，以纳入"相同风险领域"概念。

（5）关于执行《压载管理公约》的进一步工作包括审查取样和分析指南以及完成如何实施《压载管理公约》。①

（二）《国际植物保护公约》

2011年4月4日至8日，在意大利罗马植物检疫措施委员会第11届会议（The Eleventh Session of the Commission on Phytosanitary Measures，简称CPM-11）上，《国际植物保护公约》缔约国举办了海运集装箱专题会议。针对《国际植物保护公约》关于尽量减少由海运集装箱引起的有害生物扩散（2008-001）国际植物检疫措施标准的工作，国际海事组织、国际劳工组织和联合国欧洲经济委员会编制了最新版《货物运输组

---

① 参见 UNEP/CBD/COP/13/INF/23，《生物多样性公约》第13次会议《关于外来入侵物种：实现爱知生物多样性目标9措施的进展报告》。

件装载实操规则》，其中包括建议如何帮助确保海运集装箱（货物运输组件）不会成为扩散有害生物和外来入侵物种的运输工具。① CPM–11 委员会认识到，2014 年由国际海事组织、国际劳工组织和联合国欧洲经济委员会（欧洲经委会）共同制定的《货运单位包装业务守则》（Cargo Transport Units，简称 CTU）通过非强制性的全球海上和陆路运输货物运输单元的处理和包装守则，以及关于海运集装箱的《CPM 10/2015/01》建议书②的实施，应有助于减少移动海运集装箱被外来入侵物种侵犯的风险。随着 CTU 代码的实施，CPM-11 给航运业一定时间让其自愿降低外来入侵物种在集装箱上的传播风险。CPM-11 同意将关于海运集装箱（2008-001）引起的有害生物扩散最小化标准搁置最多五年，以便实施 CTU 规则和《CPM 10/2015/01》建议书。据此，可以分析海运集装箱减少虫害运输的影响，向植检委提供资料，由其决定是否继续推进这一标准。

通过检查"海运集装箱"的途径并遵循海运集装箱周期的每个步骤，应采用分析方法来讨论这个问题。如果《国际植物保护公约》需要进行干预并确定与植物检疫考虑有关的行动是必要的，可以考虑以下行动：（1）制定由植检委第 16 届会议（2021 年）完成的国际植保公约/海事组织/数据生成行业协议；（2）通过行业报告和国家植物保护组织（NPPO）监测 CTU 运输规则的实施和执行情况；（3）核实货运单货运代码的有效性，通过监测国家植物保护机构的有害生物污染和土壤自由情况，确保清洁的海运集装箱到达；（4）通过出版《国际植物保护公约》电子工作组的数据，提高对海运集装箱有害生物风险的认识，呼吁和出版海运集装箱有害生物风险管理指导材料，向业界通报有害生物风险和国家植保机构可能采取的国际行动；（5）建立一个工作组（在能力发展委员会实

---

① 参见 UNEP/CBD/SBSTTA/18/9，《生物多样性公约》科学、技术和工艺咨询附属机构第 18 次会议审查关于外来入侵物种的工作和今后工作的考虑。
② 针对一些国家的调查表明，海运集装箱（CTUs）不同程度带有污染，特别是以种子、蜗牛、土壤、蜘蛛和其他可能构成有害生物风险的生物安全风险项目的内部和外部存在的形式。海运集装箱与货物的包装是海运集装箱供应链中最可能发生污染的阶段。因此，操作人员在处理集装箱和货物时对海运集装箱进行清洁和清洁的程序需要考虑到包装阶段的污染风险。

施工作重点小组的指导下），通过以下方式补充和监督上述行动：提供有关有害生物风险的信息，并管理海运集装箱，协调缔约方区域植物保护组织、工业界和其他国际组织，为植检委和缔约方就进展和成果建立报告，以及就如何更新集装箱海关代码或任何其他文书提供咨询意见，并就其活动提交最后报告 CPM 16（2021）。

（三）世界动物卫生组织和世界贸易组织

作为宠物、水族馆和陆地动物馆物种或作为活饵和活食的物种，有意或意外个别释放、逃离有可能对本地遗传多样性造成影响，有必要统一作为宠物、水族馆和陆地动物馆物种以及作为活饵和活食引进的外来入侵物种的相关国际标准。世界贸易组织卫生和植物检疫措施委员会成员、《国际植物保护公约》和按照该《公约》框架运作的相关区域植物保护组织的成员、世界动物卫生组织、食品法典委员会进一步处理（包括拟定和改善国际标准、准则和建议）与引进不被视为植物害虫但可能威胁生物多样性的外来物种、影响家畜或有害人体健康的病原体或寄生虫等相关的风险。[①] 值得注意的是，引进的外来物种，不仅仅对本地物种造成损害，而且还会对生态系统和生态系统中的生物多样性、物种和基因数产生的不利影响。

（四）标准和贸易发展基金

标准和贸易发展基金（The Standard and Trade Development Facility，简称 STDF）是一种全球性伙伴关系，具备支持发展中国家建立实施国际卫生与植物卫生（SPS）标准、准则和建议的能力，改善人与动物和植物的健康状况以及获得和维持进入市场的能力。对于生物多样性损害而言，应该发挥 STDF 与《公约》秘书处的合作，并进一步交流信息。改进 SPS 控制体系（边境管制、检疫和使用相关国际植保公约和世界动物卫生组织指南）对于管理外来侵入物种至关重要。

---

① 参见 UNEP/CBD/COP/DEC/XI/28,《生物多样性公约》第 11 次会议通过的《关于处理外来侵入物种国际标准差距的方式方法：作为宠物引入，作为水族馆和陆地动物园，以及作为活饵和活食》。

针对上述几种模式而言，《公约》的缔约方大会发现，完善外来物种入侵国际监管框架欠缺和不一致之处是解决外来物种入侵的主要途径。外来入侵物种问题机构间联络小组是解决国际监管框架的欠缺和不一致问题的主要机构，其宗旨是促进有关机构之间的合作，支持防止外来入侵物种引进和减轻影响的措施。具体而言，联络小组的目标是：处理预防、控制和根除外来入侵物种的国际监管框架中的差距和不一致之处；促进防止、控制和减轻外来入侵物种的部门间合作和能力发展活动；提高各部门对外来入侵物种影响的认识和解决问题的最佳做法；通过每个组织的国家和区域协调中心或同等机构促进各级，特别是在国家一级的合作；促进在收集、获取和使用有关可靠信息方面的合作。在《公约》《第 IX/4A 号决定》中，有关的国际组织应该与外来入侵物种问题机构间联络小组合作，以解决差距和不一致之处。

二 对外来入侵有关的监管渠道进行查明与分类

无论是外来物种入侵前还是入侵后，都应该强调对其渠道的监管，以解决其在全球和区域各级国际监管的差距和不一致。为此，缔约方专门成立了国际监管框架的差距和不一致问题特设技术小组，该小组认为，外来物种的入侵渠道之多导致术语的不一致，影响了监管有效性，因此，对术语进行统一分类对促进办法的制定就很有必要。缔约方在全球外来入侵物种信息伙伴关系（GIASI 伙伴关系）的监管框架内首先查明了渠道，并在此基础上对其进行优先排序。英国的生态学和水文中心（Centre for Ecology and Hydroloy，简称 CEH）与自然保护联盟物种生存委员会的入侵物种专家组、国际应用生物科学中心（CAB International，简称 CABI）以及其他伙伴合作，对外来入侵物种引进的现有渠道分类进行了分析，目的是利用可能在全球范围内广泛适用的标准术语，建立渠道类别的分类或框架。① 通过这一分类能够将在淡水、陆地、海洋的生物和生境的数据全部纳进来。

赫尔姆（Hulme）等人将外来物种可能通过"与某一商品的运输相

---

① 参见 UNEP/CBD/SBSTTA/18/9/Add.1，《生物多样性公约》科学、工艺和附属机构第 18 次会议关于入侵物种的引进渠道、其优先排序和管理的执行秘书的说明。

关""与运输船舶有关""与来自邻近区域的自然传播相关"三种机制侵入新的区域建立了框架。① 于是这三种机制便产生了六种主要的渠道。第一种渠道是向大自然释放。这种渠道主要是针对人类故意将改性活生物体向大自然释放。第二种渠道是指外来入侵物种从封闭的状态中逃跑到大自然中所造成的损害。第三种渠道是运输—污染，通常是指通过国际贸易的方式有意地将商品污染物转移而无意地造成了改性活生物体的转移。以上三种渠道可以称为与某一商品的运输相关。第四种渠道是运输—偷运，主要是指通过附在海上的传播媒介运输改性活生物体。这类渠道通常与某一运输船舶有关。第五种渠道主要适用于在跨界生物地理走廊建设基础设施后将外来物种转移至另一新的地区，例如针对国际运河和跨境隧道的建设。第六种渠道的无帮助是指通过上述任何形式的渠道引进的外来入侵物种引起的次级自然扩散②，这种情形《公约》第6次会议《关于对生态系统、生境或物种构成威胁的外来物种预防、引进和减轻其影响问题的指导原则》对其进行了描述③，从指导4的表述来看，在涉及国与国之间的由于基础设施所造成的外来物种损害，应该更加强调国家的作用。将第五种和第六种渠道称为来自邻近区域的自然传播，此种传播原则上是在无意识的情形中发生的，但第六种渠道所提到的次级扩散，也可以由于人的行为而发生。

综上六种渠道反映了人类不同程度地对外来入侵物种引进的干涉，除了第一种引进渠道"向大自然释放"是人类有意的引进之外，其他的引进渠道一般都视为"无意识的引进"。针对每种引进的类别所对应

---

① 参见赫尔姆（Hulme）等。《了解生物入侵的途径：将渠道纳入政策的框架》，《应用生物学刊物》2008年第45卷，第403—414页。

② 参见 UNEP/CBD/SBSTTA/18/9/Add.1，《生物多样性公约》科学、技术和工艺咨询附属机构第18次会议关于入侵物种的引进渠道、其优先排序和管理。

③ 参见 UNEP/CBD/COP/6/20VI/23号决定，指导原则4规定："国家的作用：在外来入侵物种方面，各国应认识到在其管辖或控制范围内各种活动作为外来入侵物种的潜在来源而对其他国家可能构成的风险，并应采取适当的单独和合作行动以尽可能减少这种风险，包括提供关于某一物种的侵入行动或侵入危险的任何现有资料。此种活动的例子包括：有意地把一个外来入侵物种转移到另一个国家（即使它在起源国中是无害的）；有意地把一个外来入侵物种引入本国。如果存在着使物种扩散（无论是否以人类为媒介）到另一个国家并成为侵入性物种的风险。为协助各国尽量减少外来入侵物种的传播和影响，各国应尽可能查明可能变成具有侵入性的物种，并向其他国家提供此类资料。"

的次级类别，详见表 5-1。

表 5-1　　　　　　　　　引进外来物种渠道的分类表①

类别		次级类别	缔约方大会决定
商品的运输	向大自然释放（1）	生物控制	《VIII/27 号决定》为《公约》第 8 次会议关于威胁生态系统、生境或物种的外来物种[第 8（h）条]：进一步审议国际监管框架中的差距和不一致之处
		流失控制/沙丘固定（防风堤、植保……）	
		野生环境捕鱼	《VIII/27，X/38 号决定》为《公约》缔约方大会第 10 届会议通过的关于外来入侵物种的决定。以附件的形式规定了负责处理作为宠物、水族馆和陆地动物馆物种、活饵及活食引进的外来物种之相关风险的特设技术专家组的职责范围
		打猎	X/38
		野生环境地貌景观/植物/动物"改善"	
		为养护目的引进或野生动物管理	
		有目的地向大自然释放（非上述皮毛、运输、医疗等用途）	
		其他有意释放	

---

① 参见 UNEP/CBD/SBSTTA/18/9/Add.1，《生物多样性公约》科学、技术和工艺咨询附属机构第 18 次会议关于入侵物种的引进渠道、其优先排序和管理。

续表

类别		次级类别	缔约方大会决定
商品的运输	逃离封闭状态（2）	农业（包括生物燃料原料）	X/38
		水产养殖/海产养殖	《VIII/27，IX/4号决定》为《公约》第9届会议关于深入审查目前关于威胁生态系统、生境或物种的外来物种的工作；国际监管框架中的差距和不一致之处
		植物园/动物园/水族馆（不包括家庭水族馆）	《XI/28号决定》为《公约》第11届会议通过的《外来入侵物种的决定》
		宠物/水族馆/陆地动物馆物种（包括此种物种的活食）	《VIII/27，X/38号决定》为《公约》作为宠物、水族馆和陆生动物物种引入的外来入侵物种，以及活饵和活食
		圈养动物（包括有限控制下的动物）	VIII/27
		林业（包括植树造林和更新造林） 养畜业 园艺 园艺目的以外的装饰目的	
		研究和移地繁殖（在设施内）	VIII/27
		活食和活钓饵 其他逃离封闭状态	

续表

类别		次级类别	缔约方大会决定
商品的运输	运输—污染物（3）	污染苗圃材料	
		污染诱饵	
		粮食污染（包括活食）	
		动物上的污染物（不包括寄生虫、通过寄主/病媒运输的物种）	
		动物上的寄生虫（包括通过寄主/病媒运输的物种）	VIII/27，XI/28
		植物上的污染物（不包括寄生虫、通过寄主/病媒运输的物种）	XI/28
		植物上的寄生虫（包括通过寄主/病媒运输的物种）	XI/28
		种子污染物	VIII/27
		木材贸易	
		生境材料（土壤、植物……的运输）	
媒介	运输—偷运物（4）	钓鱼/捕鱼设备	VIII/27
		集装箱/散装货	
		飞机里或飞机上的搭乘者	
		船舶/船只的搭乘者（不包括压载水和船体污垢）	VIII/27
		机器/设备	VIII/27，IX/4
		人和人的行李/设备（尤其是旅游业的）	
		有机包装材料特别是木材包装	VIII/27
		船舶/船只的压载水	VIII/27
		船舶/船只的船体污垢	VIII/27
		车辆（汽车、火车……）	VIII/27，IX/4
		其他运输手段	
传播	走廊（5）	相互连通的水道/河谷/海	VIII/27
		隧道和路桥	
	无帮助（6）	通过第一种渠道至第五种渠道引进的外来入侵物种的跨境自然扩散	

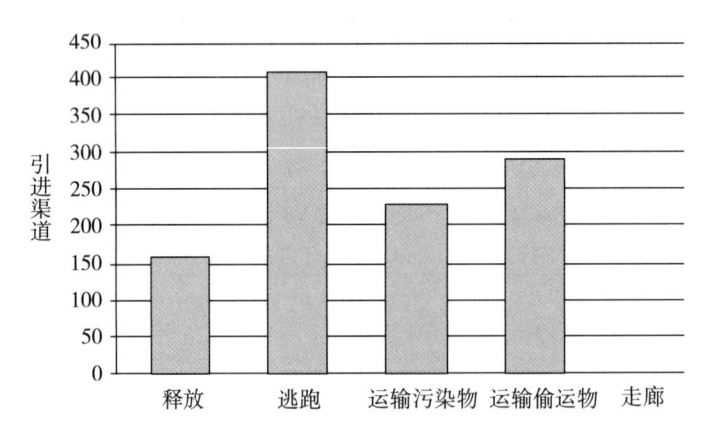

图 5-1 外来物种入侵第一级类别图

在甄别外来物种入侵的六种主要的引进渠道后，并在欧洲交付外来入侵物种目录（DAISIE）和全球入侵物种数据库（GISD）后将上述的分类进行数据比对方面的测试发现："全球入侵物种数据库的99%和欧洲交付外来入侵物种目录的81%的数据与图略中的现有分类和次级分类直接吻合。"[1] 如此一来，各国都需要对渠道的类别和次级类别进行优先排序，在外来物种入侵前，通过预防性措施解决问题，因为，在外来物种入侵后可能结果不会那么明显暴露，当然，预防性措施也必不可少，除此之外，还需要借助监管模式和监管程序。

下面，借助专家对全球入侵物种数据库的分析来确定外来入侵物种最常见的入侵渠道。从图 5-1 可以看出，针对外来物种引进数量最高的存在是"逃跑"的渠道，排在第二和第三的分别是运输偷运物和运输污染物。对于"走廊"的入侵渠道与其他渠道比起来并没有那么普遍，这可能是由于针对海洋生物数据难以采集造成的。

从图 5-1、图 5-2 的数据可以为外来物种入侵的引进渠道进行优先的排序：在全球入侵物种数据库中针对第二级别，逃跑渠道中的园艺类别所占比例最大，应该在全球范围内采取封闭的措施防止外来物种入侵；

---

[1] UNEP/CBD/SBSTTA/18/9/Add.1,《生物多样性公约》科学、技术和工艺咨询附属机构第18次会议关于入侵物种的引进渠道、其优先排序和管理。

在运输偷运物渠道中与国际贸易、航运和船只有关,所以船舶压载水所占比例最大。因此,运输量大的国家,需要在港口地区管理将其作为优先事项;在运输—污染物的引进渠道中,针对进口农林业产品及活诱饵量大的国家,可以将卫生和植物检疫措施视为是优先事项。

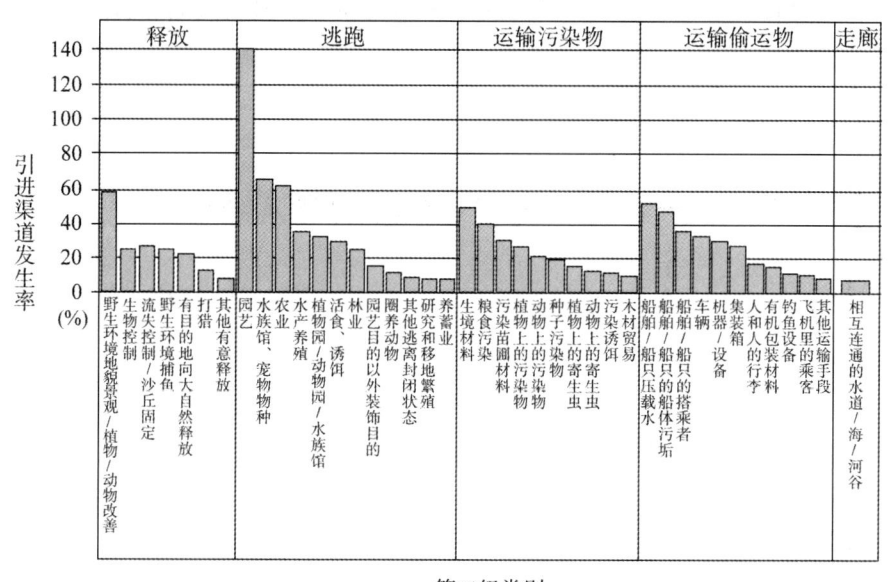

图 5-2 外来物种入侵第二级类别

第六章 生物多样性损害补救机制

第一节 生物多样性损害补救机制概述

作为生物多样性损害救济方式之一的损害赔偿责任也存在着功能性缺陷,其不可能完整涵盖生物多样性损害救济的全部诉求。对生物多样性损害而言,为了在功能上形成互补,需要赔偿责任和非法律责任方式的结合,以完善生物多样性损害的救济途径。从上文对生物多样性损害赔偿模式的发展趋势来看,建立生物多样性损害补救机制是生物多样性损害救济中非赔偿责任方式的主要依赖路径。在此前提下,本书结合生物多样性损害的概念,对生物多样性损害的补救路径进行分析,充分论证生物多样性修复作为生物多样性损害补救优先路径选择的必要性与可行性。从生态系统修复的主体与理论基础及相关概念的界定入手,构建生物多样性损害的非法律责任方式。

一 损害赔偿责任功能的局限性

首先,传统的国内民事责任显然不适合处理生物多样性损害。按照民事责任推理逻辑,索赔人(自然人或法人)有权为损害提出索赔请求。但就生物多样性损害而言,民法补救措施可以解决以下损失问题:(1)允许采取措施应对损失或损失风险的人回收成本;(2)就损失提出赔偿请求或禁令救济。但是,民事责任索赔人不可能向污染者施加义务,要求其采取应对措施。此外,民事责任是国内法的一个核心要素,各国的规则和程序不尽相同,试图统一民事责任法的尝试并不能成功。在国家管辖范围以外的地区，只有在业已建立国际规范框架且该框架允许一个主体：（1）采取应对措施并收回成本；（2）代表国际社会提出赔偿请求或禁令救济，民法救济才有可能用于处理环境损害。针对给生物多样性造成损害的合法行为，例如，无意间携带的外来物种入侵给本土物种造成极大的损害，国内民事责任显然无法被识别是违法行为，因而也进入不了民事诉讼程序。

其次，在生物多样性损害领域严格适用诸如"污染者付费"原则并不能有效地对其进行救济，这会导致对生物多样性损害的行为者，潜在的无限责任，这样赔偿责任可能不会与造成损害的行为成正比。改性活生物体造成生物多样性损害揭露了这个问题的另一个方面，不仅有可能造成完全意外的损害，也可能是真正无法弥补的损害。生物多样性损害是一种特殊的环境损害，为其救济提供比较可行的方法可能利用"责任概念"。然而，与"污染者付费"原则一样，设法依赖于具体当事方的过错概念和责任归属的赔偿权利的标准责任制度不容易转移到生物多样性损害这种情况。因为，生物多样性所表现出来的损害（尤其是遗传变异损害）可能不会变得那么明显，或者还无法证明损害的发生与行为者有联系，即使可以证明，有责任一方也可能不存在了，甚至无法支付对损害造成的赔偿。

最后，责任保险存在的缺陷。由于生物多样性损害是一个充满了不确定性的较新的风险，并且这种风险在损害发生之前很难预测，或者说，潜在的责任方将承担赔偿生物多样性损害的责任风险。此外，就保险这一途径而言，因为环境方面的主要风险问题需要可靠的统计数据，而针对生物多样性损害的科学方面的确定证据在短时间内难以捕获，从而危及风险的可保性。另一个与风险可预测性有关的因素是，关于环境责任的确切范围特别是涉及"生物多样性损害"的确切范围可能存在不确定性。生态损害的定义过于模糊，生态损害的广泛赔偿责任难以确保，因为，事前很难明确界定赔偿责任的范围。事实上，环境损害只有在"可识别和可衡量"的情况下才具有可保险性。传统责任保险涉及突发事件，而生物多样性损害是渐进性的损害，这更增加了确定环境责任保险发生危害的时间和范围的难度。

二 生物多样性损害赔偿责任的转化

在损害赔偿责任框架中,对其责任的认定主要基于国际社会中对主体行为的价值判断,损害赔偿责任的认定是国际法律对国际主体行为价值判断的结果。为此,损害赔偿责任实际上具有两个基本特征:一是从责任的承担主体来说,主要有国家和国际组织的责任、跨国组织的责任、个人的责任;二是在差距分析中,如果涉及担保国的责任,即使在担保国已经采取必要和适当措施的前提下,也存在被担保的承包商仍然造成了损害且无法充分承担责任的情形,这种情形可称为"责任缺口"。换个角度,如果担保国无能力履行责任的话,就生物多样性损害行为与损害结果之间没有建立起因果关系,也会出现"责任缺口"。

损害赔偿责任的优势在于,为国际社会主体参与环境标准的实施提供一种手段。因此,即使存在着生物多样性损害救济的功能向补救拓展的趋势,对损害赔偿的强调和倚重也并未发生动摇。但就生物资源性质与稀缺性而言,生物资源的损害是与社会发展同步进行的,如果要求这种损害全由造成损害的主体来承担,则在一定程度上与法律之公平精神相违背。应该将对生物多样性的损害看作社会发展的一个整体结果,那么,在此过程中所造成的损害应该由整个社会来承担。必须破除针对所谓"公害"问题由加害人承担的狭窄眼界。

我们必须寻求一种新的思维方式对生物多样性进行补偿。生物多样性损害的根本原因在于:人类与自然关系的本质以及人类社会主导的经济模式。这就导致人们坚持和推崇错误的经济模式,对自然资源地无限攫取形成了"攫取—制造—浪费"的恶性循环。人类也日益意识到必须从根本上做出变革,才能解决上述出现的问题。生物多样性提供的一系列生态系统服务是全球经济及人类和社会福祉的基石,低估生物多样性及其支持的生态系统服务则会使其损害更加严重。尽管如此,生物多样性所蕴含的巨大价值并没有在交易市场中体现出来,导致人们还在不断地消耗生物资源,并没有从根本上意识到大自然提供免费服务到底需要多少成本或者人造替代服务是否可行。大量源于生态系统和生物多样性的公共产品和服务并无"市场"及定价,这就导致了市场在生物资源方面的失灵。作用于经济的自然流中占有很大比例的公共产品和服务的生物资源，社会往往忽略其所谓的"外部性"成本，进而造成生态系统退化及生物多样性损害。

生物多样性损害具有明显的"公害"属性，仅以赔偿责任为损害救济的出发点远远不够，赔偿责任无法在生物多样性利用开发过程中的收益和损害之间形成完整的对应关系，尤其是针对"公害"性问题，损害赔偿责任更难以回应。因此，对于生物多样性损害的救济，除了在损害赔偿责任法框架内解决之外，更应该突破赔偿责任向补救机制转化。基于生物多样性整体的视角对生物多样性损害进行估值，并以此为基础拓展生物多样性损害救济的途径，提高社会对生物多样性损害救济机制对"公益"等因素的包容性。生物多样性损害由损害赔偿责任向补救机制的拓展，主要是指将生物多样性救济方式由责任方承担的方式向以市场为基础的生态系统服务付费拓展。这种重大的变革将有助于应对生物多样性损害的"根本原因"，通过这种补救机制并非仅仅依赖损害赔偿责任的救济途径，而是在整体上对生物多样性开发利用过程中的收益和损害进行平衡，这构成了对生物多样损害救济中非法律责任方式研究的起点。

三 生物多样性补救机制发展趋势的影响

损害赔偿责任与补救机制在生物多样性损害救济问题上的此消彼长及生物多样性损害补救机制的路径选择，都是以生物多样性损害自身存在的特殊性为起点，对补救机制的必要性及可行性的探讨与论证。损害赔偿的救济方式并不是生物多样性损害救济的主要法律途径，应该通过对相应的补救机制进行补充，在损害赔偿的基础上对生物多样性损害救济机制进行多元化拓展，通过市场交易的形式在收益与成本之间形成适当的反馈机制，逐步构建针对生物多样性损害的学理研究。

（一）生态系统服务与人类福祉

生物多样性的损害，从构成上，不仅包括对物种和栖息地的损害，还包括对整个生态系统的损害；从功能上，包括生物多样性各组成部分及其提供货物和服务的潜力长期或永久地在质量上的退化或在数量上的减少。人们日益意识到整个生态系统对人类福祉的重要性，为挽救日益丧失的生物多样性，对其救济需要我们重新针对生物多样性及其生态系统服务的方式进行变革。

明确地说，一个物种的损害可能包括了对其所在的整个生态系统服务的损害。例如，迁徙的长鼻蝙蝠活动于墨西哥和美国西部，并为龙舌兰授粉。由于其他种类的携带狂犬病病毒的蝙蝠的控制措施不当以及人为干扰龙舌兰的生长等因素而导致长鼻蝙蝠开始跨越几个国家的迁徙活动，那么在迁徙过程中，给长鼻蝙蝠所造成的损害以及由于龙舌兰得不到授粉而造成龙舌兰酒质量的下降所产生的损害应该如何处理？或者面对类似的情形应该如何规制？在墨西哥和美国的生物科学家的努力以及为挽救龙舌兰酒质量下降的制造商的努力下，蝙蝠的数目已增长到超过20万。还有一个新的变化，龙舌兰酒的种植商已经停止在收获之前阻止植物开花的做法，因为植物开花可以吸引蝙蝠授粉并促进龙舌兰的生长。蝙蝠具有独特授粉的功能，对其损害影响到龙舌兰酒的质量，从这个常识可以得知，对蝙蝠的损害不仅仅体现的是物种的损害，还包括对整个生态系统的损害。

如此一来，在这个案例中很难找到其确定的责任主体，但又确实造成了损害。那么在损害赔偿责任缺位的情况下，就应该从生物多样性补救机制入手探求其救济途径。生物多样性的损害应该包括对生态系统服务的损害，生态系统服务是生态系统对人类福祉的直接和间接贡献。所以，龙舌兰酒的质量下降代表了生态系统服务的减损，为挽救此损害，对龙舌兰的培育等相关的成本费用也应该包括在生物多样性的损害之中。这也再次印证了生物多样性的损害最根本的驱动因素在于人类社会主导的经济模式，而生态系统服务和人类福祉的联系是促使人类社会主导的经济模式的诱因。通常来说，生态系统服务主要包括供给（如食物、水等的供给）、调节（如气候变化、水净化和疾病的防控）、文化（精神、审美、娱乐、教育）等几个方面。人类福祉主要包括人类幸福生活的基本物质需要以及人类的健康、行动方面的自由等。

变化的直接驱动力会影响两者的关系：例如外来物种入侵、本地土地利用和覆盖物的变化、气候变化等因素会直接影响生态系统服务的供给，再比如气候变化会影响到生态系统服务的调节剂供给，从而使人类福祉受到影响。变化的间接驱动因素例如全球化、贸易和监管、法律框架等方面也会影响人类福祉。从生物多样性丧失和生态系统退化的驱动因素入手，对其开展生物多样性丧失的政策行动，量化并描述生态系统服务的供应有利于与生态系统有关的决定对服务的影响并进行权衡。总的来说，人类决策而产生的行动会对生态系统的功效产生影响，最终影响人类福祉。

（二）生物多样性补救机制发展趋势的影响

生物多样性补救机制旨在解决损害赔偿所不能解决的生物多样性损害的情形。从引起损害的驱动因素看，可以解决气候变化所引起的生物多样性损害；从引起损害的地理范围看，可以补救对全球公域环境所引起的生物多样性损害。《公约》一直将生物多样性和气候变化视为主要的议题，并制定生态系统办法为综合管理土地、水和生物资源提供了一个框架。

实施这种办法可以促进制定减轻气候变化影响和适应气候变化的项目，这些项目也可以在国家一级促进保护和可持续利用生物多样性。为此，每个国家都应注重生物多样性和气候变化的协同效果，考虑审查土地使用规划的因素，以期加强基于生态系统的气候变化的适应性，如红树林在适应海平面变化方面的作用。考虑到生态系统在全球碳循环中作用重大，且能够提供广泛的、对人类福祉至关重要的生态系统服务，所以维持生态系统（包括基因、物种和遗传的多样性）对实现《联合国气候变化框架公约》的终极目标具有重要意义。基于生态系统的方法，可以使用一切种类的生态系统。例如，基于生态系统的气候适应会增进生态系统恢复力，将生态系统方法纳入气候变化领域，不仅能防止生物多样性的损害，还能以更具成本效益和可行的方式，让生态系统功能与服务适应气候的变化。例如，在玻利维亚适应气候变化的努力中，所制定的关于适应气候变化的措施中主要有针对可持续森林管理方面、减少栖息地的破坏方面、改善土壤方面、确定对气候变化抵抗力强的牧场方面、协调水资源方面、提高工业化进程方面。这六个策略，有五个与生物多样性有关。由此我们也可以看出，在气候变化领域支持生态系统修复尤其重要。

生态系统是经过长时间形成的，系统中的物种经过千万年的竞争、排斥、适应才形成了相互依赖又相互制约的关系。从整个生物圈的角度看，全球的气候变化正影响着生物生理过程。最新研究结果显示，北极熊体内持久性有机物浓度是安全浓度的 100—1000 倍。随着夏季海冰变薄，更多的阳光穿透水面，增加了北极食物网底部浮游生物的产量。2016 年年初级生产量急剧增加，比 2003—2015 年平均水平高出近 35%，一些研究人员、环境团体和政策制定者担心这可能会损害脆弱而迅速变化的海洋生态系统。

20 世纪 80 年代后期，日本、中国和其他地方的捕捞拖网渔船在白令海峡的国际水域捕捞了数百万吨的鳕鱼，相关国家最近达成了一致的协议：禁止在北极中部海域进行捕捞，年限为 16 年。对由气候变化在公域环境引起的生物多样性损害，损害赔偿责任可能并不完全适用，生物多样性补救是可行的路径选择，它能够平衡各国之间的生态利益，通过对生态修复以及建立生物多样性银行、补偿信托资金等方式实现对生物多样性的可持续利用。将生物多样性因素纳入气候变化相关活动，并将生态系统方式注入气候变化领域，可以减少生物多样性的丧失，这些方式对全球公域生物多样性损害尤其适用。

第二节 生物多样性损害修复的路径选择

一 生物多样性损害修复的基本内涵

通过上文的分析得知，生物多样性定义的重点应该放在重视生态系统的过程，对生物多样性的保护不仅意味着物种丰富的程度，还应尽可能考虑群落和生态系统类型的互补性和不可替代性，以确保生物多样性以及生态系统可持续发展。这也意味着对生物多样性损害的修复，不仅包括物种的修复，还应该包括整个生态系统的修复。生态系统修复是指管理或协助复原某个已退化、被破坏或被摧毁的生态系统的过程，是维持生态系统复原力和养护生物多样性的一种手段。退化的特点是指生物多样性或生态系统功能的下降或丧失。退化和恢复与具体背景有关，既指生态系统状态,也指生态系统进程。①

所以本书所论述的生物多样性修复,不仅指物种的修复,还包括整个生态系统的修复。从修复的层次来说,包括物种层次、种群层次、景观层次;从修复的类型来说,包括森林生态修复、水域生态修复、草地生态修复、海洋与海岸带生态修复。

生态修复协会(Society for Ecological Restoration,简称SER)将生态系统修复定义为"协助修复已经退化、受损或破坏的生态系统的过程"②。该定义非常广泛,涵盖了各种各样的方法以应对生态系统的损害。它不仅指旨在使生态系统尽可能修复到干扰前状态的活动,还指以生物多样性修复、生态系统功能或其他生态健康指标为重点的修复和其他活动,但不包括植树造林,仅包括以木材生产或固碳为目的的造林、园林和景观设计,或人为性地创造生态系统。

以上提到的所有情形都忽视了生态系统的整体性是历史连续性的结果,生态修复是一个"协助过程",会逐步改变,以实现长期的承诺和愿景,这一点也构成了对生态系统修复的理解。也就是说,修复性行为具有连续性,单独的行为并不构成对生态系统的修复。例如,在贫瘠的土地上种植树木或从河流中清除水坝,随后的开垦、修复、植被恢复、生态工程等作为修复的一个整体往往是重建项目和方案的重要的第一步或组成部分,但是如果单独实施这些活动就无法构成这里生态系统修复的含义。

为了进一步区分生态恢复与其他应对环境退化的相关活动,必须认识到修复对象是一个整体生态系统,而不是单独的物种,也不是单独物种的栖息地。生态修复的科学与实践除了修复生态系统功能和生态系统服务的整体性之外,还必须通过加强自然与文化之间的联系,突出生态

---

① 参见 UNEP/CBD/SBSTTA/REC/XX/12,《生物多样性公约》科学、技术和工艺附属机构第 20 次会议 XX/12 号决定。
② 生态恢复协会成立于 1987 年,是一个全球性的恢复专业社区,其中包括来自非洲、亚洲、澳大利亚、新西兰、欧洲和美洲的研究人员、从业人员、决策者和社区领导。SER 成员利用广泛的经验、知识和文化观点积极参与生态敏感的退化生态系统的修复工作,http://www.ser.org/page/about,2017 年 8 月 6 日。

系统为人类提供的重要利益，促进人与环境之间的健康关系。

二　生物多样性损害修复的原则

生态系统方式是公平合理地对自然资源进行可持续利用，它是基于适当的科学方法论的应用，侧重于生物组织的水平，包括生物体及其环境的基本过程、功效和相互作用。"生态系统"是指植物、动物和微生物群落与其非生物环境作为一个功能单位相互作用的动态复合体。①

正如《公约》缔约方大会所述，生态系统方式是《公约》下的主要行动框架。缔约方大会第5次会议对生态系统方式和业务进行指导说明，并建议适用生态系统方式的原则和其他指导意见。缔约方大会第7次会议商定，目前的优先事项应该是促进执行生态系统方式，并欢迎为此制定更多的准则。《公约》第5届会议第V/6号确立了生态系统方式十二项原则，该原则起到了提纲挈领的作用。它要求，将整个生态系统放置于社会、经济和文化需求中，并结合当地居民和土著居民的利益将其视为利益的共同体。即应该把公正和公平的方式将生态系统所体现的固有的使用价值和人类惠益所体现的非使用价值当作生态系统整体的组成部分。

具体而言，生态系统修复原则是修复时应该考虑到人类活动对其附近的其他生态系统的影响，即邻近原则。针对生物多样性最大的威胁在于土地使用制度，基于市场利益的驱动，通常采取不合理的措施和补贴的方式，将对生态系统不合理的利用方式以利用土地的方式替代。这种错误的方式导致了利用生态系统的行为者不支付与生态系统保护工作有关的费用，即未将对其所造成的生态系统损害利用市场的方式给予补偿。

利用生态系统服务付费②原则。针对生物多样性所造成的损害在未发生重大的损害还可以利用经济或管理等方式进行补救的前提下，应该利

---

① 参见《生物多样性公约》第2条。
② 生态系统服务付费又称PES，是指当且仅当生态系统服务（PES）提供者确保其提供生态系统服务时（限制性条件），至少一个生态系统服务买家从至少一个生态系统服务提供者处购买一项定义明确的生态系统服务（或能提供服务的土地利用权）所涉及的自愿交易。Patrick ten Brink：《国家及国际决策中的生态系统和生物多样性经济学》，胡理乐、翟生强、李俊生译，中国环境出版集团有限公司2015年版，第165页。

用市场的手段对其进行保护和可持续利用。生物多样性作为一种全球公共物品，需要为这种公共物品设计一种新的机制，以维护公共利益的需求。为维护公共利益，政府起了绝对性作用，无论是生物多样性使用价值还是其内在价值所遭受的损害，都是生物多样性不同层次的生态系统服务的体现，这需要政府在政策的制定中予以明确。

针对全球性越境损害，生物多样性丰富的发展中国家是首当其冲的受害者，由于发达国家频繁不断向其输出危害，就应该给予发展中国家更多的资金资助。生态系统服务付费就是基于全球生态系统服务的直接国际支付的一种工具，用以保护生物多样性资源的有效利用。

对生态系统的修复是长期性的。针对生态系统的修复不是一次能完成的，而是需要政府、企业、个人、土著居民长期协助的过程，再加上生态系统的不同阶段具有滞后性，人们追求的短期效益与生态系统的渐进性所积累的后发效应之间就产生了矛盾。特别注意的是，对生态系统的修复应该遵循其自有的逻辑，这样才能将人们所追求的短期效益转变为长期效益。

对生态系统的修复应遵循适应性原则。生物多样性损害存在着诸多不确定性因素，针对生物多样性损害可以延续传统的管理和修复措施，但对气候变化等不确定性因素的发生，需要对其及时做出适应性管理，同时采取减缓措施来应对诸如气候变化等不确定性因素的变化。对气候变化所导致生物多样性损害的评估，应该包括了对特殊物种典型行为集合的损害。

三　多边环境协定对生物多样性修复的规定

采取联合工作方案的方式。《公约》条款及其缔约方大会的决定，明确阐述了生态系统修复是实现其目标的一个重要工具。

《公约》的下列条款与生态系统修复相关：《公约》第 8 条要求，对已退化的生态系统实施各项计划或其他管理战略，促进受损物种的修复；在第 9 条的移地保护中规定，针对外来入侵物种应该采取措施将其修复，并在条件合适时将其重新引入其合适的自然生境；第 14 条（影响评估和尽量减少不利影响）明确将生态系统修复纳入减缓和赔偿措施的审查之中，以应对生物多样性损害。

《联合国防治荒漠化公约》第 1 条将对修复部分退化的土地定义在防治荒漠化的目标中；第 2 条规定生态系统修复的价值不仅在于修复自然提供和规范服务的能力，还在于其促进可持续生计和社区发展的作用。要想改善社区的条件，需以可持续的方式管理土地和水资源并提高土地的生产力以实现长期的综合战略。

《拉姆萨尔公约》即《特别是作为水禽栖息地的国际重要湿地公约》科学和技术审查小组主席受邀提交了一份题为"迈向生态系统恢复多公约合作"的讨论文件。该文件就《拉姆萨尔公约》缔约方和其他多边环境协定缔约方的紧急需要和长期需要提出了具体措施，其中许多政策的规定协助其设计、执行和检测生态系统修复项目所需要提供的指导。

《养护野生动物中移栖物种公约》在受威胁物种、入侵物种、减缓赔偿措施和生态系统修复的作用方面与《公约》的措辞保持一致，濒危迁徙物种第 3 条第 4 款规定，作为列入附录 1 中的迁徙物种生境国家的缔约国应该在养护措施、预防、消除、赔偿等方面减少迁徙物种所遭受的损害。

虽然许多《公约》文本和协议没有明确提到生态系统修复，但生态系统修复越来越被《公约》文本和协定认定为相互关联的目标所追求的多重共同利益的重要工具。例如，与生物多样性有关的公约和多边环境协定最近的一些决定、决议和工作计划表明，迫切需要有助于缔约方和签署方的生态系统修复工具、技术和指导。

生物多样性和生态系统具有巨大的潜力，能够满足各种利益需求，支持缔约方和多边环境协议签署方为实现其相互关联的目标所做的努力，其中包括：保护生物多样性和培育物种；减缓和扭转荒漠化以及陆地和水生生态系统退化，从而改善生物多样性价值，促进就业机会，增加社会经济发展和可持续生计倡议的参与和平等；通过减少温室气体排放量，增加固碳量及其长期稳定性来减缓气候变化；通过提高生态系统和社区适应气候变化不利影响的能力，适应气候变化。公约和多边环境协定之间的合作是可行的措施，采取联合工作方案将提高缔约方和签署方的国家和地方政策、战略和框架中恢复项目的力度。这种方案还可以汇集和协调资源，利用个别公约或多边环境协定的各自优势将有关的非政府组织和有关组织的专门知识和援助纳入其中。

对生态修复协调一致的努力是最为可取的，因为这将反映一种综合的生态系统方法，涵盖了可持续的自然资源管理、生物多样性保护、气候变化战略、土著居民的发展以及景观连通性和全球环境问题。

四 生物多样性损害修复的定性

生态系统修复的行为者应该包括国家、国际以下的各级政府、各多边环境协定的缔约方、捐助机构、全球环境基金、世界银行和区域发展银行、民间和企业捐赠者、养老基金和企业财团，以及其他有关的国际机构和组织、土地所有者和土地管理者、土著人民和地方社区、民间社会和公民。从生态系统修复的主体看，从国家到国际组织再到个人都可以成为生态系统修复的主体；从性质上看，生态系统的修复应属于公共责任。

（一）从恢复原状到生态系统修复责任的发展

在国际公法领域，从损害的类型和赔偿的形式与功能看，法律意义上的恢复原状（resitution in integrum）属于损害赔偿的一种形式。对恢复原状权利的主张并没有规定统一的形式，虽然其属于法律救济的方式，但对其所适用的条件却没有统一做出规定。

在 Savriddin Dzhurayev 诉俄罗斯案中，欧洲人权法院提及《国家对国际不法行为的责任条款法案》第 35 条①，裁定根据国际法的有关原则，根据有关判决采取各项措施的主要目标是"使违反《公约》的情形不再发生，就违反行为的后果作出赔偿，尽可能恢复到违约发生之前的状态"②。

---

① 2001 年二读通过的《国家对国际不法行为的责任条款法案》第 35 条关于"恢复原状"的规定：并且只在下列情况下，一国际不法行为的责任国有义务恢复原状，即恢复到实施不法行为以前所存在的状况：(a) 恢复原状并非实际上办不到的；(b) 从恢复原状而不要求补偿所得到的利益不致与所引起的负担完全不成比例。

② Savriddin Dzhurayev v. Russia, 第 71386/10 申请号, 欧洲理事会：欧洲人权法院, 2013 年 4 月 25 日, 第 248 段, http://www.refworld.org/cases, ECHR, 517fd6104.html, 2017 年 6 月 6 日。

在 Hulley 企业有限公司（塞浦路斯）诉俄罗斯联邦案中，仲裁法庭同样也引用了第 35 条赔偿损害的方式——恢复原状的规定，仲裁法庭认为国际法委员会条款第 35 条与该案件具有关联性，非法征用行为的责任国首先必须做到恢复原状，使受害方恢复到不法行为没有发生的应有状态。"这一恢复原状的义务从作出决定之日起开始适用。只有在通过恢复原状努力无法弥补所造成损害的情况下，有关国家才有义务根据国际法委员会关于国家责任的条款作出赔偿。"①

在 Davydov 诉俄罗斯案中，欧洲人权法院提及第 35 条，重申"法院在一项判决中裁定，不法行为使被告国有法律义务结束该行为，并以尽可能恢复到该行为发生前状况的方式对其后果作出赔偿……这一义务反映了国际法的原则，即实施不法行为的国家有义务恢复原状，即恢复到实施不法行为以前的状态，前提是恢复原状并非在'实质上不可能'，且'不会造成与恢复原状（相对于提供赔偿）的裨益完全不成比例的负担'"②。

从以上的实践可以看出，恢复原状是国际法中的主要赔偿方式，其作用在于使情况恢复到发生不法行为之前的状态。从第 35 条关于恢复原状的限制因素可以看出，关于恢复原状的限制因素（恢复原状并非实际上办不到的）（a）项确定的标准很高，恢复原状并非会因为法律或实际面临的困难就不可能出现，这意味着责任当事国应该做出努力来克服这些困难。关于（b）项中提到的第二个限制因素，法庭认为"归还被非法征用的土地的所有权是适宜的"③。

值得注意的是，根据国际法委员会第 32 条"责任国不得以其国内法

---

① A/71/80，《国家对国际不法行为的责任：国际级法院、法庭和其他机构的裁判汇编》秘书长的报告，第 34 页。

② Davydov v. Russia，第 18967/07 申请号，欧洲理事会：欧洲人权法院，2014 年 10 月 30 日，第 25 段，http：//freecases.eu/Doc/CourtAct/4531896，2021 年 11 月 25 日。

③ Olga Borisovna KUDESSHKINA v. Russia，第 28727/11 申请号，欧洲理事会：欧洲人权法院，2015 年 2 月 17 日，第 55 段，http：//openinform.ru/fs/j_photos/openinform_326.pdf，2021 年 11 月 30 日。

的规定作为不能按照本部分的规定遵守其义务的理由"①。这里的理由同时也包括行政或政治上的障碍，这条也表明禁止一国不遵守国际义务以及禁止一国援引国内法。在早期的发展阶段，国际法公法领域的恢复原状主要局限于领土争端解决案件中，例如在"霍茹夫公车案"中"恢复原状"是对未能遵守相关公约的自然补救。黎巴嫩政府认为以色列正在采取的行动性质极为严重，公然侵犯了黎巴嫩的主权和领土完整，并要求以色列停止这些行动并恢复原状，以确保以色列对其侵犯黎巴嫩的主权和领土完整的后果负责。

从以上的分析来看，国际责任法中的"恢复原状"并不与国内法中的"恢复原状"相等同。国内法中的"恢复原状"是作为民法中损害赔偿的基本方法，其旨在填补私法责任方式下的受害人的损害。如果说在国内民法中，恢复原状是属于公法与私法的交错地带，那么在国际公法领域，恢复原状则属于公法性质。总体而言，恢复原状作为国家责任的形式，仅仅是赔偿的一种形式，如果责任国能够证明其被豁免的理由，尽管恢复原状作为一种规则，也可以不予适用。

（二）生态系统修复是对恢复原状的生态化表达

随着跨界环境争端案件的频发，"恢复原状"也被常用在环境领域。在《"区域"内矿产资源开采规章》中可以先采取初步修复标准的首要办法，尝试以同等修复的方式在相同或另一地点使用相等值的生态要素来替代受损害的生态要素。如果在"区域"内用同等修复在技术上不可行或经济上不合理，可以在"区域"外采取修复措施，例如，在处于非有利养护状态的沿海地区，实施这类措施的目的可以恢复受损坏的珊瑚礁或红树林。针对"区域"内矿产资源开采规章中处理对海洋环境造成严重损害的问题，支付赔偿金额可以依据采用同等恢复措施的成本来计算。

在处理对海洋环境造成或有可能带来严重损害的备选办法，建议以勘探规章中的紧急命令条款为基础制定开采规章，以处理因承包者在"区域"内的活动所引起或导致的事件发生后对海洋环境可能带来的严重

---

① A/RES/56/83，2001年二读通过的《国家对国际不法行为的责任条款法案》第32条关于"与国内法无关"的规定。

损害，建议考虑在开采规章中引入一项义务条款，要求承包者：针对恢复措施的可能性需要在经济技术方面进行评估；如果上一步骤不能实施恢复措施，则应该用赔偿金、补偿措施、同等恢复措施来替代。①

在多边体制的环境问题中，针对有害环境活动所造成损害之责任、应对行动和赔偿，"有害环境活动"的损害定义包括对恢复措施的费用（限于实际开展或将要开展的措施的费用），且"无法在合理时期内通过自然恢复来纠正的长期或永久性变化"也被认为是损害。在关于有害环境活动所造成损害之责任、应对行动和赔偿的国内法的编制准则订正草案中将恢复措施的费用限于实际开展或将要开展的恢复措施的费用。②

"生态系统的修复"强调的是公共责任，是对生物多样性公共利益的救济，其与国内法中的"恢复原状"并不能等同。从救济对象看，国内法恢复原状放置于侵权法中，针对的是私法利益的保护；从救济途径看，生态系统的修复主体需要国家、国际机构、个人等的介入，而在国内法中的恢复原状通常是责任人自己处理。所以，本书中对"生态系统的修复"摆脱了国内民事救济路径，不能将其界定为民事责任的承担方式，而应该界定为承担公共责任的一种，即无论是从损害赔偿的角度，还是从补救的角度，生态系统修复责任都体现了国家和私人之间的"协力关系"，因此，生态修复关注的是共同性的福利问题，属于公共决策范围。

五 生物多样性损害修复的措施

当生物多样性损害发生的受影响地区经过估值判断，其不能达到基准状态，或者不能达到损害发生前的状态，可以采取补救措施。这类补救措施具有间接性，是指在损害发生的另一地区改善自然资源或服务。它要求其与生物多样性所发生的损害的资源和服务相比，在生态价值方面是等同的。针对不同情形，经常采用生态经济定值以及资源对资源或

---

① 参见 ISBA/21/C/13，国际海底管理局理事会第二十一届会议：《在"区域"内矿产资源开采规章中处理对海洋环境造成严重损害的问题》，荷兰代表团提交。

② 参见 UNEP/GCSS.XI/8/Add.1，执行主任的报告，增编《制定关于责任的国内立法，应对行动和对环境危险活动造成损害的赔偿的准则草案》。

服务对服务做法。① 对补救措施除可以采取间接措施外,还需考虑"暂时损失"的补偿措施,暂时损失是指由于自然资源或栖息地受损,在主要或补充补救措施发挥作用前,无法发挥生态功能或为其他自然资源或公众服务所造成的损失,不包括对公众的经济赔偿。补偿措施可以在以实物补偿不可行的时候,用来对受损害的保护区或替代保护区的一种财政补偿上的变相投资。与政府机构相关的直接和间接成本可以用补偿机制来偿还,主要包括监测修复措施、损害评估以及与此相关的行政管理费用。

（一）确定初步修复标准的首要办法

针对生物多样性损害的不同表现方式,例如物种、栖息地、景观等使用价值和内在价值所表现出来的损害,应制定大致的判断标准。由欧洲联盟委在借鉴美国的做法和标准项目定值后,提出了评价程序的标准②,以此为 ELD 的形成作出贡献。在作为初步修复标准首要办法的标准选定后,还应该考虑到对生态系统所保护的价值。欧盟在委托的报告中囊括了生物多样性和生态系统中的生物物理结构或过程,以及涉及其功能和服务。就人类福祉的社会文化背景来说,还包括对人类健康、安全的益处和对福祉、对消费者价值的益处,以及相关的经济价值（例如对保护或产品的支付意愿）。

（二）补充和补偿措施

在确定生物多样性具有直接使用价值、间接使用价值和存在价值之后,能够用以确定生物多样性的基准,决定作为初步修复标准的首要办法。应合理利用成本—效益的标准作为初步修复的合理性标准；在初步修复标准的首要办法不可行时,应该考虑补充和补偿措施；将初步、补

---

① 参见 UNEP/CBD/COP/9/20/Add.1,《生物多样性公约》第9届会议第14条第2款背景下的赔偿责任和补救,《给生物多样性造成的损害以及对给生物多样性造成的损害定值和进行恢复的方式的技术资料,以及关于国家/国内措施和经验的资料的综合报告》。

② 标准包括：(a) 成本；(b) 被破坏资源恢复到基准状态的程度；(c) 成功的可能性；(d) 预防今后的损害以及由执行而造成的间接损害的可能程度；(e) 使一种以上的自然资源和服务受益的可能程度；(f) 对公共健康和安全的影响。参见 UNEP/CBD/COP/8/27/Add.3,《公约》第8届会议第14条第2款：《所涉赔偿责任和补救问题法律和技术专家组的报告》。

充或补偿作为恢复备选办法,使得成本的利益低于恢复的利益。①

与其他的环境损害相比,生物多样性损害难以认定,生物多样性损害的重要性阈值的问题是一个需要进一步厘清的要素,因为损害必须要超出一定的阈值才可以赔偿。再者,生物多样性的损害还包括景观方面以及遗传方面,对这些损害也难以认定。在科学技术方面,必须先查明损害是否达到或超过了重要性阈值。不仅在初步修复措施中,而且在补偿措施中也应该利用到成本措施。根据 ELD,初步、补充或补偿性补救措施的成本应该作为选择"合理"的补救备选办法。② 如果"为达到基准状况或类似水平而应采取的补救措施的成本与所获得的环境利益不相称",主管机构有权决定是否应采取下一步的补救措施。③ 综上所述,无论是确定初步修复标准的首要办法,抑或是补救措施,都应合理利用成本效益法。

(三) 生物多样性损害补救措施的国家实践

ELD 关于补救措施的第 7 条确定了经营者义务,要求其按照 ELD 附录 2 所确定采取的补救措施提交给主管部门予以批准④,主管部门应根据附录 2 决定采取何种补救措施,如有需要,可与相关经营者合作决定。若出现多个环境损害案例时,主管部门不能保证同时采取所有必要的补救措施,则主管部门有权决定优先对哪个环境损害问题采取补救措施。可见,针对生物多样性损害根据附录 2 关于补救措施的规定为主管部门提供了有益指导,其他因素包括环境被损害的性质、波及的范围和严重程度及自然修复的可能性。

附录 2 确立了环境损害的补救措施的总体框架,分别针对自然栖息地、受保护物种或水资源的损害进行补救。补救主要包括主要补救、补

---

① 参见 MEP and EFTEC (2001), op cit., p. 20。
② 参见 Directive 2004/35/CE, op cit., annex II section 1.3.1。
③ 参见 Directive 2004/35/CE, op cit., annex II section, 1.3.3 (b)。
④ 主管部门在任何时间均可采取或要求经营者采取一些切实可行的措施立即控制、限制、消除或管理相关污染物及/或任何其他破坏因素,以限制或防止进一步出现环境损害及对人类健康的不利影响,或服务的进一步减值,或就经营者的上述措施提供相关指示。

充性补救及补偿性补救三种手段。主要补救措施是指将遭受破坏的自然资源或服务恢复至基线状态；补充性补救措施是指主要补救措施未能使自然资源或服务完全恢复至基线状态时采取的其他与自然资源或栖息地相关的补救措施①，补充性补救措施用于在主要补救措施未能使被损害的自然资源和服务完全修复的情形中，其旨在尽可能在地理上与被损害的地区相互联系；补偿性补救措施是指自损害发生日期至主要补救措施充分发挥作用时，对自然资源或栖息地暂时性损失的补偿。暂时性损失是指由于自然资源或栖息地受损，在主要或补充补救措施发挥作用前无法发挥生态功能或为其他自然资源或公众服务所造成的损失。不包括对公众的经济赔偿。②

克拉法克（Klaphake）描述了 ELD 附录 2 中的相关方法，如果第一个步骤不能使用方能采取下一个步骤③：首先确定提供与被损害的自然资源和服务同样类型、数量和质量的活动，"资源对资源"或"服务对服务"的对应做法是第一选择；其次，如果第一步不可行，方可确定替代的自然资源和服务；最后，如果第一步和第二步不可行，则利用替代定值技术。"价值对价值"是指用货币定值方法替代补充和补偿措施。④ 如果以上步骤都不可行，也无法利用相对应的成本法或时限进行定值，可以选择成本与损害的自然资源或服务的估算货币价值相等的补救措施。⑤

---

① 参见 Directive 2004/35/CE, op cit., annex II。

② 参见 Directive 2004/35/CE, op cit., annex II section 1 (d)。

③ 参见 Axel Klaphake, "The Assessment and Restoration of Biodiversity Damages", *Journal for European Environmental & Planning Law*; Vol. 2 (4), 2005, p. 272。转引自 UNEP/CBD/COP/9/20/Add,《公约》第 9 届会议第 14 条第 2 款背景下的赔偿责任和补救：《给生物多样性造成的损害以及对给生物多样性造成的损害定值和进行恢复的方式的技术资料，以及关于国家/国内措施和经验的资料的综合报告》。

④ 参见 Axel Klaphake, "The Assessment and Restoration of Biodiversity Damages", *Journal for European Environmental & Planning Law*; Vol. 2 (4), 2005, p. 273。转引自 UNEP/CBD/COP/9/20/Add,《公约》第 9 届会议第 14 条第 2 款背景下的赔偿责任和补救：《给生物多样性造成的损害以及对给生物多样性造成的损害定值和进行恢复的方式的技术资料，以及关于国家/国内措施和经验的资料的综合报告》。

⑤ 参见 Directive 2004/35/CE, op cit., annex II section 1.2.3。

这反映了所谓的"价值对价值"的做法，但主管机构不受定值方法的限制。①

合理的补救方案应利用现有的最佳技术，基于以下标准进行评估。②这些标准与上文所提到的欧盟编制报告的标准大致相同，LED 附录 2 对不能使损害完全修复的情形规定了初步补救措施。欧盟给予主管部门决定权，美国赋予受托人以决定权让其选择适当的途径以便最终实现对暂时损失的初步恢复和补偿。③

针对如何修复受损害的资源，美国规定，首先制定修复替代措施，然后根据客观情形择一。④ 关于自然资源损害评估进程的手册介绍了《综合环境反应、赔偿和责任法条例》规定的各种因素，这些要素中设计利用价值评估法对权衡、成本与收益进行评价。在与欧洲做法的重要对比中，成本是选择初步补救替代措施的决定性因素，即使这是在所适用的各种因素中体现出来的。⑤ 与欧洲的做法不同，针对自然资源或服务损害，美国从损害发生之日起至完全修复到基准状态这段时间都可以给予公众补偿。公众因自然资源和服务受到损害而承受的使用价值和非使用价值损失，《综合环境反应、赔偿和责任法》通常用"补偿价值"来描述⑥；而《油污法》通常用"补偿性修复"来描述，并在可能的情况下

---

① 参见 Axel Klaphake, "The Assessment and Restoration of Biodiversity Damages", *Journal for European Environmental & Planning Law*, Vol.2 (4), 2005, p.274。转引自 UNEP/CBD/COP/9/20/Add，《公约》第 9 届会议第 14 条第 2 款背景下的赔偿责任和补救：《给生物多样性造成的损害以及对给生物多样性造成的损害定值和进行恢复的方式的技术资料，以及关于国家/国内措施和经验的资料的综合报告》。

② 各项方案对公共健康和安全的影响；执行方案的成本；各项方案取得成功的可能性；各项方案预防未来损失及避免附带损失的程度；各项方案给自然资源及/或服务各组成部分带来的好处；各项方案考虑相关社会、经济、文化以及与当地具体问题的程度；恢复环境损害措施发挥效果所用时间；各项方案对环境损害的回复程度。

③ 参见 Axel Klaphake, "The Assessment and Restoration of Biodiversity Damages", *Journal for European Environmental & Planning Law*, Vol.2 (4), 2005, p.274。在这方面注意到"这样的成本效益测试当然是合理地从经济的角度来看，并有助于避免个别原因造成不成比例的负担。欧洲责任指令没有规定恢复工作的上限，如果成本效益分析是用经济估价的话，技术需要实施，除非这是一个很好的使用非货币表达的理由的好处"。

④ 参见 Lee, Bridgen and Environment International Ltd, op cit., 2002, p.292。

⑤ 参见 Lee, Bridgen and Environment International Ltd, op cit., 2002, p.293。

⑥ 参见 Lee, Bridgen and Environment International Ltd, op cit., 2002, p.297。

要求受托人运用资源对资源或服务对服务的方法确定必要补偿的数量①。《综合环境反应、赔偿和责任法》可以确立暂时损失价值的经济定值技术，并规定了各种补偿经济价值的方法。

用经济方法可以估算生物多样性所表现出来的使用价值和非使用价值，生境对应分析适用于服务对服务的做法，它则被用来确定对生境资源的暂时损害予以补偿的适当数额。②

第三节　生物多样性损害补偿

一　生物多样性损害补偿概述

经济在高速发展的同时加速了生物多样性丧失的速率，与此同时还会造成栖息地丧失及破碎化，现在，不同的举措正在探索如何保护和加强现有的生物多样性。在这方面，生物多样性损害补偿是现如今比较流行的做法。

《商业和生物多样性抵消计划》（The Business and Biodiversity Offsets Programme，简称BBOP）将其定义为："一系列措施导致可衡量的保护结果，旨在补偿由于现有项目或新项目的活动而产生的对剩余生物多样性的影响，并在适当的预防和缓解措施实施后仍然存在。"生物多样性补偿的最终目标是明确的：要实现生物多样性的"零净损失"，应该在物种构成、生境结构、生态系统功能和服务、人类和文化价值观形成对生物多样性的补偿。新的建设和发展对经济增长是至关重要的，但是在一切照常的情况下，往往导致生物多样性的严重丧失。《商业和生物多样性抵消计划》正在努力改变这个过程，帮助企业在追求商业目标的同时注重生态效益和经济效益。

BBOP是公司、金融机构、政府机构和民间社会组织之间的国际合作，其成员正在制定遵循缓解层级（避免、最小化、恢复、抵消）的最佳做法，以实现没有净损失或生物多样性净收益。企业如何利用这种方

---

① 参见Lee, Bridgen and Environment International Ltd, op cit., 2002, p. 297。

② 参见Lee, Bridgen and Environment International Ltd, op cit., 2002, p. 300。

法来管理与生物多样性相关的风险，在满足当地社区需求的同时，实现更多更好的保护成果，从而不导致生物多样性的净损失。BBOP 合作伙伴希望通过一系列工业部门的经验表明，与基础设施发展相比，生物多样性补偿可以帮助实现更多、更好、更具成本效益的保护成果。BBOP 合作伙伴认为，证明没有生物多样性的净损失可以帮助企业获得经营许可证，更好地管理成本和责任，并改善受影响社区的成果。

（一）生物多样性损害补偿相关定义

1. 生物多样性抵消

生物多样性抵消是指为补偿项目开发所致残留负面生物多样性影响而采取的措施，这些补偿措施会产生显著的保护效果，在实施预防和缓解措施之后，这些保护效果还将继续生效。生物多样性抵消的目标是在物种组成、栖息地结构和生态系统服务（包括生存方面）上实现零净损失，最好还能取得净收益。[①] 补偿生物多样性损害的原则有两种办法：

第一种是补偿（严格意义上的）或"抵消"：在项目或活动开始之前，对新项目或活动征地（栖息地）造成的生物多样性潜在损害进行实地认定，以及为这种损害设计补偿形式。第一种方法，即补偿或抵消，是前瞻性的，是基于对该领域的深入研究，预测可能由于原始栖息地改变而导致的生物多样性丧失。

第二种是补偿性保护（通常也称为"补偿"）：识别由于广义的项目或活动（包括其他直接驱动因素而不仅是土地损失）可能导致的生物多样性丧失（包括弥补历史上的对生物多样性的损害）。这种方法着重于生物多样性损害的所有可能的驱动因素，如排放到空气中的废烟废气等有害气体、噪声和光线，还包括土地的变化，甚至不排除历史上的对生物多样性的损害（例如过去发生的原始土地征收或其他事件）。它既包括"抵消"，也包括防止涉及需要改变栖息地的新活动对生物多样性产生的损害。补偿性保护可以被认为是第一种方法的延伸。

由于目前对自然资源消耗和使用而造成的生物多样性损害的补偿以

[①] 帕特里克·滕、布林克（Patrick ten Brink）：《国家及国际决策中的生态系统和生物多样性经济学》，胡理乐、翟生强、李俊生译，中国环境出版集团有限公司 2015 年版，第 283 页。

及所有其他压力因素（压力因素包括业务过程对环境造成的潜在危害的所有来源），在自愿的生物多样性补偿方面，当重点放在面积损失和赔偿损失时，会忽视生物多样性补偿和恢复的许多机会。生物多样性丧失的间接驱动因素或压力因素，如空气或水的排放对生物多样性的影响比土地本身更大，往往更加难以界定。这种补偿式的办法得到BBOP支持：生物多样性要得到彻底的保护，不应该损害原有的栖息地。BBOP所制定的补偿原则正是基于这一理念。然而，考虑到土地利用的变化已经发生或将要发生，生物多样性下降并不是由新的土地所驱动，而是由于（生物多样性足迹）正在进行的活动，仅仅补偿原有栖息地的损失不足以防止进一步的生物多样性丧失。尽管BBOP在过去几年中进行了高度有价值的开拓性工作，但采用BBOP方法的业务支持受到限制：由于公司需要进行详细的预先补偿工作以及相当严格的方法，这导致与日常的商业活动管理不太协调。

相比之下，通过补偿性保护方法可以实现生物多样性的保护：通过对生物多样性损害的广泛分析，其应该包括对整个生态供应链和生命周期范围内的损害。氮沉降、水肥、水分等压力因素正在影响着生物多样性价值，另外，通过工业活动对他国生物多样性所产生的跨界损害，远远超过本国生物多样性的损失。透明和系统的补偿方式是保护生物多样性的一个有效工具，但却是复杂的，这种复杂性的部分原因可能是缺乏专业知识和经验的积累（尽管补偿案例数量在增加），部分原因可能是生物多样性本身所蕴含的价值（尤其是遗传价值）是复杂的。

2. 零净损失

什么是零净损失：生物多样性抵消的设计和实施方案应能实现重大的就地保护成果，根据合理的预期，这些成果能带来生物多样性零净损失或净收益。没有任何生物多样性的净损失可以与气候变化的碳中和做比较：开展活动的目的是在增加积极和消极影响之后产生零环境负面影响。这样，（商业）活动在生物多样性方面是可持续的。因此，对于一家公司来说，零净亏损是一个雄心，政策或目标是通过其业务活动层面的（自愿）补偿来实现的。零净损失倡议指出，在所有这些方法中，生物多样性往往（部分）被忽视。现实是有些公司并不知道这种不完整性，并认为在采取上述可持续性政策之一时，生物多样性能够得到充分管理。因此，无须将净亏损作为一个单独的课题列入可持续商业议程。

然而，生物多样性比能源效率和气候变化更难以处理，因为它在一个单位（如二氧化碳当量，用于气候变化）中表现"生物多样性"的多样性，（商业）活动造成的生物多样性损失永远不可能通过避免和缓解而减少到零：至少活动需要空间和/或与环境相互作用，这会改变栖息地，从而影响生物多样性，所以总是有残留的损害。实施零净损失的政策因此有两个基本要素：一是认真实施缓解等级制度，尽可能降低生物多样性的足迹；二是定性和定量衡量和补偿在所有缓解措施之后"剩余"生物多样性的足迹。

3. 缓解等级制度

缓解等级制度建立的目的是，补偿管理发展项目给生物多样性所造成的损害的过程，以实现生物多样性或净收益的净损失。缓解层次由四个连续的步骤组成：避免、最小化、恢复/修复和抵消/补偿。在缓解等级框架内，首先采取所有其他合理措施，补偿和赔偿仅作为最后的手段。缓解层级的正确应用被广泛认为是补偿性缓解的根本最佳实践。具体而言，缓解层级是一组实现生物多样性没有净损失的步骤。当一个开发项目如新的道路建设，可能会给生物多样性带来损害时，可以按照缓解层次进行如下的步骤：首先，评估潜在的负面影响也可以称之为预测影响（如图6-1的步骤1）；然后尽可能避免（步骤2）；接下来，尽量减少无法避免的影响，将影响最小化（步骤3）；并恢复或修复栖息地（步骤4）；作为最后的手段，任何剩余的负面影响应该被抵消或补偿（步骤5）。通常情况下，补偿旨在提供更大的生物多样性价值（就土地面积或栖息地质量而言），以实现净收益（见图6-1）。

在美国国家公园和保护区诉美国运输部一案中，涉及美国环境政策法案（NEPA）和外来物种所带来的损害如何界定的过程。美联邦第九巡回上诉法院否决了对联邦航空管理局审批的申请卡胡卢伊机场在毛伊岛的延伸。法院认为，联邦航空管理局符合国家环境政策法案（NEPA）和

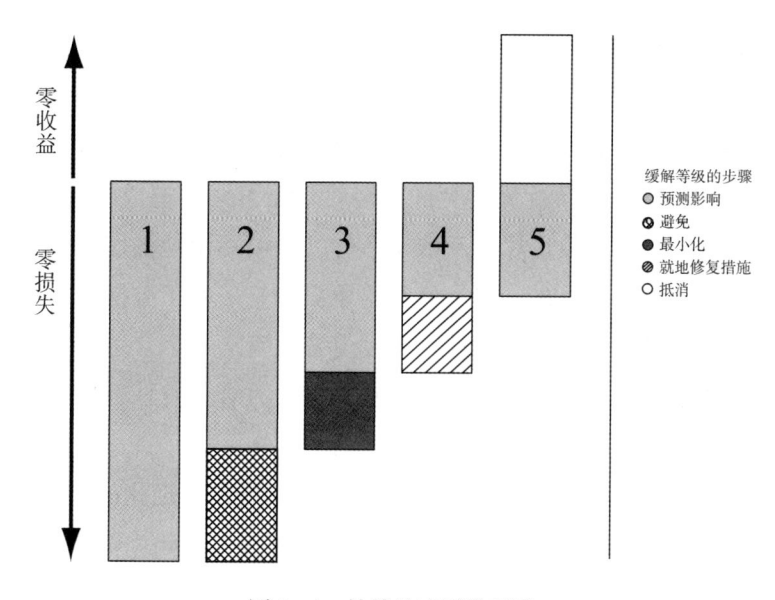

图 6-1 补偿性减缓类型图

其他联邦法规。然而，该机构没有采取 NEPA 要求的"严格审查"，因为它既没有充分考虑引入外来物种所带来的危险，也没有遵循 NEPA 的要求和"严格审查"原则。具体地说，在法院审理过程中，美国联邦航空管理局并没有采取"严厉的态度"，因为它既没有在递交的"环境影响声明"中评估或包含相关信息，也没有包含"环境影响声明"中的缓解措施；既没有分析拟议行动的累积影响，也没有充分讨论扩大对引进外来物种影响的不确定性。NEPA 要求讨论缓解措施，以避免"无法避免的任何不利环境影响"。在该案件中，国家公园的缓解措施已在"环境影响声明"所附的《外来物种行动计划》中进行了讨论，但它是在"环境影响声明"分发后才加上缓解措施，并没有时间让公众对该机构发表评论或者产生任何影响。实际上最终的"环境影响声明"并没有充分讨论缓解措施，联邦航空管理局也没有按照 NEPA 规定遵循严格的审查原则。

（二）与生物多样性补偿相关的国家实践

补偿措施应该界定为对生态保护的行为。当开发商已经无法阻止或减少这些损失时，应利用更有效的补偿方式来弥补对生物多样性的损害。

例如针对池塘或草地的恢复，这将有助于抵消开发项目（高速公路、风力发电）对生物多样性造成的损害。

补偿措施（或生物多样性抵消）旨在恢复或重新创建一个生态行为的自然环境，以抵消因项目或规划文件引起的生物多样性损害，其是在以后的实施项目中必须优先避免和减轻对生物多样性造成损害的措施。例如，一条公路的建设，尽管采取了所有针对破坏湿地的缓解措施，开发商仍可能面临要赔偿的情形：修复湿地面积，采取积极措施恢复受损害地方的生物多样性。作为补偿，开发商必须确定一个合适的地点部署高效的技术措施，确保其与该地区的利益攸关方合作。该补偿还必须考虑公共行为，特别是涉及对保护区和物种的保护。

随着欧洲努力扭转生物多样性丧失和生态系统服务退化的趋势，其将注意力转向了衰退的主要驱动因素：发展。为避免开发给生物多样性所带来的损害或将损害降至最低，应该极力恢复或修复生物多样性，然后将抵消对生物多样性的损害联系起来。"缓解"概念的提出，为扩大对生物多样性的保护提供了强有力的保障。缓解还可以为生物多样性保护提供新的资金，并为保护生物多样性创造激励机制。在发展不利影响不可避免的情况下，抵消和经济补偿要求（"补偿"或"补偿性缓解"）可以确保恢复或重建同等或同等生态价值的资源，以确保生物多样性零净损失甚至净收益。

1. 欧洲

生物多样性市场在欧洲仍然是一个发展中的概念。欧盟（EU）虽然在2010年之前未能达到终止生物多样性丧失的目标，但生物多样性抵消和其他赔偿机制已陆续得到承认。作为一项政策工具，英国、法国、西班牙和瑞典极力采取措施，发展生物多样性的市场。只有德国一个国家建立了针对生物多样性损害补救的正式制度，主要由公共部门管理。目前该国正在发展更多的市场特征，并涉及私人经营者。由于最近欧盟委员制定"零净亏损"[①]战略，其中包括使用生态系统服务付费，新兴市场

---

① 项目造成的对生物多样性、生态系统功能或生态系统服务的影响平衡或超过为避免和最大限度减少项目影响所采取的措施的开发项目的目标，进行修复，最后抵消或弥补剩余的影响，所以没有损失。如果收益超过损失，则可以使用"净收益"一词。

可能会有所增长。欧盟根据《生境指令》（1992/43/EEC）和《欧盟野鸟保护指令》（1979/409/EEC）建立了一个受保护的网站网络（Natura2000 保育区），这些保护区的影响受到严格管制。但是，被认为具有超越公共利益的发展项目，可以通过严格的生态损害补偿来实现。《关于预防和补救环境损害的环境责任指令》（2004/35/EC）协调了以前的责任制度，并实施了污染者付费原则：使各方对环境损害负责。

(1) 德国

德国 1976 年《联邦自然保护法案》介绍了《减缓危害条例》（Impact Mitigation Regulations，简称 IMR）。这项法律具有强制性和预防性，旨在通过避免损害确保"零净损失"，在此基础上，要求对残余不可避免的影响进行恢复和补偿。2010 年 3 月德国对《联邦自然保护法案》进行修正并建立了"自然地区"的概念，以反映干预场所和补偿措施之间的空间关系：补偿措施必须在相同的自然区域进行。德国体系的生态影响可以通过类似的补偿或者在影响之前通过与原始场所相等数量的"生态位"（The ecological niche）①的干预来缓解。根据 2010 年 3 月的新《联邦自然保护法案》，德国政府将生物多样性保护作为自然保护立法的首要问题。该法是一部关于保护野生动物和植物物种的法规，旨在监测、防止入侵物种的传播和消除。打击物种损失最有效的国际文书是《濒危野生动植物种国际贸易公约》（CITES），CITES 规定并限制濒危动物和植物物种的贸易，在德国，CITES 自 1976 年以来一直是强制性的，CITES 的附录提供不同级别或类型保护的物种清单，不同的贸易限制适用于不同附录的物种，许可证或证书交易设置了不同程序的贸易禁令。

(2) 荷兰

荷兰在生物多样性影响方面的赔偿是依据《自然保护法》《空间规划法》《植物和动物法》《林业法》等若干条例的规定。对国家生态网络（Ecologische Hoofdstructuur，简称 EHS）网站的影响要求责任方指定新的

---

① 生态位是一个物种在生态系统中存在的模式。本质上，它是一个物种在获得和使用生存和繁殖所需资源的同时所有活动和关系的总和，http://science.halleyhosting.com/sci/ibbio/ecology/notes/niche.htm，2021 年 11 月 30 日。

EHS 地区，以确保没有生物多样性的净损失。荷兰国家农村基金会还在莱茵河谷和梅斯堡山脉试点一个补偿银行机制，以帮助满足抵消的需求，并测试在 Natura 和 EHS 地区以外的地点抵消生物多样性损失的可行性。

（3）法国

在法国，五个生物多样性银行试点目前由生态部与当地公共和私人组织合作组成，国家抵消指导目前也在进行中。

（4）瑞典

瑞典环境补偿制度于 1999 年引入了一个框架，用于抵消在 Natura 2000 或其他受保护的高度优先的地点内发生影响的物种或生境的影响。缓解措施通常由市政府执行，缓解要求可能相对宽松，需要类似或空间相关的补偿。

（5）西班牙

西班牙 2013 年通过的环境影响评估法（Environmental Impact Assessment，简称 EIA）允许使用保护性银行业务，并为该方法的使用提供了一些初步指导，但并没有规定在对 Natura 2000 网站的重大影响之外使用补偿方式。相反，区域政府负有提供建立抵消要求的责任。

（6）其他国家

在丹麦（市级）、芬兰（正在进行试点的地方）及瑞士（两个州根据德国模式进行补偿），也采用较小规模的补偿性减轻措施。

（7）自主性

自愿市场产生抵消贷款的项目使欧盟一些国家产生了兴趣，尽管大部分工作仍处于示范阶段。例如，2014 年年初食品供应链组织和抵消经纪商环境银行在英国宣布建立私人土地保护信用合作关系，在私人土地上生成保护信贷。在荷兰，BioCom project[①] 对直接和供应链影响的自愿生物多样性补偿进行试点。《零净损失计划》（No Net Loss Initiative，简称 NNLI）正在荷兰补充试点，需要私营部门参与。另外，捷克共和国、法

---

① 生物群落属性和生态系统功能：对预测和缓解全球变化影响（BIOCOM）影响的是由欧洲研究委员会（ERC）根据欧洲共同体第七框架计划（FP7/2007 – 2013）/ERC 拨款协议 n° 242658 资助的一个研究项目。

国、意大利、挪威和瑞典也正在或拟议自愿抵消项目。

2. 亚洲

目前,亚洲大部分类似抵消项目属于环境影响评估(EIA)。在亚洲有环境影响评估法律或政策的国家包括中国、印度、日本、马来西亚、蒙古、巴基斯坦、俄罗斯、韩国和泰国等,亚洲的环境影响评估政策通过要求减少不利环境影响为生物多样性市场提供了一个框架。目前在中国、菲律宾、塞班岛和越南开展了《抵消或补偿计划》。一些国家还开展了采掘业和农业综合企业发起的自愿抵消项目。

除了环境影响评估规定之外,目前正在实施的两项有《履约补偿计划》:中国森林植被恢复费和塞班岛旱地减灾银行。在越南和菲律宾,补偿工具通过资金补偿不利影响。在亚洲其他地区,抵消计划或政策正在日本、韩国和以色列发展。

(1) 中国

尽管中国有许多《生态补偿》计划,但其中大部分属于政府支付生态系统服务的范畴。许多重点是水质和洪水减缓服务,而不是生物多样性补偿方面。一个以生物多样性补偿为重点的计划是森林植被恢复费,这是一项国家监管计划,要求开发商划定用于林业的土地,然后支付森林植被恢复费。该方案以 1998 年《中华人民共和国森林法》为依据,2002 年《森林植被恢复费征收使用管理暂行办法》规定了详细情况。这笔费用由政府用于植树和森林恢复活动。

(2) 塞班

塞班岛是北马里亚纳群岛联邦的一部分,是旱地减灾银行的所在地。该银行开创了该地区第一家缓解银行的先例,并遵循美国缓解银行体系。该银行成立于 1998 年,旨在保护自 1970 年以来濒临绝种的鸟类夜莺、里德莺的栖息地,但该地区周边地区目前正受到宅基地开发的压力。

(3) 越南

越南正在继续详细阐述其 2008 年生物多样性相关法规的细节。2011 年 1 月,第 113/2010/ND-CP 号法令(Nghi đinh sô 113/2010/N Đ-CP)生效。该法令规定了污染和退化对水、土地、生态系统和优先物种造成的损害,并阐明了要求赔偿的过程。根据损害的规模,权力机构一般分散到省级和自然资源与环境部。

（4）菲律宾

在菲律宾，补偿机制通常以环境保证基金的形式存在，用于引导补偿，并将项目的修复资金用于导致不利影响的项目，虽然似乎并没有受到缓解层级的指导。

除了政府主导的行动之外，亚洲地区正在出现自愿和行业举措，主要原因是，公众对采掘业和农业综合企业对环境和社会影响的批评日益增加。

3. 非洲

非洲大部分地区的生物多样性补偿监管动力仍在发展。许多国家例如埃及、摩洛哥、乌干达、南非、卢旺达和马达加斯加都制定了《环境影响评估（EIA）条例》。这些地方的部门准则或其他政策也为赔偿提供法律框架，尽管这些缓解层次结构通常不是充分实施或明确界定的。

（1）南非

南非是非洲生物多样性抵消的前沿。其历史依据来自1998年《国家环境管理法》（National Environmental Management Act，简称NEMA）颁布的环境影响评估法规。该法规规定，必须避免对生物多样性产生重大的不利影响，如果不能完全避免这种负面影响，则必须尽量减少和补救。目前该国还没有明确的对"补救"的法律定义，但在实践中，它被解释为需要补偿对生物多样性造成的任何残留负面影响。2013年，环境事务部和南非国家生物多样性研究所（South African National Biodiversity Institute，简称SANBI）发布了"国家生物多样性补偿框架"，为抵消提供法律背景。它将补偿认为是NEMA规定的环境影响评估中的缓解层次结构的一部分，以及其他重大规划和土地利用的规定。SANBI和水利部（DWA）于2014年发布了"国家湿地抵消指南"，主要针对矿业部门，并被DWA认可为国家发展湿地补偿标准。

（2）埃及

埃及，主要项目的部门准则包括针对国家环境保护基金的损害赔偿要求。

(3) 乌干达

乌干达处于发展生物多样性补偿的初期阶段。国家环境影响评估法（EIA）为补偿方案提供了一个支持框架，少数试点项目正在开展，主要由石油公司推动。政府已经提出了一个国家级的保护信托基金来引导石油公司和其他行业的抵消支付。

(4) 马达加斯加

马达加斯加具有高度的特有性和生物多样性，在保护其独特的生物群落方面有着悠久的历史。《环境影响评估条例》在马达加斯加发挥重要作用，为重大项目提供指导方针，要求避免、减少和恢复等级制度，尽管没有法律要求对生物多样性的残留影响进行补偿，但一些自愿性项目已经开始，为今后的计划奠定了基础。Ambatovy 和 Rio Tinto 两家矿业公司目前正在马达加斯加为自愿项目制定生物多样性抵消项目。

4. 北美

(1) 美国湿地补偿减缓

美国的补偿性减灾采取《国家湿地和流量补偿计划》（称为补偿性减缓）的形式，遵守《清洁水法》和零净损失原则。在遵循缓解层级之后，申请排水、填土或疏浚湿地或溪流的许可证可能会抵消其影响。许可证持有者可以创建自己的抵消额（称为允许承担者负责的缓解），或者通过第三方缓解银行支付抵消额。

2008 年 4 月，美国环境保护署（Environmental Protection Agency，简称 EPA）发布了《水生资源损失补偿性减灾最终规则》。先前关于补偿缓解的指导为三类抵消供应创造了不同的驱动因素和标准：负责许可证的人，缓解银行和 ILF。2008 年的新法规引入了重点分水岭，并优先考虑影响前形成的较大的景观尺度偏移（先前的指导有利于现场修复）。新规则还为所有类别的供应信用提供同等标准。现在，任何创建信用的人（无论是开发商、非营利性组织、政府机构还是营利性组织）都必须创建大部分信用额度，然后才能出售信用额度。新规定导致缓解办法之间更加一致，尽管各地区的全面实施仍然不均衡。

(2) 美国保护银行

美国的保护银行业务是根据美国濒危物种法（Endangered Species

Act，简称 ESA）的法律要求实行的。具体而言，要求联邦机构与美国鱼类和野生动物局（U. S. Fish and Wildlife Service，简称 USFWS）就可能对受威胁和濒危物种造成的影响进行磋商，并要求"附带获取许可证"和《栖息地保护计划》对这些影响进行评估。美国鱼类和野生动物局是管理陆地和淡水物种的主要机构，而国家海洋渔业局是海洋和溯河性物种的牵头机构。

2003 年 5 月，USFWS 发布了关于建立、使用和运营保护银行的官方联邦指导。这一指导原则是根据加利福尼亚州对保护性银行的指导而建立的，该指导自 1995 年以来一直在实施。加利福尼亚州是环境保护银行业的领导者，并使用州《濒危物种法》和《环境保护法》促进加州保护银行业务 Department of Fish & Game（DFG）的执行。虽然《保护银行业务协议》是创建银行濒危物种信用的最标准化机制，但过去也采用了其他法律协议，例如：《湿地银行协议》《安全港协议》《栖息地保护计划和协议备忘录》等。

（3）美国恢复信用体系

恢复信贷制度使联邦政府机构能够灵活地通过在非联邦土地上进行短期或永久保护行动，来抵消在联邦土地上发现的受威胁和濒危物种的临时影响。其目标是，通过与私人土地所有者合作管理和保护物种达到特定的时间范围，防止物种濒临灭绝或受到威胁。该计划在概念上与自然保护银行计划类似，但暂时抵消了临时影响，并且只是联邦机构的一种选择。该计划的指导于 2008 年 7 月发布。

（4）合规市场：加拿大鱼类栖息地 HADD 补偿

根据加拿大《渔业法》和 1986 年《鱼类栖息地管理政策》要求，如果对加拿大鱼类栖息地产生影响，或者更具体地说是对鱼类栖息地"有害改变，破坏或摧毁"（harmful alteration, disruption, or destruction，简称 HADD），侵害方应对此赔偿。鱼类栖息地补偿由渔业和海洋部的鱼类栖息地管理处负责管理。《渔业法》包括鱼类栖息地的生产能力没有净损失的原则，对鱼类栖息地的影响授权需要许可证。在申请许可证时，申请人必须通过"搬迁，重新设计和减缓"表明遵守缓解层级，然后补偿净剩余损失。对鱼类栖息地的影响因素来自：城市和工业发展，道路和高速公路，港口和码头，林业，农业，水电和采掘业。

（5）自愿市场

USFWS 支持了旨在积极保护物种的几项自愿保护计划。具有保证性质的候选保护协议保证非联邦土地所有者免受后来的保护要求，如果物种受到自愿保护并且后来被列入《濒危物种法案》（ESA）。为自愿购买者开发候选物种积分的保护银行正在几个州进行试点。

美国农业部正在制定政策，以支持尚未列入 USFWS 名录的高危物种的自愿信用系统。根据拟议的政策，由土地所有者为实施保护活动创造积分，这有助于减少野生动物或有风险的物种，然后信用可以出售或交易给第三方，或者如果该物种后来被列出，那么信用可以用于抵消对物种产生负面影响的行为。预计这项新政策将主要在州一级实施。自愿保护将与各州的保护框架和现有的野生动物计划相协调。

5. 拉丁美洲

在拉丁美洲大多数国家用环境影响评估（EIA）法律来处理生物多样性损害，许多国家还以自愿性补偿计划为补充。大多数方案倾向于政府补偿，而不是以市场为基础的制度来抵消对生物多样性损害的影响。阿根廷、伯利兹、乌拉圭和巴拿马等国实施了需要缓解/补偿措施的环境影响评估法（尽管不一定是真实的抵消措施）。阿根廷和哥斯达黎加还维持国家一级的赔偿基金来引导补偿费。只有少数国家正在积极开展抵消计划，现有计划也为类似市场的机制提供了基础（例如在哥伦比亚）。

（1）巴西

作为亚马孙、塞拉多和大西洋森林等生物多样性地区的所在地，巴西是《公约》的缔约方，在制定维护生物多样性立法方面有着悠久的历史。巴西环境政策的基础是国家环境政策法案（Lei da Política Nacional do Meio Ambiente，简称 LPNMA）和国家生物多样性政策，后者特别适用于环境补偿，以实现"零净损失"的目标。在巴西，缓解措施通常通过税收进行间接补偿的形式。巴西的法律提出了两种抵消机制来帮助补偿负面环境影响，涉及符合森林法规的项目和工业发展。

《巴西林业法典》（Codigo Florestal，1965 年制定）规定，土地所有者必须在其土地上保留一定比例的自然植被。在森林砍伐和植被清理超过法定限额的地区，法律的遵守仍可部分通过非现场保护来实现。在自己的土地上无法满足原生植被的最低要求的土地所有者，可以赔偿另一个土地所有者（理论上在同一流域内）保留超过原生植被覆盖率的最小百分比。工业影响补偿也称开发商补偿，由国家保护区系统法规定，其中最初要求通过环境补偿基金（Funda de Compensação Ambiental，简称FCA）将开发的资本成本的最大值的0.5%转至保护区系统（Sistema Nacional de Unidades de Conservacao，简称SNUC）。

（2）哥伦比亚

哥伦比亚的国家环境立法（Decreto，1753）要求开发项目需获得环境许可，这为国家一级的环境赔偿创造了条件。要获得环境部或当地环境部门颁发的环境许可证，任何新的开发项目都必须根据简单计算项目在该特定生态系统中影响的每公顷树木数量来抵消其影响，然后要求开发商通过靠近项目现场的重新造林进行补偿，或者支付重新造林基金。2013年通过的法规还要求抵消开发项目的剩余影响。新的政策强调没有净损失和生态系统等效性，并建立标准抵消比率。

（3）巴拉圭

巴拉圭有几种不同的方式可以让公司或其他组织补偿对生物多样性的负面影响。《巴拉圭宪法》规定："任何环境破坏都将导致恢复和赔偿损失的义务"，但目前这一授权主要由刑法执行，因此既不是战略性的，也不是自愿性的，更没有积极的薪酬激励。环境法律和经济研究所（Instituto de Derecho y Economía Ambiental，简称IDEA）创建了一个保护信托基金，项目开发商可以根据《巴拉圭宪法》的规定支付基金来赔偿损失。

（4）自主性

智利的环境影响评估法明确要求尽量避免赔偿和补偿，并采取预防措施，目前其森林研究所（INFOR）正在研究补偿性保护。

委内瑞拉的奥里诺科盆地的萨斯黄金和铜矿项目是一项自愿性补偿性保护项目，其在国家公园附近建立和扩建一个受保护的缓冲区，种植树木、创建农林和生态旅游项目，并建立生物储备站。

哥斯达黎加和巴拿马都有环境服务支付战略，这些战略涉及减少或避免不利的生物多样性影响,这可能为未来的抵消方案奠定基础。

阿根廷、玻利维亚、巴西、智利、哥伦比亚、哥斯达黎加、厄瓜多尔、墨西哥、秘鲁、乌拉圭和委内瑞拉也进行了一次性自愿抵消项目的尝试。

6. 大洋洲

(1) 澳大利亚

澳大利亚有许多生物多样性影响补偿手段。1999 年制定了《环境保护和生物多样性保护法》(Environment Protection and Biodiversity Conservation,简单称 EPBC 法),2012 年明确地指导使用补偿的政策,则对补偿在环境影响评估中的作用和评估补偿适应性提供了进一步的说明。在州一级还有一系列法律和政策规定可用于建立以市场为基础的生物多样性保护。

(2) 新南威尔士州

《新南威尔士州的生物银行计划》是一项由监管要求驱动的国家计划,旨在抵消城市发展带来的影响。该计划框架是根据 1995 年《濒危物种保护法案》第 7A 部分制定的,并得到 1979 年环境规划和评估法案、2008 年《濒危物种保护(生物多样性银行业)条例》和生物银行评估方法论的支持。

(3) 维多利亚州

《Bush Broker 计划》旨在促进维多利亚州原生植被的抵消。它主要在供应方面发挥作用,确定愿意保护和管理原生植被的土地所有者,然后《BushBroker 计划》的政府代表评估该网站并确定可用信用的数量和类型。

(4) 南澳大利亚州

在南澳大利亚州,当一个发展项目影响当地植被或零星树木时,开发商可以在现场提供补偿,或者向政府基金(称为本土植被基金)提供补偿,然后创建补偿。抵消发生在房产或同一自然资源管理区域,并通过管理、恢复或重新植入原生植被区域而创建。该地区抵消的最大需求驱动因素是采矿业、土地所有者、州政府和提供抵消的采掘业。

(5) 昆士兰州

在昆士兰州，目前有三个具体问题抵消方案：植被补偿、海洋鱼栖息地补偿和考拉栖息地补偿。昆士兰州大约 70% 的土地有租赁权，这也意味着它由政府拥有并租用 10 到 30 年。目前，昆士兰州所有政策的驱动因素都是城市发展（特别是在东南部），其次是水利基础设施，如水坝和供水管道以及煤矿。

（6）塔斯马尼亚州

对于塔斯马尼亚州来说，塔斯马尼亚州的发展建议要求将自然价值评估作为规划批准过程的一部分。开发商向监管机构、初级产业、公园、水和环境部门提交生物多样性抵消建议，以便对受威胁物种和当地植物群落的影响进行审批。

二　生物多样性损害补偿的类型

（一）自愿补偿

1. 自愿补偿的情形

自愿补偿是对强制性补偿的补充。生物多样性损害的强制补偿在荷兰发展得比较完善。这体现在荷兰的立法和监管中，例如其《自然保护法》《空间规划法》《动植物法》《林业法》都规定了强制赔偿的物种和栖息地的损失。同时，《自然保护法》也适用于因汽车尾气对生物多样性造成的损害等干扰。但上述法律的覆盖范围毕竟有限，这就为自愿赔偿提供了契机：大多数与人有关的活动（生活、运输，包括农业在内的业务）都在保护区之外。而上述立法并不适用于荷兰以外的地区，尤其是荷兰的对外贸易对发展中国家生物多样性产生的影响。除了《自然保护法》之外，其他立法仅涉及对征地和栖息地损失的补偿，而汽车尾气排放到大气中，也会对生物多样性产生影响。此外，生态供应链①上下发生的损失补偿不受任何法律或法规的约束。过去发生的生物多样性损害并不包括强制性补偿，但自愿补偿可以为生物多样性提供修复的机会。为

---

① 生态供应链（Ecological Supply Chain）是在系统观和整体观的指导下，运用生态思维把经济行为对环境的影响凝固在设计阶段，确保经济活动过程中供应链内的物质流和能量流对环境的危害最小，既追求经济效益又追求社会效益和生态效益，目的是达到人类、自然和社会的"三赢"，实现人与自然的共同繁荣和人类社会的可持续发展。

此,企业、组织和机构应该通力合作,补偿其减缓后对生物多样性的损害。总的来说,对生物多样性的自愿补偿不受任何法律或法规的推动,征地、噪声、光线、排放物、污水等都可以在自愿补偿中得到实现。

2. 自愿补偿的商业案例

对生物多样性的自愿补偿除了不受任何法律或法规的约束之外,企业对社会的责任也是自愿补偿生物多样性损害的原因。当企业获取自然资源时,必须在保持其市场竞争优势的同时,注重资源的可持续利用,以维持其与经营许可证利益相关的关系。此外,企业可以通过积极发展专业知识,预见未来生物多样性损害补偿立法,自主探索补偿途径。在没有监管框架但具有保护价值的国际地区运营的企业(特别是跨国公司)要承担自愿赔偿,它们应设置符合自己的标准和验证系统来制定一个专门的适合它们需求的自愿补偿。自愿补偿甚至可以成为公司环境管理政策的组成部分。

力拓是全球领先的矿业公司之一,该公司战略指出:"我们的目标是对生物多样性产生净效应(net positive impact,简称 NPI)。"因此,他们需要证明其行动具有积极的作用,并且超过了与采矿有关的物理扰动和土地变化的不可避免的消极影响。在 2006 年,力拓公司生物多样性项目一直专注于影响其实现目标的两个关键领域:一方面是能够有效衡量和传达力拓公司对生物多样性的影响;另一方面是力拓公司管理行为的绩效,即最大限度地减少消极影响和创造积极成果的机会。作为第一步,力拓公司的业务需使用缓解措施,其中包括旨在避免、最小化和纠正负面影响的行动。抵消(可持续保护行动)和其他保护行动(《能力建设计划》、生计倡议)可能是必要的,以补偿对生物多样性造成的不可避免的损害,并帮助该公司对生物多样性产生零净损失。

NPI 是公司的长期目标和挑战,其正在与国际环境保护非政府组织合作,这些非政府组织在推动对生物多样性保护问题的理解和实际管理方法方面发挥了重要作用。通过共同努力,力拓公司的最终目标是提高整个工业部门的水平。

(二)《商业和生物多样性抵消计划》

一些公司已经加入了《商业和生物多样性抵消计划》,并利用其原则指导和辅助决策。BBOP 是公司、政府和保护专家之间的领先合作伙伴，正在探索生物多样性抵消。它的职能包括，在生物多样性抵消试点项目组合中展示保护和生计成果；开发、测试和传播有关生物多样性补偿的最佳做法；促进生物多样性抵消的政策和企业发展，以实现自然保护和商业目标。BBOP 制定了指导生物多样性补偿的十项重要原则（简称"BBOP 原则"）。

原则一，坚持缓解措施等级制度。缓解措施等级制度用于对生物多样性所承受的重大残留影响做出补偿。在采用生物多样性抵消之前，应当根据缓解措施等级制度，采取最小化和现场恢复措施。

原则二，仅限于可抵消的区域。由于受影响的生物多样性可能具有不可替代性或脆弱性，某些情况下无法通过生物多样性抵消对生物多样性承受的残留影响进行补偿。

原则三，景观方面。在设计和实施景观方面生物多样性抵消工作时，应考虑到与生物多样性相关的生物、社会和文化价值的现有信息并支持生态系统方式的情况下实现预期可衡量的保护成果。

原则四，零净损失。应当设计和实施生物多样性抵消，以实现可以合理预期的就地保护成果，这些成果能带来生物多样性的零净损失。

原则五，额外的保护成果。如果没有发生补偿，生物多样性补偿应该实现超出预期的保护成果。在设计和实施抵消时，应避免将对生物多样性有害的活动转移到其他地点。

原则六，利益相关者参与。受项目影响并且能通过生物多样性抵消来进行补充的区域，应确保利益相关方的有效参与，包括评估、选择、设计、实施和监测。

原则七，平等。生物多样性抵消应该做到公平地设计和实施，这意味着利益相关者之间应该遵循公平且均衡原则，共同分享与项目相关的权利和责任、风险和回报，并以公平和平衡的方式抵消，尊重法律和习惯安排。应该特别考虑尊重国际和国家承认的土著人民和当地社区的权利。

原则八，长期结果。设计和实施生物多样性抵消应以适应性管理方法为基础，纳入监测和评估，目标是确保至少与项目影响一样长的结果，最好是永久性的。

原则九，透明度。设计和实施生物多样性补偿，并将其结果向公众传播，应该以透明和及时的方式进行。

原则十，科学和传统知识。设计和实施生物多样性抵消应是一个合理的科学知识的实践化过程，包括适当考虑传统知识。[1]

（三）国际强制性补偿

目前来看，只有少数的几个国家实施了生物多样性补偿。补偿的范围仅限于特定的生态系统和生境、确定的保护区和选定的物种。大多数国家都未制定相应的政策。就世界大多数生态系统和遗传物种而言，目前还没有全面和有约束力的法规来弥补生物多样性损害的不利影响。现有的监管和立法要求补偿仅限于少数几个国家。长期以来，美国的《联邦清洁水法》和《濒危物种法》都要求强制补偿。还有澳大利亚、巴西、加拿大、墨西哥、欧盟和瑞士等国家实施强制性补偿生物多样性损失。南非也正在制定生物多样性补偿指南。

目前，尚无国际公约要求对生物多样性丧失进行补偿。生物多样性缔约方大会把补偿作为维护和恢复生物多样性的一种选择，例如作为生态系统方式的一部分，但迄今尚未使所有缔约方达成一致立场，只有一项呼吁缔约方在国家立法中实施这一概念的决定。在许多国际标准中，补偿被认为是减少拟议活动或项目总体影响的手段。国际金融公司[2]关于《绩效标准6》提到生物多样性保护与可持续自然资源管理强调在缓解措施下处理赔偿，这些措施的目的，是在可行的情况下不会造成生物多样性的净损失，包括各种行动的组合，如恢复生境后的行动，通过创造生物多样性管理的生态可比较区域和指导生物多样性用户的补偿来抵消损

---

[1] Business and Biodiversity Offsets Programme (BBOP), 2016, BBOP Principle on Biodiversity Offsets, http://bbop.forest-trends.org/documents/files/bbop_principles.pdf, 2021年12月1日。

[2] 国际金融公司（IFC）《可持续性框架》详细阐述了公司致力于可持续发展的战略承诺，并且是公司风险管理不可或缺的一部分。《可持续性框架》包括《国际金融公司环境和社会可持续性绩效标准》。《绩效标准6》认识到，保护生物多样性、维持生态系统服务以及生物自然资源的可持续性管理是实现可持续发展的根本所在。本绩效标准根据《生物多样性公约》，将生物多样性定义为"各类生命有机体（包括特别是陆生、海生和其他水生生态系统及其所属的生态复合体）之间的差异性。这其中包括物种内、物种间和生态系统的多样性"。

失。但是，目前为止还没有具体的国际公认的指导方针。

1. 欧盟和荷兰"保护伞"立法和监管

为保护生物多样性，欧洲的 Natura 2000 网络已经在欧盟范围内开展，以确保整个欧洲保护区网络的健全和一致。ELD 规定，在规定地区的生物多样性遭到破坏之前，Natura 2000 应采取补偿措施。建设项目只有符合 Natura 2000 网络规定（不会影响该地区的生物多样性性质改变）才能在所建设地区获得批准。任何计划中的项目都不能排除对 Natura 2000 地区造成重大负面影响的机会，因此需要进行适当的评估以确定其对现场的影响。

根据荷兰法律和法规，荷兰保护区包括《欧盟野鸟保护指令》和《生境指令》中的 Natura 2000 地区、《自然保护法》中规定的保护区网络（EHS）和其他公共自然区域，根据《欧盟野鸟保护指令》和《生境指令》中所述的保护动植物物种或栖息地的自然保护法，该地区被宣布为 Natura 2000 地区。如果对该自然区域的功能和价值产生损害，除非为了至关重要的公共利益，如果允许项目按照这一制度继续下去，而且找不到替代办法采取缓解措施，那么在计划的活动之前就需要进行补偿。

国家生态网络是荷兰重要自然和生物多样性丰富地区的连贯网络，任何有关 EHS 活动的计划都要在其范围内评估是否允许这样的活动。缓解措施是强制性的，剩下的损害必须得到补偿。在特殊情况下，补偿是高于缓解的首选。补偿的地点必须连接到将受到影响的地区。在严格的条件下 EHS 内的赔偿有时是允许的。ELD 提供的主要指导原则是：补偿构成"最后手段"。为确保 Natura 2000 网络的整体一致性，必须采取一切补偿措施。补偿措施是为了抵消一个项目的负面影响，补偿内容包括相应的物种和栖息地的负面影响的补偿。ELD 中规定补偿措施应该是在《生境指令》《欧盟野鸟保护指令》下正常实施的保护措施以及欧盟法律规定的义务的附加措施，这些措施应该超越保护和管理 Natura 2000 地区所需的标准措施，并应尽最大努力确保在 Natura 2000 地区发生损害之前给予赔偿。如果不能（完全）实现，则应同时考虑额外的中期损失补偿。对未来将要发生的损害可能只有在确定它们不会损害 Natura 2000 网络整体一致性的"零净损失"的目标时才可以接受。

值得注意的是，当一个项目的负面影响发生在罕见的自然栖息地类型或需要长时间提供相同生态功能的自然栖息地的情形时，要认真考虑不实施计划或项目的零期权。就预测的影响类型而言，补偿措施应该是最恰当的，补偿措施必须在相同的生物地理区域或范围内（例如鸟类迁徙路线或越冬地区），补偿面积与受影响面积的相对大小之比应大致高于1∶1。只有在1∶1或以下的补偿比率才能被考虑的情形必须是：尽管面积较小，这个措施对于恢复该地区的结构和功能将是100%有效的[①]，且补偿措施应该不能损害其他Natura 2000网站的完整性。

欧盟成员国负责管理本国境内的Natura 2000网络地点，这种设置可以确保有效和充分的补偿措施。根据国家治理结构，指导赔偿过程的主管部门在许多欧盟国家以下的省或州。同时，各国家当局有义务向欧盟委员会通报补偿措施，委员会的职责是了解有关场址的保护目标的实施方式。在补偿过程的某个时间段，欧盟指导委员会需要设计和评估补偿措施，制定实施程序、设计管理和监测计划。公共咨询需要与有关机构和组织进行广泛的磋商。最终，法院可以决定一个项目是否可以进行。负责项目开发和实施的一方的角色是根据评估过程的要求来调整项目。根据"污染者付费"的原则，项目开发商也承担补偿措施的费用。欧盟在整个欧盟范围内实施生物多样性影响的补偿，并为几个成员国提供了充分的文件记录。对一些会员国来说，补偿被视为不经常使用的最后手段。对于其他一些国家来说，这个补偿机制正在积极地获得项目和发展的许可，否则就不会被批准，后者主要集中于荷兰和德国地区等人口和发展压力较大的地区。

通过以上评估发现，实施强制性补偿的一些主要弱点和不足之处：政府在生态知识和专业方面存在着不足，并非所有可用的知识和信息都被考虑或纳入评估中；再者政府经常使用过时的信息和陈旧的地方政府政策导致生物多样性损害不能被及时补偿。这便引发了对"自然损害的确定和损害的程度"是否需要赔偿的不同意见或解释。

在经济发展和生物多样性关系的协调中，由于有关项目开发商和地方政府的经验和知识不足，评估中并没有充分考虑和分析替代方案；在

---

① 参见http：//www.gemeynt.nl/nl/download/compensation-for-biodiversity-loss，2021年12月1日。

补偿程序方面，项目开发商和地方政府并不了解"减缓"对生物多样性补救所起的作用；政府监督和执法不足以及缺乏补偿实践经验，导致生态供应链的不完整。在实现补偿（措施）方面总体缺乏透明度、严格性和及时性。上述不足导致未能实现补偿目标，这是生物多样性丧失的主要原因。例如，在荷兰北布拉邦省，二十多个项目中只有五个实现了所需的补偿（具有某种物种组成的森林或自然公顷）。[①] 这表明强制性补偿需要国家在监管层面上给予力度方面的支持，各国政府应与自然保护组织协商，共同制定新的政策以改善生物多样性补偿的实施。

2. 自愿和强制性补偿比较

以上部分总结了欧盟和荷兰的强制性补偿制度。荷兰《自然保护法》要求补偿生物多样性损害，类似于我们为自愿补偿提供的补偿性保护方法。强制性补偿中采用的方法也应遵循环境影响评估程序。虽然自愿补偿的方式具有自主性，然而在荷兰生物多样性丧失的强制性赔偿中也并未遵循严格责任，甚至允许经济赔偿。因此，就赔偿的目标和实现这种赔偿结果的方式而言，对两个制度来说都是一样的。不妨简化强制性和自愿性补偿制度：采用相同的工具识别潜在的影响并采取相同的补偿方式，以及结合具体的现场情形进行补偿工作。这将使生物多样性的补偿更加统一和透明，独立的机构监督补偿过程将会更加有效。两者本质的区别在于政府机构的作用：在强制性补偿中，政府机构具有决定性的作用，因为补偿是许可过程的一部分；在自愿补偿中，这种作用实际上少得多，而且仅限于批准将土地用途转用于生物多样性保护。强制性补偿被认为是以经济发展为代价，自愿补偿证明经济发展和生物多样性补偿是不矛盾的，而是可以为两者的协调发展带来积极的结果。

三 生物多样性补偿的工具：生物多样性银行

（一）生物多样性银行的含义

生物多样性银行是一种基于生物多样性抵消的市场体系，旨在提

[①] 参见 Zuidelijke Rekenkamer, 2009a. Kwaliteit Natuurcompensatie Provincie Noord Brabant, Deel 1 Bestuurlijk Rapport, ISBN 978-90-8768-022-0。

供生物多样性信用，以抵消生物多样性破坏（借贷）产生的信用需求。开发商可在借贷尚未产生时获得信用，甚至在预期不会产生借贷的情况下也可获得信用，并且信用是可以长期累积的。生物多样性银行通常也称为保护银行，它包括栖息地银行和物种银行。① 生物多样性银行也可以称为缓解银行，一般而言，缓解银行向开发商出售补偿性减免信用额度，然后将其提供补偿性缓解的义务转移给减缓性银行担保人。开发商可以通过从经批准的缓解银行购买"指定"服务区域内相似栖息地的"信贷"来解除责任。缓解银行只能按照固定的时间表出售符合商定业绩标准的核准信用额度。

由此可见，减缓性银行体现了生物多样性补偿性缓解的功能，抵消和补偿机制试图将生物多样性丧失的社会成本内化。例如，如果一家公司需要通过法规来抵消或补偿其对物种或栖息地的剩余影响，那么它必须承担这些成本，或者选择在其他地方发展，将生物多样性损害降低。同样，可以创建新的保护激励措施。例如，土地所有者可能意识到，他们可以通过开发一个缓解银行来从保护生物多样性的价值中获益。

（二）与生物多样性银行相关的国家实践

1. 德国合规框架

德国的减灾主要驱动因素是《减缓影响的法规》《德国的干预条例》，它是在1976年的《联邦自然保护法案》的基础上制定的。德国的大多数发展项目通常会对自然和景观产生损害（而不是仅损害到保护区或物种），因此需要在《影响减缓条例》下实施减缓等级制度。缓解银行业务的概念于1993年首次被德国引入，但仅限于联邦建筑和空间规划法规引发的补救措施。

2. 英国合规框架

除了欧盟生境和鸟类指令外，英国还制定了若干支持减轻环境影响的高级政策，包括《规划政策声明》《生物多样性公约》《可持续发展战

---

① 商业和生物多样性抵消项目，http：//bbop.forest-trend.org/offsets.php，2021年12月6日。

略》《自然环境白皮书》《国家规划政策框架》。在英国境内,《自然环境白皮书》阐述了策略性的应用抵消措施如何能够改善英格兰生境网络的生态价值。而《国家规划政策框架》要求开发商尽量减少对生物多样性的影响,并尽可能提供净收益。

迄今为止,英国还没有在国家层面实施缓解措施的合规框架,仅在2011年环境食品和农村事务部为英格兰出版了一份试点偏差指标。该指标在2012—2014年由6家试点银行进行了测试,生物多样性抵消可以提供更有效和标准化的缓解措施,并为机构和开发者提供更直接的许可流程。在2014年为期两年的试验阶段结束之后,英格兰的缓解措施银行业务的下一步措施仍不明朗。由于难以预测与实施业务相关的成本,抵消项目由于缺乏追求抵消的开发商的兴趣而陷入困境,同时生物多样性补偿的适当作用以及试点银行计划的设计与公众的征询意见也形成了矛盾,只有53%的受访者认为政府应该在英国支持生物多样性抵消制度。反对抵消的受访者表示担心,抵消会导致生物多样性净损失,而不是净收益。

恢复项目在英国的失败,是因为其原则上基于市场的方法是不恰当的。环境食品和农村事务部在其最终报告中并没有明确指出生物多样性补偿机制的下一步措施,迄今为止,英国议会也没有支持授权第三方减缓生物多样性影响的新政策或规定。

英国环境银行是一家英国私人公司,通过缓解银行业务项目为开发商和土地所有者提供生物多样性补偿性缓解协议,所有客户自愿追求生物多样性抵消。截至2016年春季,环境银行已经与15个县的20多个地方计划部门合作,进行了60多个规划申请。与环境银行抵消项目相关的信贷销售额达到了190万欧元。许多交易的重点放在通过恢复或加强生态价值的交易方式,来抵消在项目开发过程中给英格兰草地和耕地中的生物多样性所造成的影响。环境银行报告说,超过10000名土地所有者表示有兴趣在他们的土地上开发缓解银行。由于英国缺乏国家一级的监管驱动因素,因此需要缓解信贷,该公司正在与地方当局合作,以刺激对缓解信贷的需求。例如,建立了零净损失政策的约克市正与环境银行合作,将缓解性银行业务纳入其零净损失战略。

3. 法国合规框架

法国自1976年通过《自然保护法》以来，缓解等级制度一直是法国环境政策的一部分。2007年《欧盟野鸟保护指令》和《生境指令》升级为其法律后，又重申了在保护生物多样性方面缓解层级的作用。根据法国的法律，明确补偿性缓解措施只能在必要时用作最后的手段，以实现生物多样性的零净损失。为在2020年之前阻止生物多样性的丧失，法国在国际做出的承诺——新战略已经启动，加强了最近的规定并开发了一个共享的方法框架。

自2008年以来，法国也一直在尝试着"补偿银行"制度，将其作为一个经济工具，旨在预测和汇集小项目的补偿要求。从所使用的薪酬实践中吸取国外教训进行了一项基准研究，法国可持续发展部通过经济部的经济服务。2012年法国生态可持续发展和能源部在修改《环境影响评估和战略环境评估法令》（2012—616和2012—995）后发布了生物多样性补偿使用指南。修订后的法令重申了全面实施缓解等级制度的重要性，并认识到抵消（包括使用银行业务）以实现零净损失的作用。

2016年8月《生物多样性、自然与景观恢复法》新法规对2012年的大部分指导意见进行了编纂，其中包括了类似于缓解等级制度的要求和抵消要求的原则。新法律还提供了缓解层级范围的明确定义，它进一步要求缓解层级的应用必须围绕零净损失或净收益的特定结果进行，而不是评估业绩的"基于手段"的成本或执行恢复行动。2016年法律的另一个主要变化是，除了一次性抵消或补偿缓解之外，承认缓解银行信用作为可接受的补偿形式，其中开发商与第三方签订合同来交付补偿，即将颁布的法令将确定银行的法律认证要求。截至2017年法国只有一家缓解银行正在运营，银行业的支持者希望新的法律将有助于促进银行业的发展。

自2008年以来，法国生态、可持续发展和能源部已经实施了一个名为"生物多样性抵消供应"的实验性缓解银行项目。该项目的目标是为栖息地、物种和生态系统功能提供补偿信贷，在发展规划阶段提前考虑生物多样性的减缓和补偿，并提供实证经验说明生物多样性补偿的有效性，以实现生物多样性的零净损失。截至2017年该计划已经建立了一个业务银行—科索行动（也被称为"科索自然资产储备"）。该项目由（Caisse des Dépôts et Consignation 的一个分支机构）生物多样性公司实施。银行位于法国东南部 Crau 平原，由 357 公顷的商业果园组成，是 Crau Cossulos 自然保护区（自然鸟类重要生态走廊的一部分）。银行开发商正在努力为鸟类和其他受保护物种恢复草原植被栖息地，保护已恢复的栖息地已有 30 年的时间。经过 5 年的运营，银行已经实现了 46% 的贷款，但还没有达到盈利目标。需求的不旺盛导致开发商购买信贷和 Cossure 项目提供的信用类型缺乏多样性。项目管理人员指出，需求疲软导致土地所有者无法开展和发展银行业务。2011 年卫生部发起了一项提案，要求发展更多的银行业务，提供更多种类的信贷。阿尔卑斯山、布列塔尼和巴黎大都市区的另外四个试点正在开发中，但尚未运作。

4. 西班牙合规框架

2013 年西班牙在 1988 年的《环境评估法》基础上对环境影响补偿方面减缓银行业务的新规定进行了修订（西班牙法律 21/2013），为缓解银行的发展和实施奠定了基础。经修订的《环境评估法》包含了一项处置，该处置规定从减缓银行获得"保护信用"作为农业、食品和环境部认可的法定抵消机制。不过，环境部还没有公布对有意开发缓解银行的土地所有者的指导意见。

ECO@CSA 是一家与当地土地所有者合作开发生物多样性和其他生态系统服务的减缓银行。尽管最近政府采取了一系列措施来推动银行业务成为 2013 年《环境评估法》中抵消的替代方案，但由于缺乏官方指导方针和西班牙目前的政治环境阻碍了减缓银行业务的增长。作为回应 ECO@CSA 专注于挖掘开发商之间的企业社会责任机，银行为此提供了自愿补偿剩余环境影响的服务。2016 年 7 月，埃斯特雷马杜拉地区与 ECO@CSA 联系，征求他们对区域保护银行的规划意见。埃斯特雷马杜拉拥有西班牙三分之一的总保护区，并拥有强大的环境监管的历史。埃斯特雷马杜拉和 ECO@CSA 之间的合作是西班牙试点的第一个减缓银行，并为国家环境部门在即将出台的减缓银行业务规则中提供实证经验。

5. 自然资本融资机制旨在为欧洲的金融保护开辟道路

2014 年欧盟委员会启动了由欧洲投资银行资助的自然资本融资机制

（NCFF）的三年试点。在第一阶段，NCFF 的贷款和投资预算高达 1.41 亿美元（1.25 亿欧元），支持以自然资源和气候适应挑战为基础的生态系统方法的项目。它的目标是，把重点放在可以产生收入或节约成本的"可贷款"举措上，这种做法可能会刺激私人资本寻求投资级保护项目。

2017 年 NCFF 与荷兰的企业融资机构 Rewilding Europe Capital 签署了首笔贷款协议，这笔资金将投资于欧洲 20—30 个自然地区的 20—30 个地点进行保护和生态恢复。[①] 与其他减排类型相比，2015 年居住银行业务在新项目和土地面积（46826 公顷）中所占份额最大，荷兰和英国的试点工作取得了不同的成功，归因于银行开发人员认为缺乏监管驱动和明确的需求程度不同。在法国和西班牙，即将出台的法规和指导方针旨在简化许可程序，并确保抵消的要求对银行和一次性抵消是等同的。与此同时，在德银行业已经建立，但大约有 80% 的银行是公共管理的，有新的迹象表明私营部门的参与者有兴趣发展更多的此类银行。[②] 除此之外，法国的新立法将力求解决不同缓解类型的监管标准的持续不平等。目前，法国的生境银行在额外性方面面临更严格的要求，并需要对偏远地区进行长期管理。

（三）生物多样性银行机制方面的经验

通过上述国家对生物多样性银行的实践说明，生物多样性银行的运行机制是通过激发新的行动，以借贷的方式提供等同于损失额的额外生物多样性效益（信用）。这种信用额度，等于或略高于物种、栖息地或生态系统的价值。生物多样性银行通过将抵消转变为可交易的资产，在这转化的过程中就需要借助市场作为工具，生物多样性银行就是其中一种工具。就抵消的整个逻辑顺位来看，应该是首先确定一个具体的项目或活动；其次预计该项目可能造成生物多样性损害的程度大小；最后抵消

---

① 参见 European Commission Bank on Nature, First loan agreement backed by Natural Capital Financing Facility signed in Brussels, http：//europa.eu/rapid/press-release_ IP-17-914_ en.htm, 2021 年 12 月 26 日。

② 参见 Bavarian State Office for the Environment, "Recognized Ökokontobetreiber. Commercial operator of eco-accounts", Bavarian State Office for the Environment, http：//www.lfu.bayern.de/natur/oekokonto/anerkannte/index.htm, 2021 年 12 月 22 日。

所造成的损害。生物多样性银行的建立无须受程序顺位的约束，可以在损害发生之前就获得银行的信用。也就是说，信用需要在借贷规模进行评估之前就获得，在采取缓解措施之前就应该逐渐累积起来。虽然这种方式与碳交易有一定类似的地方，但是生物多样性银行更加复杂。首先，生物多样性的价值并不好评估；其次寻找生物多样性损害的替代地点也非常有限；最后受国家政策的影响，针对生物多样性损害的管理方面的法律法规还非常薄弱，通常还未将生物多样性置于市场交易的方式中。从对已抵消的案例可以看出，抵消的目的大多是出于企业为达至其社会责任或者是为了满足其产品的绿色认证要求等"利润最大化"的本质。但是，自发需求往往较少，需要一些直接驱动因素来支持生物多样性银行的发展。

在政策法规方面：为实现生物多样性的净收益，需要制定政策法规或对政策法律进行修订。例如，西班牙在1988年的《环境评估法》基础上对环境影响补偿方面减缓银行业务的新规定进行了修订。法国生态可持续发展和能源部在修改《环境影响评估和战略环境评估法令》后发布了生物多样性补偿使用指南等相关方面的实践。在补偿措施方面：设立严格的监管措施，针对不同项目采取不同情形，通常在项目开发地内或附件中提供同类抵消。明确评估程序：通过严格的评估程序与所倡导的零净损失义务相互结合。

生物多样性组成部分及其生态系统所蕴含的价值是独一无二的，当对其造成无法恢复的损害时，我们无法对其进行有效补偿。当对生物多样性的各个组成部分造成的损害，以及针对其提供实际或潜在货物和服务的能力方面的损害，可以在一定的时间内利用科学技术对其进行修复，这时可以采取抵消和生物多样性银行机制。在正常情形下，当生物多样性遭受较大的损害，可以通过缓解补偿的方式进行弥补；如果造成的损害较小，可以建立以监管形式存在的信托制度来替代支付制度，这样做的主要目的是，可反映生物多样性所消耗的成本。从以上的分析可以看出，针对生物多样性所受损害的情形，如果所造成的损害程度严重，而且所造成损害，其蕴藏价值是独一无二的，补偿措施并不能使用；如果造成的损害致使生物多样性逐渐减少和退化，同类的补偿措施可能效果不大；如果造成的损害范围广但却是可替代的，可以采取缓解性补偿措施。

第四节 生物多样性损害补偿基金

生物多样性损害补偿基金，是生物多样性损害补偿机制的一种方式。在实践中，大多将基金的赔偿方式置于民事责任框架中解决。例如1992年设立《国际油污损害赔偿基金国际公约》将基金用于确保对油污损害的索赔人做出充分赔偿。墨西哥湾溢油事故发生后，英国石油公司单独设立200亿美元的基金用于赔偿该事故的受害者和补偿渔业、旅游业等相关产业的损失[①]；在蓬莱19-3油田事故中，康菲公司和中海油公司分别从海洋环境与生态保护基金中列支1亿元和2.5亿元人民币，用于对渔业资源的修复。不可否认的是，这种赔偿的做法能为生态环境的修复起到良好的作用，但仅靠自身担责的做法并不能在一定程度上满足赔偿的需要，更何况还有责任限制的规定。实质上在国际民事诉讼的视角下，从私法角度无法对生物多样性损害的救济提出可行性的解决方案，这也表明对生物多样性损害后果的修复，是一个并不适合在民事责任的语境下讨论的问题。生物多样性损害属于全球性越境损害，基于其是"变异"性的特殊存在，应该在公共责任中设立基金保障机制，以全球化的视野为生物多样性损害提供多层次的保障。

一 生物多样性损害补偿基金的特征

生物多样性损害补偿基金的最终目的是，对受损的生物多样性进行补偿，而要使其发挥效力，就必须将生物多样性损害补偿基金上升到法律规范层面。

值得注意的是，本书所论及的生物多样性损害补偿基金不同于油污损害领域设置的比较完备的损害赔偿基金。例如后者在《1992年设立国际油污损害赔偿基金国际公约的2003年议定书》中是对《1992年国际油

---

① 参见李天生《海洋油气开发污染损害赔偿研究》，法律出版社2016年版，第280页。

污损害责任公约》和《1992年国际油污损害赔偿基金国际公约》的补充赔偿，其确保遭受油污损害的受害方能够及时获得赔偿。但就生物多样性损害而言，目的是使受损的生态系统得到恢复，与民事领域中的补充基金在救济的对象上有很大区别。

生物多样性损害责任对应的是公共责任，并不是严格意义上的法律责任语境中所讨论的问题。从对生物多样性损害的定义看，对生物多样性的组成部分及其提供货物和服务的潜力长期或永久地在质量上的退化或在数量上的减少都是生物多样性损害的结果，整体而言，这种损害可以纳入法律评价体系并以赔偿责任的方式对其进行救济，例如对损害生物多样性的原因行为进行惩治、对造成生物损害的重大结果进行公益诉讼等。但是，并非所有的生物多样性损害都可以成为法律救济的对象，如对生物多样性存在价值（未使用或消费产品或服务而留存的价值）或博爱价值（留给后代的价值等）显然涉及的是公益的要素，在很大程度上这不再是一个法律问题。

基于全球公共物品的属性，对生物多样性损害的救济需要在生物多样性所带来的收益与成本之间进行权衡，并通过补救机制填补生物多样性损害导致的成本损失，唯有如此才是对生物多样性损害进行救济的理性路径选择。

二 全球环境基金的生物多样性优先事项

在全球基金第六次充资期间（2014—2018年）的生物多样性方案优先事项四年期框架内，考虑以下有关生物安全的方案优先事项，其中生物多样性损害赔偿责任和补救作为其中之一被列入其中。[①]

全球环境基金（GEF）支持的项目能够控制生物多样性丧失的关键驱动因素，这些项目最有可能利用机会实现可持续的生物多样性保护。

---

① UNEP/CBD/COP/11/35，在生物安全方案中列入了九项优先事项：国家生物安全框架；风险评估和风险管理；改性活生物体的处理、运输、包装和鉴别；赔偿责任和补救；公众意识、教育、获取信息和参与；信息共享，包括充分参与生物安全信息交换所；生物安全教育和培训；由履约委员会推荐的、协助合格缔约方履行《议定书》为其规定义务的各项活动；社会经济因素。

在全球环境基金的投资组合中，约 36% 的生物多样性项目是该机构内最大的投资组合。GEF 是由世界银行、联合国开发计划署、联合国环境规划署作为 GEF 的国际执行机构来共同管理 GEF。[①] GEF 致力于为多边环境服务，其主要资金机制有《生物多样性公约》（CBD）；《联合国气候变化框架公约》（UNFCCC）；《持久性有机污染物斯德哥尔摩公约》（POPs 公约）；《联合国防治荒漠化公约》（UNCCD）等，同时向《卡塔赫纳生物安全议定书》《水俣公约》《关于消耗臭氧层物质的蒙特利尔议定书》等提供资金。

生物多样性作为 GEF 的重点业务领域之一，GEF 2020 战略强调提出有针对性的干预措施，应该开展长效工作减少造成生物多样性损害的深层原因，在必要情况下应该采取修复栖息地、制定物种修复计划等干预措施。发展中国家集中快速的经济增长是全球基础设施增长的驱动力，道路、铁路、水坝、矿业和建筑物的建设在城市和农村地区都有影响，对生物多样性损害有重大影响。

全球环境基金国家确定了国家自主贡献和国家生物多样性战略和行动计划，可以被称为绿色基础设施的广阔领域。按照惯例，基础设施规划将不包括低碳或低碳可持续性设计原则，这便导致排放量增加，并进一步破坏综合景观规划和毗邻生态系统保护。相反，要在可持续发展中解决基础设施挑战的方式将需要世界重新思考如何选择、设计、交付和管理基建投资。例如，在亚马孙流域，基础设施建设是土地转化和森林砍伐的主要驱动力之一，但这导致与土著人民的冲突和生物多样性的丧失。在摩尔基金会的支持下，主要的非政府组织正在努力确定在道路、水路、港口、采矿、资源开采和水电等领域促进保护人权的原则和干预措施。

各国政府、民间社会组织、私营部门、土著居民、当地社区和其他机构在地方和国家一级可持续管理生物多样性和生态系统方面取得了一些进展，但却没有达到遏制生物多样性损害所必需的规模。在当今世界

---

① 参见朱光耀《全球环境基金与中国可持续发展》，中国财政经济出版社 2007 年版，第 1 页。

面临的全球环境问题中，生物多样性损害是唯一不可逆转的问题。全球环境基金信托基金第 7 次充资第 1 次会议（简称 GEF-7）生物多样性投资框架中充分体现了综合性生物多样性管理办法。GEF-7 框架试图通过解决生物多样性丧失以及直接的驱动因素来实现规模效应。生物多样性公约缔约方大会第 13 届会议以及《2011—2020 年生物多样性战略计划》是最具挑战性的内容，该战略计划由一系列针对生物多样性议程特定要素的生物多样性投资加以补充。GEF-7 生物多样性投资的目标是，保持全球生物多样性以及向社会提供生态系统产品和服务。为实现这一目标，全球环境基金的投资将有助于实现三个目标：（1）将生物多样性纳入各部门以及生产景观的主流和海景；（2）减少生物多样性丧失的直接驱动因素；（3）加强生物多样性政策和体制框架。《GEF-7 四年计划》框架中主要包括优先减少生物多样性损害的直接原因，防止和控制外来入侵物种。针对此种现象，GEF-7 将建设国家设计和实施的能力以"预防，控制和管理外来侵入物种为重点的管理框架"控制入侵途径。

减少生物多样性丧失的直接驱动因素：打击非法和不可持续的物种使用，优先采取行动，预防濒危物种预期结果；控制/禁止不受管制和不可持续地贩运包括海洋物种在内的动植物物种；减少相关产品的需求和供应，优先处理受威胁物种。针对此种驱动因素，GEF-7 通过影响计划和生物多样性补充投资交付：虽然环境基金的其他投资方式积极处理对物种的威胁（栖息地破坏和分散、过度开采、气候变化和引入外来侵入物种），但需要做出更多的努力来防止由于非法、不受管制和不可持续地占用或贩运导致数量空前的物种灭绝。生物多样性补充投资，可以有效地防止濒危物种的灭绝。在受威胁野生动物物种面临巨大压力的国家，全球环境基金将会帮助环保部门、执法机构和司法机构履行职能，以缩小在保护区内外偷猎的范围，在这些地区进行投资是至关重要的。全球环境基金还将加强基于科学的野生生物监测、通信、知识共享、教育和意识。在国家需求方面，通过增强意识和其他行为改变方法途径来减少对生物多样性的损害。

三 生物多样性损害补偿基金的国家实践

(一)新南威尔士生物多样性保护信托规定

2016年新南威尔士《生物多样性保护法》引入了战略性的方法来支持对私人土地的保护,它提供一系列倡议和激励措施,以支持和鼓励希望在其土地上建立保护区的土地所有者能更好地管理和改善生物多样性。

新南威尔士州的私人土地保护有着悠久的历史,土地所有者、农民、当地社区团体和其他组织通过自下而上的努力使得约300万公顷的土地得到某种形式的保护。2016年《生物多样性保护法》建立了新南威尔士州生物多样性保护信托基金(Biodiversity Conservation Trus,简称BCT),监督新南威尔士州私人土地保护计划,并在新的生物多样性抵消计划中发挥关键作用。新南威尔士州生物多样性保护信托基金在新南威尔士州提供管理和私人土地保护,目的是为现在和未来构建一个健康、富有成效和活力的社区环境。新南威尔士州生物多样性保护信托基金作为一个新成立的组织,将延续环境与遗产办公室和自然保护信托基金的私人土地保护职能,其成立的董事会将为信托基金制定其方针和策略。[①]

BCT的目的是通过以下方式保护和提高生物多样性:鼓励土地所有者为保护生物多样性而对自然环境的管理和保护达成合作安排;寻求战略性生物多样性抵消成果,以补偿由于发展和其他活动而造成的生物多样性丧失;提供实现生物多样性保护的机制;促进公众对生物多样性的认识和理解。信托基金将与农民、土地管理者、土地所有者、开发商、行业、地方议会和州政府合作,为保护具有生物多样性价值的土地提供建议和支持,为土地所有者带来好处。新南威尔士州提供精简的私人土地保护计划,引导2.4亿美元的投资支持土地所有者保护私人土地,这项投资将为土地所有者提供机会,通过保护和管理其房地产环境价值高的地区,使其收入来源多样化,并将支持可持续农业企业。新南威尔士州还提出了生物多样性保护投资战略,该战略将指导BCT提供政府在私人

[①] 参见 https://www.landmanagement.nsw.gov.au/nsw-biodiversity-conservation-trust/,2021年12月20日。

土地保护方面的投资。它提出拟议目标、重点投资领域和投资原则，并与国家公园系统合作，在公共和私人土地上建立一个保护区网络。该战略还将补充新南威尔士州的其他主要优先事项和投资，如《拯救我们的物种计划》和《新南威尔士考拉战略》。

新南威尔士环境部发布了《2017—2037年生物多样性保护投资战略草案》，并征求公众意见。2016年《生物多样性保护法》规定了三种主要类型的自愿性私人土地保护协议，具体解释如下：对于土地拥有者而言不同类型的协议是重要的，因为每个土地所有者的土地和农场都有不同的环境和目标。这些协议的目的是向土地所有者提供财政和非金融方面的更好的支持，并为农村土地所有者创造土地使用选择和额外的收入来源。协议有三种类型：第一是《生物多样性管理协议》，为生物多样性提供永久保护和管理，并允许创建生物多样性信用；第二是保护协议是《永久性的或有时限的协议》，可能有资格获得管理费用；第三是《野生动物庇护协议》，是愿意为生物多样性提供保护而不希望达成永久性协议的土地所有者的入门级选择。

根据新的私人土地保护框架，现有的协议将继续存在，并受其制定的法案的管辖。现有的私人土地保护协议，包括1974年《国家公园和野生动物法案》下的保护协议，2001年《自然保护信托法案》下的信托协议以及1995年《濒危物种保护法案》下的生物银行协议将继续存在。这意味着，根据永久性保护协议保护的财产将会受到永久保护。现有协议的土地所有者则能够根据2016年新的《生物多样性保护法》改变协议，BCT将决定如何在一系列可能的情况下做出回应。这种灵活性非常重要，因为每个土地所有者的情况都不一样。

新南威尔士州政府认识到，让私人土地所有者参与保护是一个重要的机会。许多生态社区和受威胁的物种仅在私有和管理的土地上被发现，但超过70%的州属于私人所有或官方租赁。在保护新南威尔士州的生物多样性方面起到关键作用的是，保护其陆地上的动植物的土地所有者。私人土地保护作为农业和土地可持续性的一块基石，在全球范围内日益壮大。生产者越来越意识到土地保护可以为企业带来的机遇，包括健康的景观和生物多样性对土地和农业生产力具有不可或缺的作用。拥有保护协议的农民、土地管理人员和土地所有人谈论协议如何帮助他们获得一系列的好处：一个家庭有一个《生物银行协议》（现在是一个生物多样性管理协议），为家庭提供收入，帮助他们保留自己的财产，保护财产的可行性，同时保护一个严重濒危的生态社区。[①] 例如，在农场的一个非生产性部分设立养护协议的牛羊养殖场的主人将可能谈到如何帮助吸引养殖场羊毛的"高端"买家，为农场的品牌和羊毛产品增加价值。[②]

发展抵消义务，生物多样性保护基金和 BCT 新南威尔士州生物多样性保护信托基金（BCT）在生物多样性抵消计划中发挥关键作用。支持者可以选择通过向 BCT 管理的生物多样性保护基金（Biodiversity Conservation Fund）支付资金来满足其在开发同意条件下的抵消义务。对许多支持者来说，这可能是一种更快、更便捷的履行义务的方式。支持者仍然可以自己选择补偿生物多样性或者使用第三方经纪人的服务：一旦支付到基金中，BCT 就负责找到所需的抵消额。当然，BCT 必须满足与生物多样性抵消计划一致的抵消义务。BCT 能够集中抵消义务和资金，并可以建立更大、更可行的抵消地点。BCT 与土地所有者合作，在其土地上建立《生物多样性管理协议》，通过与土地所有者共同建立管理站点来创建生物多样性信用，BCT 将能够刺激市场供应，有效保护生物多样性。

（二）乌干达多样性保护信托基金的规定

乌干达是世界上生物多样性最丰富的国家之一。野生动物旅游业为该国的经济奠定了基础，其直接为国家经济贡献了 8.05 亿美元（2012 年占乌干达 GDP 的 9.2%）。[③] 乌干达的生物多样性主要集中在国家的 10 个国家公园、13 个野生动物保护区、10 个野生动植物保护区和 5 个社区野生动物区，而生物多样性和生态重要性的其他区域则保留在保护区网络之外。乌干达是世界上人口增长率最高的国家之一，其迫切需要增加人均收入，为新兴的人口提供就业机会。人口增长的发展需要使该国家生

---

① 参见 http://www.environment.nsw.gov.au/biobanking/brownlowhillbb.htm，2021 年 12 月 5 日。

② 参见 http://www.abc.net.au/tv/programs/landline/old-site/content/2017/s4626406.htm，2021 年 12 月 15 日。

③ 参见 WCS-USAID Uganda Biodiversity Trust Fund Study report。

物多样性和自然资本面临着巨大压力。

尽管过去5年乌干达旅游收入有所增加,但国家公园系统仍然面临资金不足的情形。林业和湿地等其他部门的情况更糟糕,缺乏足够的资源导致森林覆盖和湿地功能的重大损失。针对这种情形政府却无法填补这些资金缺口。不仅预算金额不足,生物多样性保护利用资源率也低于国家预算的数额。例如,2012—2013年,水和环境部门仅获得批准预算的66.1%。其他与保护有关的部门也出现类似情况,例如农业和旅游部门。

生物多样性和生态系统保护不足的情形在世界各地并不少见。各国政府和民间社会利益相关者探索了一系列可持续的保护融资机制。其中之一涉及建立保护信托基金(conservation trust funds,简称CTFs),这是私人性的合法独立的资助机构,为生物多样性保护和自然资源管理提供可持续的融资。在亚洲、拉丁美洲和非洲有超过60个CTFs,有些是最近创建的,而另外一些已经运行了20年。乌干达的Bwindi Mgahinga保护信托基金是其中的一个早期基金,其创建于1994年。CTFs的最大好处之一是,它们可以成为调动国际捐助者、国家政府特别是私营部门的生物多样性保护和自然资源管理额外资金的有效手段。许多CTFs帮助提高政府管理的公共管理机构的问责制和有效性。乌干达对自然保护资金的需求日益增加,加上从生态系统服务和生物多样性补偿支付中获得资金的机会,使人们越来越有兴趣创建一个国家层面的CTFs。2012年12月,法国开发署(AFD)与法国驻乌干达大使馆一起组织了一个研讨会,讨论在乌干达进行保护筹资的机会:包括捐助者和非政府组织在内的讲习班参加者组成了一个非正式工作队,以协调研讨会的后续行动。研讨会的主要建议之一是,进行一项研究以评估在乌干达建立以生物多样性为重点的CTFs的可行性。美国国际开发署同意资助可行性研究,并与野生动物保护协会(WCS)签署合同执行。

一般而言,保护信托基金的周转基金一般可分为:支持保护区(PA)管理的基金,主要侧重于生物多样性保护;一般环境基金,涵盖一系列环境问题,往往包括对民间社会及当地社区的重大支持。目前,这两种方法之间的混合资金越来越多,乌干达生物多样性保护信托基金也可以作为混合型基金。CTFs是融资机制而不是执行机构，它们不直接实施活动，而是通过赠款为组织提供资金，并在一些情况下进行投资或贷款。总之，CTFs可以有效管理资金，并为组织和项目提供资助。CTFs的受益者包括：非政府组织、社区组织、政府机构（如国家公园机构）、研究机构等。随着时间的推移，CTFs已经被证明是创新机构，这便导致出现了一些新的业务领域。现在许多CTFs在政策制定、能力建设和加强民间社会方面发挥作用，并为财务机制提供服务，确保土著社区资产受托管理或支持私营部门的企业责任行动。

保护信托基金可以被视为公私合作伙伴关系，虽然政府扮演着重要的角色，并且是一个关键的利益相关者，但CTFs是有效的，因为它们是独立的机构，有着明确的任务和客户。在大多数周转基金中，有超过一半的理事会成员来自公民社会（私营部门、非政府组织、社区组织等）。尽管是独立机构，但大多数CTFs与国家保护优先实现相互一致，其中就包括支持有助于履行《生物多样性公约》规定的国家义务的项目。

根据2014年发布的CTFs实践标准，在CTFs的理事机构中有一些政府批准的成员，以确保CTFs活动与政府政策和机构充分协调。此外，由政府任命的代表也有助于吸引国际捐助者的资金，因为这可以被看作政府支持CTFs或非政府控制基金的政治承诺的证据。政府机构或部门委任理事机构的代表，也可以被要求监管各种不同政府和非政府的资金来源，如专项税费罚款。

目前，已有50多个发展中国家和经济转型国家建立了保护信托基金，其中大部分在拉丁美洲和加勒比（拉加）地区建立。CTFs的好处之一是，它们可以成为调动国际捐助者、国家政府特别是私营部门的生物多样性保护和自然资源管理额外资金的有效手段，其最大优势在于：让广泛的利益相关者参与，促成透明的决策并强化公民社会；能够灵活应对新的挑战和机遇；制定一个独立于政府变化和政治重点转变的长期愿景；灵活性强，可以比大型捐助者更注意细节；改善捐助者政府和民间社会之间的协调；让捐助者遵守有关援助实效的国际建议；作为保证生物多样性保护和自然资源管理的更大私人贡献的有效手段。除此之外还包括：创造新的更好的经济机会和农村投资，改善农村生活质量；建立长期的社区参与以维持自然；改变有关自然和环境的地方行为模式；建立企业和机构伙伴关系；利用专业知识吸引和管理新的资金来源；支持合作伙伴非政府组织探索新的领域（例如激励支付），并承担与特派团有关的其他项目等。

结　　论

生物多样性损害赔偿责任与补救的国际法研究具有重大的理论和实践价值：第一，其可以解决在"一带一路"的海外投资和建设工程活动中造成的生物多样性损害的赔偿和补救问题；第二，为解决我国与边界地区的生物多样性保护提供纠纷解决途径；第三，为我国与邻国的跨界自然保护区建设提供新思路。

研究生物多样性损害赔偿责任和补救在环境损害中最大的问题在于，对多样化的损害事实的忽视和遮蔽。本书的创新可以归纳为"跨界"性质的生物多样性损害赔偿，即通过研究视角的转化和生态经济学研究方法的运用，"发现"真正引起生物多样性损害的因素并分析其内在逻辑。研究揭示生物多样性损害赔偿中所暴露的问题，远比将其纳入生态环境损害这种整体研究的范式要复杂和深刻得多，对生态系统、栖息地和物种等生物多样性的具体组成部分造成的损害并没有纳入"环境损害"概念中，更重要的是，对于生物多样性核心要素"变异"以及在超出生态系统、生境和物种的损害并在其范围内包括对"变异"性的实际的环境损害显然没有顾及。具体而言需要明确九个问题。

第一，对生物多样性的定义、价值的分析，可以得出生物多样性损害应注重考察生物多样性和生态系统向人们、社会和经济提供的全部价值即"总经济价值"（TEV）。TEV 分解为使用价值和非使用价值。共同体现生态系统及服务的价值。对其各个组成要素的理解决定了生物多样性价值的估值及损害赔偿的内容。

第二，"人类共同关切事项"是生物多样性损害区别于环境损害的最显著特征。需要建立一个法律框架，系统地涵盖与生物多样性有关的所有环境问题，针对共同关切事项至少可能包括三种含义，除了已经被认可的国际惯例法，它还创建了各国环境保护的实质性义务；给予了国家之国际共同体对具有全球意义的资源以合法的权益；国际社会都对具有全球意义的资源负有共同的责任。将保护生物多样性是全人类共同关切的问题作为切入点，并对"共同财产""共享自然资源""共同继承财产"与人类共同关切进行了对比分析，得出"共同财产""共享自然资源""共同继承财产"与"人类共同关切"事项并不矛盾。需要明确的是，《生物多样性公约》是将"保护生物多样性"作为人类共同关切事项，而非生物多样性本身。这就意味着后者注重的是所有国家有保护生物多样性的权利并从中受益，体现的是人类的整体利益；前者关于利益分享机制属于共同分担责任的另一方面，这些利益分享机制不仅需要区域性公约进行规制，更需要全球性公约对其进行保护。

第三，生物多样性丧失的"近因"因素，应与根本原因相互区别。根本原因是近因的驱动力，根本驱动因素在于人与自然关系的本质，以人类为主导的经济模式：人们对商品和服务需求的不断攀升，是导致生物多样性丧失和生态系统退化的主要根本原因。

第四，生物多样性损害的概念应该与"生物多样性"定义一脉相承，生物多样性损害应该包括变异性或消极性变化。将生物多样性纳入整个政府和社会主流是解决生物多样性丧失的根本原因。生物多样性损害定义为：在全球、区域和国家范围内或公域环境衡量到的生物多样性各组成部分及其提供货物和服务的潜力长期或永久地在质量上的退化或在数量上的减少。

第五，连通性保护概念的提出。连通性保护作为一个承载全球性的生物多样性损害赔偿国际法体系的概念基础，体现了当生物多样性遭受损害时需要法律保护的理念，它要求对生物的保护遵循生态系统方式的方法，不应受到人类活动的损害，以维持其最佳的生态状态。生物多样性损害赔偿作为具有跨国界、跨区域、跨全球性质的生物多样性救济法律机制，可以通过损害赔偿的手段恢复或修复受影响的生态系统应对生物多样性损害，以有助于实现爱知生物多样性目标中对生物多样性的保护及其组成部分的可持续利用。

第六，完整提出了生物多样性损害赔偿责任理论。通过对因国家不法行为造成生物多样性损害国家责任、因国际法不加禁止行为造成生物多样性损害国家责任（跨界损害责任）进行法理探讨和分析，明确指出生物多样性损害责任的发展趋势：由区域性向全球性过渡。此时应以集体的全体行动，遵循自身的逻辑方向，以生物多样性损害赔偿公共责任为目标，阐释生物多样性损害赔偿发生了向全球性转移的趋势，主体不单是国家或个人，还是由国家、国际组织、跨国公司、个人等组成的政治集合体，但需要强调的是，此时国家仍在公共责任中占主导地位。

第七，提出生物多样性损害补救措施。在具体分配公共责任时，虽然根据"污染者付费原则"可以将产生损害的责任分配到相对应的企业、甚至个人，但严格适用诸如"污染者付费"原则或者类似的"谁污染，谁治理"的原则可能并不利于对生物多样性损害进行赔偿。"污染者付费"不能直接适用生物多样性损害，因为生物多样性损害会导致损害者的潜在责任无限，赔偿责任可能不会与造成损害的行为成正比。生物多样性损害的发生揭露了问题的另一方面：不仅有可能造成意外的损害，也可能造成这种损害是无法弥补的。就一些双边或多边跨界环境损害来说，利用"责任概念"或许是比较好的方式，但依赖主客观构成要件或归责原则要素的责任制度并不完全适用于生物多样性损害，因为生物多样性损害可能时过境迁，需要潜伏一段时间才能显露（尤其是针对变异所产生的损害），显然这种情形不可能再将危害结果归责于加害人，即使有可能归责，加害人有可能已经不存在或者丧失支付能力。基于上述论述，本书提出构建生物多样性补救措施，主要包括生物多样性修复以及生物多样性补偿机制。

第八，构建生物多样性多边治理国际机制。多边治理国际机制要求所有国家通过条约监督的集体机构采取行动予以实施，其创设了以国家之国际社会共同体作为受益人的义务，这已经在生物多样性公约中得到了承认。在这些条约的实施中，所有缔约方都有集体利益与个别利益，对这些共同关切事项，既负有在本国范围内保护的义务，也负有对国家管辖范围之外的生物多样性保护的义务。与公益请求和单个国家反措施相比，由生物多样性政府间条约委员会或缔约方会议对全球责任实行集体监督，比较合适。针对生物多样性全球问题的出现需要一种对于国际法遵守、执行适当的共同体的反应，仅在事后承认赋予受害国权利的方法对于保证区域性、全球性标准实施的目的或对于"共同关切事项"来说是远远不够的。再者，许多环境问题涉及的损害是微妙的，逐渐积累的，不会很明显表现出来。依靠政府间委员会和生物多样性缔约方会议形式的制度机制，作为一种协调政策、发展法律、实施法律监督、对各国实施共同体压力以及解决利益冲突的手段，比传统双边争端解决方法和司法更加有效。这些多边治理机构称为"国际机制"，其主要依赖条约、议定书来提供一种活跃的能够变化演进的规制体制，增强/强化"国际机制"的地位和作用，以更加有利于形成"共同体"。

第九，风险不确定性背景下预防性救济机制的建立。预防性救济机制是一种比遭受生物多样性损害的受害国请求赔偿进行诉讼的方式更为复杂的国际执行机制。在风险不确定性的情形中讨论"预防性救济机制"，并结合外来入侵物种相关案例进行阐释，必须确保各国对生物多样性损害产生的风险以及对损害的控制和各国合作能够遵守。仅在事后给予受害国赔偿，对于全球性问题的出现以及共同财产或共同利益的保护远远不够。鉴于生物多样性变异所产生的损害是渐进的、逐渐积累的，在这种情形下预防性救济机制能为此提供有效的解决方式。

参考文献

一 中文著作类

［美］爱蒂丝·布朗·魏伊丝：《公平地对待未来人类》，汪劲等译，法律出版社2000年版。

［美］安妮·马克苏拉克：《生物多样性：保护濒危物种》，李岳、田琳等译，科学出版社2011年版。

［英］芭芭拉·沃德、［美］勒内·杜博斯：《只有一个地球》，《国外公害丛书》编委会译校，吉林人民出版社1997年版。

［英］贝根（M. Begon）、［新西］汤森（C. R. Townsend）、［英］哈珀（J. L. Harper）：《生态学——从个体到生态系统》，李博等译，高等教育出版社2016年版。

［英］布瑞克：《国家及国际决策中的生态系统和生物多样性经济学》，胡理乐等译，中国环境出版社2015年版。

［英］查尔斯·埃尔顿：《动植物入侵生态学》，张润志等译，中国环境科学出版社2003年版。

［英］达德里（Nigel Dudley）：《IUCN自然保护地管理分类应用指南》，朱春全等译，中国林业出版社2016年版。

［美］丹尼斯·米都斯等：《增长的极限》，李宝恒译，吉林人民出版社1997年版。

［美］约翰·C. 伯格斯特罗姆（John C. Bergstrom）、阿兰·兰多尔（Alan Randall）：《资源经济学：自然资源与环境政策的经济分析》，谢关平译，中国人民大学出版社2015年版。

［英］库玛：《生态系统和生物多样性经济学生态和经济基础》，李俊生等译，中国环境出版社2015年版。

［英］劳特派特修订：《奥本海国际法》，王铁崖、陈体强译，商务印书馆1981年版。

［美］蕾切尔·卡逊：《寂静的春天》，吕瑞兰、李长生译，吉林人民出版社1997年版。

［英］朱迪·丽丝：《自然资源：分配、经济学与政策》，蔡运龙等译，商务印书馆2002年版。

［英］伊恩·布朗利：《国际公法原理》，许安拓译，法律出版社2007版。

曹坳程、张国良主编：《外来入侵物种法律法规汇编》，科学出版社2010版。

国家环境保护总局：《中国履行〈生物多样性公约〉第三次国家报告》，中国环境科学出版社2005年版。

韩强：《法律因果关系理论研究——以学说史为素材》，北京大学出版社2008年版。

何春光等主编：《生物多样性保育学》，东北师范大学出版社2015年版。

贺其治：《国家责任法纪案例浅析》，法律出版社2003年版。

李博等：《生态学——从个体到生态系统》，高等教育出版社2016年版。

李洪远等主编：《生态恢复的原理与实践》，化学工业出版社2016年版。

林灿铃：《国际法上的跨界损害之国家责任》，华文出版社2000年版。

林灿铃：《国际环境法》（修订版），人民出版社2011年版。

林灿铃：《国际环境法的产生与发展》，人民法院出版社2006年版。

林灿铃：《国际环境法理论与实践》，知识产权出版社2008年版。

林灿铃：《国际环境条约选编》，学苑出版社2011年版。

林灿铃：《荆斋论法——全球法治之我见》，学苑出版社2011年版。

林灿铃：《跨界损害归责与赔偿研究》，中国政法大学出版社 2014 年版。

林灿铃：《环境伦理学》，高等教育出版社 2002 年版。

牛翠娟等：《基础生态学》，高等教育出版社 2015 年版。

《千年生态系统评估项目概念框架工作组的报告》，载张永民译《生态系统与人类福祉：评估框架》，中国环境科学出版社 2006 年版。

秦天宝：《生物多样性国际法原理》，中国政法大学出版社 2014 年版。

世界自然保护联盟环境法中心环境法国际理事会：《环境与发展国际盟约（草案）》评注，胡斌译、秦天宝审校，武汉大学出版社 2015 年版。

童光法：《外来物种入侵民事责任的多视角研究》，知识产权出版社 2016 年版。

童光法：《我国外来物种入侵的法律对策研究》，知识产权出版社 2008 年版。

汪劲、王社坤、严厚福：《抵御外来物种入侵：法律规制模式的比较与选择——我国外来物种入侵防治立法研究》，北京大学出版社 2009 年版。

王志坚：《国际河流法研究》，法律出版社 2012 年版。

王智、蒋明康、强盛编：《沿海地区自然保护区外来入侵物种调查与研究》，中国环境出版社 2014 年版。

温俊宝、刘春兴：《生物入侵的法律对策研究》，中国林业出版社 2013 年版。

伍业钢、唐剑武、潘绪斌编：《生态智慧生物多样性》，高等教育出版社 2015 年版。

谢平：《进化理论之审读与重塑》，科学出版社 2016 年版。

徐汝梅：《生物入侵：数据集成、数量分析与预警》，科学出版社 2003 年版。

薛波：《元照英美法词典》（缩印版），北京大学出版社 2003 年版。

杨成：《外来物种入侵的文化对策研究：以贵州和内蒙古少数民族地区为例》，民族出版社 2013 年版。

尹仑：《气候人类学》，知识产权出版社 2015 年版。

张帆、夏凡：《环境与自然资源经济学》，格致出版社 2016 年版。

张风春：《生物多样性基础知识》，中国环境出版社 2015 年版。

赵彩云、李俊生、柳晓燕编：《中国主要外来入侵物种风险预警与管理》，中国环境科学出版社 2016 年版。

郑景明、马克严：《入侵生态学》，高等教育出版社 2010 年版。

周枏：《罗马法原论》，商务印书馆 1994 年版，上册。

周忠海：《国际法》，中国政法大学出版社 2017 年版。

二 论文类

包木太等：《墨西哥湾"深水地平线"溢油事故处理研究进展》，《中国海洋大学学报》（自然科学版）2015 年 1 月。

蔡守秋：《论生态系统方法及其在当代国际环境法中的应用》，《法治研究》2011 年第 4 期。

杜群：《生态补偿的法律关系及其发展现状和问题》，《现代法学》2005 年第 3 期。

黄嘉树、王英津：《主权构成：对主权理论的再认识》，《太平洋学报》2002 年第 4 期。

黄硕琳：《渔权即是海权》，《中国法学》2012 年第 6 期。

黄锡生：《论我国防治外来物种的法律对策》，《兰州大学学报》（社会科学版）2005 年第 1 期。

贾宇：《中国在南海的历史性权利》，《中国法学》2015 年第 3 期。

雷筱璐：《非主权性历史性权利与专属经济区和大陆架制度的并存与协调》，《法学评论》2016 年第 3 期。

林灿铃：《边境地区环境问题的法治之道》，《政法论丛》2017 年第 2 期。

林灿铃：《从康菲漏油事故看重大环境损害的归责与赔偿》，《中国社会科学报》2011 年第 227 期。

林灿铃：《国际法的"国家责任"之我见》，《中国政法大学学报》2015 年第 5 期。

林灿铃：《国际环境法实施机制探析》，《比较法研究》2011年第2期。

林灿铃：《国际环境法之立法理念》，《清华法治论衡》2009年第12辑。

林灿铃：《环境法实施的立法保障》，《比较法研究》2016年第1期。

林灿铃：《环境问题的国际法律调整》，《政法论坛》2001年第5期。

林灿铃：《论国际法不加禁止行为所产生的损害性后果的国家责任》，《比较法研究》2000年第3期。

林灿铃：《论国际法的性质》，《比较法研究》2000年第3期。

林灿铃：《论华侨权益的法律保护》，《暨南学报》（哲学社会科学版）2014年第11期。

林灿铃：《论环境保护的国际合作原则》，载江平《比较法在中国》，法律出版社2004年版。

林灿铃：《论跨界损害》，载韩国《环境法研究》2004年第26卷1号。

林灿铃：《论侨民保护》，《中国政法大学学报》2013年第1期。

林灿铃：《气候变化所致损失损害补偿责任》，《中国政法大学学报》2016年第6期。

林灿铃：《气候变化与中国发质对策》，载韩国《环境法研究》2008年第30卷2号。

林灿铃：《浅析个人在国际法上的地位》，《当代法学》1999年第2期。

刘刚：《第四批中国自然生态系统外来入侵物种名单》，《农药市场信息》2017年第3期。

刘卫先：《自然资源国家主权的环境法意蕴及其体现》，《南京大学法律评论》2013年第1期。

秦智雅：《我国水域水葫芦的分布影响防治措施》，《安徽农业科学》2016年第44期。

王立君：《南海诸岛的主权归属及其水域的法律属性》，《政治与法律》2016年第1期。

王秀卫:《南海低敏感领域合作机制初探》,《河南财经政法大学学报》2013年第3期。

杨泽伟:《论国际法上的自然资源永久主权及其发展趋势》,《法商研究》2003年第4期。

叶泉:《南海渔业合作协定的模式选择》,《国际论坛》2016年第1期。

张颖:《半闭海制度对南海低敏度领域合作的启示》,《学术论坛》2016年第6期。

张祖兴:《南海仲裁案中"历史性权利主张"的不可裁决性》,《外交评论》2016年第2期。

郑志华、郑溶:《渔权之争:论双边渔业协定应考量的若干问题》,《中国海商法研究》2014年第1期。

三 英文著作类

Alexandre Kiss & Dinah Shelton, *International environmental law*, Transnational Publishers, 2004.

Anderson, Frederick R. Glicksman, Robert L. Mandelker, R. Daniel, *Environmental protection: law and policy*, Aspen Law & Business, a Division of Aspen Publishing Inc., 1999.

Barry E. Carter, *International Law 2005-2006 Selected Documents*, Aspen Publishers, 2005.

David Hunter, James Salzman & Durwood Zaelke, *International Environmental Law and Policy* (2nd ed), Foundation Press, 2002.

Elli Louka, *International environmental law: fairness, effectiveness, and world order*, Cambridge University Press, 2006.

Niels S. J. Koeman, *Environmental law in Europe*, Kluwer Law International Ltd, 1999.

Philppe Sands, *Principles of International Environmental Law* (2nd ed), Cambridge University Press, 2003.

P. W. Birnie &A. E. Boyle, *International Law and the Environment* (2nd ed), Oxford University Press, 2002.

Robert V. Percival, *Environmental Regulation 2006-2007 Statutory Supplement*, Aspen Publishers, 2006.

Roger W. Findley & Daniel A. Farber, *Cases and materials on environmental law*, St. Paul, Minn.: West Group, 1999.

Saleem Sheikh, *Corporate Social Responsibilities: Law and Practice*, Cavendish Publishing Limited, 1996.

Steven Ferrey, *Environmental Law Examples & Explanations* (3rd ed), Aspen Publishers, 2004.

Veena Jha Grant Hewison and Maree hill, *Trade Environment and Sustainable Development*, Macmillan Press Ltd, 1997.

四 英文论文类

Ruwantissa Abeyratne, "The Carriage by Air of Invasive Alien Species-Regulatory and Legal Issues", *Air and Space Law*, Vol. 27, Issue. 3, 2002.

San E. Richard, "Boats, Ballast, and the Big Battle: The Feds vs. the States in the War against AIS Invasions", *LSU Journal of Energy Law and Resources*, Vol. 5, Issue. 1, 2017.

Suzanne Bostrom, "Halting the Hitchhikers: Challenges and Opportunities for Controlling Ballast Water Discharges and Aquatic Invasive Species", *Environmental Law*, Vol. 39, Issue. 3, 2009.

Braulio Ferreira de Souza Dias, "Biodiversity Priorities-Taking the Next Step", *Environmental Policy and Law*, Vol. 43, Issue. 2, 2013.

Clare Shine, Nattley Williams and Lothar Gundling, "A Guide to Desiging Legal and Institutional Framworks on Alien Invasive Species", *Environmental Policy and Law paper No. 40*, IUCN Environmental law centre.

Stephanie J. Gliege, "NEPA and the Danger of Alien Species Introduction: Taking a Hard Look at National Parks & (and) Conservation Ass'n v", *United States Department of Transportation Jurimetrics*, Vol. 42, Issue. 1, 2001.

Lyle Glowka, "Bioprospecting, Alien Invasive Species, and Hydrothermal

Vents: Three Emerging Legal Issues in the Conservation and Sustainable Use of Biodiversity", *Tulane Environmental Law Journal*, Vol. 13, Issue. 2, 2000.

Jane Cynthia Graham, "Snakes on a Plain, or in a Wetland: Fighting Back Invasive Nonnative Animals – Proposing a Federal Comprehensive Invasive Nonnative Animal Species Statu", *Tulane Environmental Law Journal*, Vol. 25, Issue. 1, 2011.

David U. Hooper, Peter M. Vitousek, "The Effects of Plant composition and diversity effects on ecosystem processes", Science, Vol. 277, 1997.

Eric V. Hull, "Climate Change and Aquatic Invasive Species: Building Coastal Resilience through Integrated Ecosystem Management", *Georgetown International Environmental Law Review*, Vol. 25, Issue. 1, 2012.

Kristing C. Lewis, Read D. Porter, "Global approaches to addressing biofuel-related invasive species risks and incorporation into U. S. laws and policies", *Ecological Monographs*, Vol. 84, Num. 2, 2014.

Nengye Liu, "Prevention of Invasive Species from Ballast Water", *International Journal of Marine and Coastal Law*, Vol. 28, Issue. 1, 2013.

Viki Nadol, "Aquatic Invasive Species in the Coastal West: An Analysis of State Regulation within a Federal Framework", *Environmental Law*, Vol. 29, Issue. 2, 1999.

Christopher J. Patrick, "Ballast Water Law: Invasive Species and Twenty-Five Years of Ineffective Legislation", *Virginia Environmental Law Journal*, Vol. 27, Issue. 1, 2009.

Sophie Riley, "Using Threatening Processes to Protect Freshwater Biodiversity from Invasive Alien Species", *Canberra Law Review*, Vol. 11, Issue. 1, 2012.

Ruwantissa Abeyratne, "Invasive alien species-Aeronautical Implications", *Environmental Policy and Law*, Vol. 31, Issue. 4 – 5, July 2001.

Simon Tollington, "Making the EU Legislation on Invasive Species a Conservation Success", *Conservation Letters*, Dol. 10, No. 1, 2017.

Sophie Riley, "Invasive alien species and the protection of biodiversity:

the role of quarantine laws in resolving inandequacies in the international legal regime", *Journal of Environmental Law*, Vol. 17, No. 3, 2005.

Sophie Riley, "Rio + 20: What Difference Has Two Decades Made to State Practice in the Regulation of Invasive Alien Spaces", *William & Mary Environmental Law and Policy Review*, Vol. 38, Issue. 2, 2014.

David A. Strifling, "An Ecosystem-Based Approach to Slowing the Synergistic Effects of Invasive Species and Climate Change", *Duke Environmental Law & Policy Forum*, Vol. 22, Issue. 1, 2011.

Elisa Tsioumani, "Towards an Instrument on Liability and Redress-Deliberations of the Working group", *Environmental Policy and Law*, Vol. 38, Issue. 3, 2008.

William K. Norvell, "American's invaders-the nile monitor and the ineffectiveness of the reactive response to invasive species", *Animal Law*, Vol. 22, Issue. 2, 2016.

五 报告与官方文件

2001年二读通过的《国家对国际不法行为的责任条款法案》：A/RES/56/83。

《关于欧洲经济共同体和喀麦隆共和国签订对森林执法、欧盟木材及衍生产品的治理和贸易的自愿性伙伴协定》：第2011/200/EU号决议。

《进一步制定把与生物多样性有关的问题纳入环境影响评估立法和过程以及战略性环境评估的准则》：UNEP/CBD/SBSTTA/7/13。

《生物多样性公约》第14条第2款所涉赔偿问题和补救问题法律和技术专家组的报告：UNEP/CBD/COP/8/27/Add.3。

《生物多样性公约》第8届会议关于第14条第2款：《所涉赔偿责任和补救问题法律和技术专家组的报告》：UNEP/CBD/COP/8/27/Add.3, annex, paragraph 6 (d)。

《生物多样性公约》第8届会议通过的《激励措施：应用工具评估生物多样性和生物多样性资源和功能》：Decision VIII/25 annex。

《生物多样性公约》第9届会议第14条第2款背景下的赔偿责任和

补救：UNEP/CBD/COP/9/20/Add. 1 20 March 2008。

《生物多样性公约》范围内的赔偿责任和补救问题研讨会的报告：UNEP/CBD/WS – L&R/3。

《生物多样性公约》科学、技术和工艺附属机构第 20 次会议 XX/12 号决定：UNEP/CBD/SBSTTA/REC/XX/12。

《生物多样性公约》科学、技术和工艺咨询附属机构第 18 次会议入侵物种的引进渠道、其优先排序和管理：UNEP/CBD/SBSTTA/18/9/Add. 1。

《制定关于责任的国内立法，应对行动和对环境危险活动造成损害的赔偿的准则草案》：UNEP/GCSS. XI/8/Add. 1。

第 71 届会议国际法院、法庭和其他机构的裁判汇编：A/71/98。

国际海底管理局理事会第 21 届会议《在"区域"内矿产资源开采规章中处理对海洋环境造成严重损害的问题》，荷兰代表团提交：ISBA/21/C/13。

国际级法院、法庭和其他机构的裁判汇编秘书长的报告：A/71/80。

欧洲共同体委员会关于环境责任的白皮书：COM（2000）66 final。

后　　记

　　东海邮轮爆炸沉没，与东海碳氢化合物接触的鲸鱼、海豚、海鸟等生物迅速灭绝或者导致其发生生理损伤，我们应该如何追究生物多样性损害赔偿责任？很显然，责任至少涉及两个国家，而且这种损害是持续性的，尤其针对海洋生物遗传资源而言。为此，损害赔偿责任并不是生物多样性损害救济的唯一途径。《生物多样性损害赔偿与补救的国际法研究》正是以解决此类问题为立足点，从国际法理论和相关国家实践进行了探讨。

　　感谢我的博士生导师林灿铃教授，老师是我学术研究的引路人。老师披荆斩棘，呕心沥血，世事洞明，阅历丰富。老师对弟子们的引导，体现了一个合格的博士研究生的求学过程的"学术"和"非学术"二者之间多维度、多层次、多形式的互动过程。在学术方面，老师提出一套国家责任体系："国家对其行为需要履行从传统的国家责任到国际不法行为的国家责任，再到跨界损害的国家责任，又到跨界影响的国家责任（补偿责任）"，他一直是我学习的榜样。在非学术方面，老师亲身示范让弟子们懂得细节决定成败。老师经常教导弟子们：以良知呼唤良知，以良知寻觅公平，以良知护持正义！感恩老师，老师对弟子们的谆谆教诲，我们时刻铭记在心。经师易遇，人师难遇。老师既是严师又像慈父，他不嫌弃我天资愚昧，总是不厌其烦地教导我做人的道理，并指出我出现错误的每一个细节。在今后的工作中，我定会一直以老师为榜样，脚踏实地、勤奋努力的工作。

　　感谢我的父母、我的爱人、我活泼可爱的儿子！感谢家人的理解，在三年的求学期间,"感谢"二字难以表达我心中的感激和愧疚!这一切的一切皆得到理解与包容、呵护与关照!生活需要一颗感恩的心来创造,一颗感恩的心需要生活来滋养。父母的养育之恩,需要我们用一生来感恩。我的爱人担当了教养责任,尽力为我创造充裕的时间做学术;我懂事的小宝贝经常在电话里提醒我要照顾好自己,他每天过得都很开心!爱是细腻的,在以后的日子里我将会用心去体会、去感受,唯有如此才能接受这份无价的爱!

在中国政法大学的三年让我的意志得到磨炼、心灵得到洗礼,感恩万物!感恩缤纷的生命!

最后,我还要特别向中国社会科学出版社及郝玉明编辑致以真挚的问候与由衷的谢意!感谢你们为本书的面世所付出的辛苦与对我的无私帮助和支持!

邵莉莉